行 政 法 论 丛

中国特色
行政法律制度

陈世雄 著

WUHAN UNIVERSITY PRESS
武汉大学出版社

图书在版编目（CIP）数据

中国特色行政法律制度/ 陈世雄著 . —武汉：武汉大学出版社,2024.10
行政法论丛
ISBN 978-7-307-24139-8

Ⅰ.中… Ⅱ.陈… Ⅲ.行政法—研究—中国 Ⅳ.D922.104

中国国家版本馆 CIP 数据核字(2023)第 210577 号

责任编辑:田红恩 责任校对:李孟潇 整体设计:韩闻锦

出版发行: **武汉大学出版社** （430072 武昌 珞珈山）
（电子邮箱: cbs22@whu.edu.cn 网址: www.wdp.com.cn）
印刷:武汉邮科印务有限公司
开本:787×1092 1/16 印张:15.25 字数:333 千字 插页:1
版次:2024 年 10 月第 1 版 2024 年 10 月第 1 次印刷
ISBN 978-7-307-24139-8 定价:68.00 元

目　　录

第一章　行政法与行政法律制度概说

第一节　行政法的基本范畴

一、行政与行政主体

(一)行政

日常生活中，我们通常把"行政"一词理解为对日常事务的管理行为和执行行为，这些行为包括对国家事务、公共事务的管理与执行，也包括对一般社会组织事务的管理与执行。学习行政法和研究行政法律制度首先要了解和把握的当然是行政法研究的行政概念及特征。

马克思指出："行政是国家的组织活动。"①古德诺认为："在一切政治制度中，只有两种基本功能，即国家意志的表现和国家意志的执行。前者谓之政治，后者谓之行政。"②

因此，我们一般将对国家和公共事务的管理行为与执行行为称为"公共行政"，将对一般社会组织的管理与执行行为称为"私行政"。行政法所研究的行政专指"公共行政"，即行政主体实施行政权的行为，包括政府及其部门对社会事务和自身管理两个方面以及在这两方面的决策、组织、协调和控制等基本的管理行为，也包括其他非国家的公共组织的行政，如事业单位、国有企业(如烟草)以及公共社团如律师协会的行政。也就是说，公共行政包括国家行政和部分非国家行政，它们才是行政法研究的对象。

准确理解和把握行政概念，应当把握以下特征：

行政的主体必须是国家行政机关以及法律法规授权的组织，其他机关和未经授权的组织不是行政主体，包括立法和司法机关。

行政的内容应当是行政主体对国家事务和公共事务的组织和管理，行政主体的非管理活动如买卖、借贷等商务活动不属于行政行为。

---

① 《马克思恩格斯全集》第 1 卷，人民出版社 1971 年版，第 479 页。
② ［美］古德诺：《政治与行政》，华夏出版社 1987 年版。

行政行为必须依法进行。即行政主体实施行政行为必须按照法律规定的方式、方法、步骤、时限等程序与制度进行，否则不具备法律效力或属违法行为，违法行政行为一律无效。

行政行为具有法律的强制性。行政是行政主体代表国家依法进行的组织管理活动，是国家意志的体现，并以国家强制力作保障。

(二)行政主体

行政主体是行政法的另一个主要范畴。行政法学界为了方便研究国家行政机关(机构)和相关社会组织，在履行行政职能包括行政管理、行政复议、行政诉讼和国家赔偿等活动中是否具备相应的权、名、责而设置的一个学理概念，我们称之为行政主体。据此我们认为，行政主体是依法拥有行政职权，以自己的名义履行行政职能，并能够独立承担相应法律责任的国家行政机关和社会组织。当代社会，代表国家行使权力的机关主要有立法机关、行政机关、监察机关、司法机关等，立法机关行使国家立法权，行政机关作为立法机关的执行机关行使行政权，监察机关行使国家监察权、司法机关行使司法权，同时也有一些社会组织如工会依国家法律法规的授权行使着公共行政的职能。任何国家机关或社会组织要成为行政主体，必须具备三方面的特征：

第一，依法享有国家行政职权。国家立法机关、监察机关、司法机关以及一般企事业单位和社会团体组织，不享有宪法和法律赋予的行政职权，因而不能成为行政主体，只有依法享有行政职权并依法履行行政职能的组织才是行政主体，包括国家行政机关以及依法取得授权的企事业单位和社会组织。公务员是从事公共行政活动的国家机关公职人员，因此也不能成为行政主体。这是行政主体与其他国家机关、组织的根本区别。

第二，依法能以自己的名义行使行政职权。行政主体必须是能够以自己的名义独立行使行政职权，并在法律规定的范围内依照自己的意志作出决定，对外发布决定和命令的组织。行政机构或社会组织如果不能以自己的名义实施行政职权，就不具备独立的行政法主体资格，不能成为行政主体。判断一个组织是否具备行政主体资格，不仅要看其是否享有国家行政职权，而且要看是否能独立地以自己的名义行使行政职权。能否以自己的名义行使行政权，是判断行政机关及其他组织能否成为行政主体的主要标准。这是行政主体与行政机关内部机构和受行政机关委托执行某些行政管理任务的组织的重要区别。

第三，依法能够独立承担法律责任。能否依法独立承担法律责任，是判断行政机关及相关组织能否成为行政主体的关键条件。行政主体必须是依法享有行政职权，并能以自己的名义实施行政职权，能够独立参加行政复议和行政诉讼等活动，并独立地承担因实施行政职能而产生的法律责任的组织。行政机构的内部工作部门和受委托的相关组织虽然也行使行政职权，但因其只能以主管机关或委托机关的名义实施行政权，不能独立对外承担法律责任，因此不能成为行政主体。能否独立承担法律责任是判断行政机关及其他组织能否成为行政主体的一个关键性条件。

目前，我国的行政主体主要是两类：一类是职权性主体，基于组织法和授权法的授权而具有主体资格，我国的各级政府、职能部门属于此类；另一类是授权性主体，基于法律、法规、规章的另行授权而具备主体资格，包括被授权社会组织如律师协会、高等院校、邮政局、烟草公司等，行政机关派出机构如行政公署、区公所、街道办事处、经济技术开发区管委会等，内设机构如公安派出所。

日常生活中，受委托组织和组建机构为非行政主体，因受人委托而作出具体行政行为影响他人法益，利害关系人不服的，只能以委托机关或者组建机关为被申请人或者被告。把握行政主体概念的意义在于明确行政权的归属，保障行政行为的依法、有效、公正行使，保护行政相对人的合法权益，为行政主体依法行政、保障行政行为的合法性、连续性和统一性提供理论依据和实践支撑。

二、行政行为

行政行为作为行政法的一个核心范畴，是学习行政法和行政法律制度必须把握的基本概念。该概念随着近现代行政法的发展而产生了众多含义，但随着行政法和行政法学研究的深入，行政行为的概念一般界定为：行政主体为实现行政管理目的，依法行使行政职权和履行行政职责并产生行政法律效果的行为。其具体含义有：

1. 行政行为是行政主体的行为

从行为主体要素看，只有行政主体实施的行为才可能称为行政行为，不是行政主体实施的行为不能称作行政行为。

2. 行政行为是行政主体为实现一定行政管理目的的行为

行政主体在日常生活中有多种行为，从职能要素看，主要包括两类：一类是民事行为，不属于行政行为，如签约、买卖、调解等；另一类是行政管理行为，其职权行使目的在于谋求公共福祉，维护公共秩序，增进公共利益，这才是行政行为。

3. 行政行为是行政主体实施的能够产生行政法律效果的行为

从法律要素上讲，行政主体有时实施的某些行为如通知、工作汇报等日常事务性行为，它不对任何行政相对人的利益产生影响，不能称为行政行为。只有行政主体依据行政职权实施的，对行政相对人产生有利或不利影响，即产生行政法律效果的行为才是行政行为。

行政行为的表现形式在日常生活中纷繁复杂。为了准确把握行政行为的内容，我们可以用分类的方法对行政行为予以考察和分析：

(1)以行政职能为标准，行政行为可分为行政立法行为、行政执法行为和行政司法行为。

(2)以行政行为的对象为标准，行政行为分为抽象性行政行为和具体性行政行为。

(3)以行政行为与相对人之间的关系或作用力为标准，行政行为分为内部行政行为和外部行政行为。

（4）以行政行为是否必须具备一定的法定形式为标准，行政行为分为要式行政行为和非要式行政行为。

（5）以行政行为的实施是否需要行政相对人申请为标准，行政行为分为依职权的行政行为和依申请的行政行为。

（6）以行政行为能否进行诉讼为标准，行政行为分为可诉行政行为和不可诉行政行为。

（7）以行政行为是否合法为标准，行政行为分合法行政行为和非法行政行为。

（8）以行政行为受法律拘束的程度为标准，行政行为分为羁束性行政行为和自由裁量性行政行为。

研究行政行为，学习行政行为的概念，目的在于使行政主体在实施行政行为时，努力做到以人为本，依法行政，避免行政违法行为的发生。

三、行政相对人

行政相对人是中国行政法学和行政法律制度上的另一重要范畴，指的是行政法律关系中与行政主体相对应的另一方当事人，即行政主体的具体行政行为影响其权益的个人或组织。在制定法上一般称自然人、法人和其他组织。具体含义为：

首先，行政相对人是处在行政管理法律关系中的个人或组织。任何个人、组织如果不处在行政管理法律关系中而处在其他法律关系中，就不具有行政相对人的地位，不能赋予其"行政相对人"称谓。行政管理法律关系包括整体行政管理法律关系和单个具体的行政管理法律关系，在整体行政管理法律关系中，所有处于国家行政管理之下的个人、组织均为行政相对人。而在单个的具体行政管理法律关系中，只有其权益受到行政主体的行政行为影响的个人、组织，才是该行政管理法律关系中的行政相对人。

其次，行政相对人是行政管理法律关系中的一方当事人。在行政管理法律关系中，行政主体依法享有国家行政职权，可以作出影响一方当事人权益的行政行为，这种接受行政主体行政管理的一方当事人，在行政法学中我们谓之"行政相对人"。作为一方当事人的行政相对人，有依法服从行政管理，履行相应行政行为的义务。

再次，行政相对人是自己权益受到行政主体行政行为影响的个人或组织。行政主体实施行政行为一般会对相对人权益产生直接或者间接影响，作为一方当事人的个人或组织，其权益无论受到行政主体行政行为的直接影响或者间接影响，都是行政行为的相对人。

行政相对人是行政法律关系中的一方主体，包括国家机关、自然人、法人、其他组织，包括一国主权范围内的外国人、无国籍人和外国组织，他们享有法定的权利，承担相应的义务。在行政法理论上，行政相对人有内部相对人和外部相对人之分。

（1）内部相对人，是指内部行政法律关系中的相对人，即国家公职人员。作为内部相对人的国家公职人员，依据《中华人民共和国国家公务员法》等法律规定，它包括所有在国家机关工作的人员和在授权行政主体内部履行公职执行公务的人员，包括中国共产党机关工作人员；国家权力机关中除人民代表以外的工作人员和工勤人员；国家行政机关中的公务员和工勤人员；国家监察机关中的监察官、行政人员和工勤人员；司法机关中的法官、检察官、书记员、行政人员和工勤人员；国家武装部队中的军官、文职人员和工勤人员；人民政协和民主党派机关工作人员；其他行政主体中执行公务的人员。他们都是内部行政法律关系中的相对人，是内部利益关系中个人利益的主体。

（2）外部相对人，是指外部行政法律关系中的行政相对人，包括自然人、法人和其他社会组织。

自然人。即依自然出生，有生命的人。自然人由公民、外国人和无国籍人构成。公民是指具有一国国籍并依法享有权利和承担义务的自然人。自然人（公民）作为行政法主体，应当具有权利能力和行为能力。自然人的权利能力是指自然人依据行政法享有权利和承担义务的资格，它分为一般权利能力与特殊权利能力。依据我国现行法律规定，公民的一般权利能力始于出生、终于死亡，但是特殊权利能力与主体的法定身份密切相关，如警察，身份不同则权利能力不同。

自然人的行为能力是指自然人能够通过自己的行为依据行政法行使权利、承担义务，使行政法律关系发生、变更、消灭的能力或资格。它包括自然人为合法行为而取得权利和承担义务的能力，也包括自然人对其违法行为承担责任的能力。我国《民法典》规定：18周岁以上的自然人为成年人，不满18周岁的自然人为未成年人；成年人为完全民事行为能力人，可以独立实施民事法律行为。16周岁以上的未成年人，以自己的劳动收入为主要生活来源的，视为完全民事行为能力人。8周岁以上的未成年人为限制民事行为能力人，不满8周岁的未成年人为无民事行为能力人，不能辨认自己行为的成年人为无民事行为能力人，应由其法定代理人代理实施民事法律行为。因此，只有具有完全行为能力的人，才可以作出同他的年龄、智力相适应的意思表示，可以成为行政相对人，限制行为能力人、无行为能力人的权能受到法律的限制和相应庇护。

法人，是指由法律拟制与自然人相对应的社会组织。法人制度是当代世界各国规范社会秩序的一项重要法律制度。作为行政相对人的法人，必须具有自己的名称、组织机构和独立的财产，能独立于任何自然人而以自己的名义参加行政法律关系，其依法具有权利能力和行为能力，独立享有权利承担义务。法人的机关由自然人组成，是办理法人日常事务的组织。

行政法意义上的法人，必须是经国家认可的社会组织。其成立方式主要有两种：一是根据法律法规或行政审批而成立，如机关法人；二是经过核准登记而成立，如公司、企业等。其共同特征为：第一，法人是法律意义上的“人”，是社会组织在法律上的人格化，其依法产生和消亡。第二，法人是自然人的集合体，具有权利能力和行为能力，是集合的行政法主体。第三，法人的权利能力与行为能力是一致的，始于成立终于解散。第四，法人对自己的行为所产生的法律后果承担法律责任。除法律有特别规定外，法人的组成人员及其他组织对法人的行为不承担责任。

法人从理论上进行分类，根据依据的法律不同，可以分为公法人和私法人。公法人是指依据公法而成立的法人，如国家、国家所设立的其他行政主体以及法律明确规定具有公法人资格的人民团体，包括行政法人、公法社团、公法财团。私法人是指依据私法所成立的法人。以私法人设立的基础为标准，可区分社团法人与财团法人两大类。社团法人可细分为营利社团法人，如公司、银行等；中间社团法人，如同乡会、同学会等；公益社团法人。我国现行法律规定的法人主要有四种：机关法人、事业法人、企业法人和社团法人。

其他社会组织，是指合法成立、有一定的组织机构和财产，但又不具备法人资格的社会组织。它包括经民政部门核准登记领取社会团体登记证的社会团体法人；依法登记领取营业执照的合伙组织、私营独资企业，依法登记领取营业执照的合伙联营企业、外资企业；依法设立并领取营业执照的乡镇、村办企业等。其他社会组织与行政主体发生行政关系时可以成为行政法主体，是行政主体的相对人。

四、行政法律关系

（一）行政关系

法律是社会关系的调节器。我国已经形成以宪法为核心的中国特色社会主义法律体系，行政法作为其中的部门法，其调整对象是行政主体在行使行政职权履行行政职能过程中发生的社会关系，我们称为行政关系。

行政关系不是一般的社会关系，而是一种特殊的社会关系，即它是行政主体行使行政职能和接受行政法制监督而与行政相对人、行政法制监督主体等产生的各种行政管理关系。

行政关系作为特殊的社会关系，一般可以从行政关系主体构成和行政关系的内容性质等方面进行分类。从行政关系主体构成分类，行政关系包括国家行政机关之间的关系；国家行政机关与其他国家机关如国家权力机关、国家监察机关之间的关系；国家行政机关与企事业单位、社会团体、公民之间的关系；国家行政机关与国家公务员之间的关系；国家行政机关与外国人、无国籍人之间的关系；法律法规授权的社会组织与其他国家机关、社会组织和自然人之间的关系。

从行政关系的内容性质方面分类，行政关系可以分为行政管理关系、行政监督关系、行政救济关系与内部行政关系。行政管理关系是行政主体在行使行政职权过程中与行政相对人产生的各种关系；行政监督关系是行政监督主体对行政主体、国家公务员等进行监督时产生的各种关系；行政救济关系是行政相对人认为其合法权益受到行政主体的行政行为的侵犯，向行政救济主体申请救济，行政救济主体对其申请予以审查而产生的关系；内部行政关系是行政主体内部发生的各种关系，包括上下级行政机关之间、平行行政机关之间的关系等。因此，行政关系具有以下特征：

（1）从主体上看，行政关系双方当事人必有一方是行政主体。即必有一方是作为行政管理主体的行政机关或法律法规授权的其他组织。否则，就不属于行政关系。因为行政关系是行政主体以政府名义行使行政职权过程中产生的，所以，国家行政机关或法律法规授权的组织作为行政关系的特定主体是不能任意选择的。如税务关系的主体只能是国家税务机关。

（2）从内容上看，行政权是行政关系的核心。所有行政关系的内容都与国家行政权力的行使直接有关，是行政主体行使行政职权产生的社会关系。如果行政主体基于特殊需要以平等民事主体资格从事民商事活动而与他人形成关系，就不属于行政关系，而是民事关系。

（3）从当事人所处地位看，行政主体享有优益权，始终处于主导地位。行政主体的这种主导地位主要表现为两个方面：行政关系的产生、变更或消灭，大多取决于行政主体的单方意思表示或行为，无须双方协商一致；为保证行政关系的实现，行政主体可以对行政相对人采取直接的强制措施，包括行政征收征用、行政强制等，而相对人不具有这种手段。如对集体土地的征收、对公民财产的征用，它由政府部门决定，决定一旦作出并实施，政府与相对人间的行政关系因此产生。

（4）从争议解决的方式看，允许行政主体在一定范围内"自己做自己的法官"。在民事关系中，争议双方当事人，无论哪一方都无权单方处理纠纷，只能双方协商或求助于第三方来解决。而行政关系中，虽然行政主体是争议的一方当事人，但它有单方处置争议的权力；即使有的争议需法院作最终裁决，但行政主体也往往有先置处理权。

（二）行政法律关系

行政法律关系是基于行政主体的行政行为而产生的行政法核心范畴。行政主体在履行其行政职能的过程中，对内对外均要发生各种行政管理关系，这些关系形式多样，内容复杂，范围广泛，当这些关系受到行政法调整时，行政主体之间以及行政主体与行政相对人之间就形成一定的权利和义务关系，我们称之为行政法律关系。

行政法律关系是行政主体与行政相对人之间形成的权利和义务关系，它由主体、客体和内容三个方面的要素构成。行政法律关系主体又称行政法主体，是行政法律的首要构成要素，指的是行政法律关系的当事人，即行政法律关系中行使权利和承担义务的组织或个人。在我国，构成行政法律关系主体的是行政主体和行政相对人，包括行政机关、法律法规授权的组织、公务员、企事业单位、社会团体、公民，以及在我国主权管辖范围内的外国人、无国籍人和外国经贸组织。

行政法律关系的客体是指行政法律关系的权利义务所指向的对象。一般包括物（物质财富）、智力成果（精神财富）、人身和行为（作为和不作为）等法益，它是行政法律内容的载体和媒介。

行政法律关系的内容是指行政法律关系双方当事人之间在行政法上形成的权利与义务，亦称为职权与职责。行政主体和行政相对人的权利与义务是一致的，相对的，它们都享有一定的权利，承担一定的义务。

按不同的标准，行政法律关系可以有不同的分类。以行政法律关系主体之间的隶属关系为标准，可以将行政法律关系分为内部行政法律关系和外部行政法律关系。内部行政法律关系是行政主体之间、行政主体与所属公务员之间因内部行政管理行为而形成的权利义务关系。其当事人之间的权利义务具有内部管理的特征，即上级行政机关对下级行政机关、行政机关对公务员均具有行政命令权，下级行政机关及公务员有服从的义务，行政机关对其公务员有任免、奖惩等仅适用于内部人事管理的权利义务关系。

外部行政法律关系是行政主体与行政相对人之间因外部行政管理行为而形成的权利义务关系。外部行政法律关系的主体之间没有上下级隶属关系。公务员在外部行政行为中是国家行政机关的代理人，既不是行政主体，更不是行政相对人，因而不具有外部行政法律关系主体的地位。

行政法律关系在我国现实生活中往往表现出独特的四重特性，这就是主体的恒定性、内容的不对等性、客体的复杂性和争议处理的前置性。

主体的恒定性。在行政法律关系的主体中，必有一方是行政主体。它代表着国家行使行政权能，使行政关系转化为行政法律关系，不以行政主体为一方当事人的法律关系就不是行政法律关系。

内容的不对等性。行政法律关系当事人双方的权利义务不对等和地位不平等。其一，行政主体单方面的意思表示，可以成就行政法律关系。即行政主体在代表国家实施行政管理，行使行政职能的过程中，当事人的权利与义务由行政主体确定，当行政相对人不履行或不完全履行义务时，行政主体可以强制其履行义务。其二，行政法律关系的双方当事人地位不平等，行政主体的意志主导和决定着行政法律关系的产生、变更和消灭。

客体的复杂性，指的是行政法律关系主体的权利义务指向的对象可能存在两个或两个以上的客体。

五、行政法律责任

法律责任是指行为人违反法律规定或契约而依法应当承担的不利法律后果，具体表现为接受惩罚、赔偿损失、补偿等特殊义务。根据违法行为所涉及法益不同，可以把法律责任分为违宪法律责任、民事法律责任、经济法律责任、行政法律责任、刑事法律责任。

依法治国是我国的治国方略，依法治国的关键是依法行政，而依法行政的关键在于科学构建行政法律责任制度。完善我国行政法律责任制度，是当前极具现实意义的理论课题。对行政法律责任究竟是什么，行政法学界一直存在不同的理解和阐述：

1. 行政主体说

主张"行政责任是指行政主体和行政人员因违反行政法规而依法必须承担的法律责任，它主要是行政违法引起的法律后果"。[①] 或认为"行政责任是行政主体及其执行公务的人员

---

① 胡建淼主编：《行政法教程》，法律出版社 1996 年版，第 279 页。

因行政违法或行政不当，违反其法定职责和义务而应依法承担的否定性的法律后果"。①

2. 行政相对人责任说

主张行政责任就是企事业单位、其他社会组织和个人的行政违法所引起的法律责任。其理论前提是行政即"管理论"。

3. 违反行政法规责任说

主张"行政（法律）责任是违反国家行政管理法规的行为必须承担的责任"。② 或认为"行政（法律）责任是指因违反行政法而应承担的法律责任"。③

4. 行政法律主体责任说

主张"行政责任是指行政法律关系主体因违反行政法律规范所应承担的法律后果或应负的法律责任"。④

笔者认同第四种观点，行政法律责任是指行政法主体违反行政法的规定滥用权利或不履行法定义务而应当依法承担的法律上的不利后果。根据行政法律关系主体的分类，行政法律责任分为行政主体的法律责任和行政相对人的法律责任。其中行政主体的法律责任包括行政主体的责任和公务员责任。

与行政法规范控制行政权力的价值取向一致，行政法律责任重点是行政主体的责任，包括所有行政违法、行政不当及瑕疵导致的不利后果以及行政损害赔偿责任。更广义的行政法律责任甚至包括行政法律规范要求行政主体在具体的行政法律关系中履行和承担的义务，它包含了"岗位责任"和"行政责任"两个方面。⑤

行政法律责任在我国现行行政法中往往有两大类，一类是制裁性法律责任，包括通报批评，没收、追缴违法所得，行政处分；一类是补救性法律责任，包括赔礼道歉、恢复名誉、返还权益、履行职责、行政赔偿。

六、行政法的定义

行政法的定义，国内外的学者众说纷纭，目前尚无统一的观点，主要分三类：有人定义为"调整行政活动的法律"，有人定义为"调整与规范行政权的法律"，有人定义为"调整行政关系的法律规范的总称"。

行政法作为我国国家法律体系中的有机组成部分，从学科分类的角度进行研究，它的研究对象就是行政关系，而其独特的社会功用就是规范和控制行政权力，保障行政相对人的合法权益。因此，行政法既可定义为调整行政关系和监督行政关系的法律规范的总称，

---

① 皮纯协、胡锦光：《行政法与行政诉讼法教程》，中央广播电视大学出版社 1996 年版，第 221 页。

② 林仁栋：《马克思主义法学的一般原理》，南京大学出版社 1990 年版，第 199 页。

③ 张文显：《法律基本范畴研究》，中国政法大学出版社 1993 年版，第 412 页。

④ 罗豪才：《中国行政法教程》，人民法院出版社 1996 年版，第 326 页。

⑤ 王连昌主编：《行政法学》，中国政法大学出版社 1994 年版，第 325 页。

也可以定义为规范和控制行政权的法律规范。学习行政法需要把握以下内涵：

1. 行政法以行政关系为其调整对象

任何一个部门法，都以一定的社会关系为调整对象。行政法调整行政权在获得、运行过程中与相关各方所产生的关系即行政关系，它包括行政主体在获得行政权过程中与权力机关的关系，行政主体在行使行政权过程中与行政相对人之间的关系，行政权运行过程中产生的监督与救济关系，行政权运作过程中对其内部进行管理形成的内部行政关系。

2. 行政法是宪政时代国家的基本法和重要部门法

行政法是依据宪法制定的国家基本法，它与民法、刑法、经济法、社会法等部门法律共同构成一国法律体系的基本部分，是现代国家法律体系中位阶仅次于宪法的部门法，有小宪法之称。

3. 行政法的基本功能与作用是规范和控制行政权，保障行政相对人合法权益

行政法作为管理法古已有之，而作为宪政条件下的行政法，其产生的重要原因之一就是控制和规范国家权力。因此，无论是资本主义国家还是社会主义国家，行政法的功能和作用就是规范和控制行政权，平衡行政权与公民权、公共利益与个人利益等社会多元利益。

七、行政法的渊源

行政法的渊源，也叫行政法的表现形式，指的是行政法内容的一般表现形式。当代行政法均由实体性法律规范与程序性法律规范构成，其表现形式多样，有分散式和集中式，有的以行政法典的形式表现行政法规范，有的以分散的法律、法规来表现行政法规范。我国现行行政法法律规范没有实现法典化，表现形式呈现出多种范式，散见于我国的宪法、法律、行政法规、地方性法规、自治条例和单行条例、部门规章、地方性规章和国际条约之中，具体为：

1. 宪法

宪法是国家的根本法，其中包含大量的抽象行政法规范，是行政法的根本法源。宪法是行政法的立法依据，也是行政机关和行政权的渊源。如行政活动基本原则规范；行政区划与行政机关设置及职权规范；公民基本权利和自由规范等。

2. 法律

全国人大及其常委会制定的基本法和一般法是行政法的基本法源。其中规范行政权的设定、运行、监督和救济规范均属行政法规范。

3. 行政法规

行政法规是我国最高国家行政机关国务院，根据宪法、法律和立法机关授权，依照法定程序制定的具有国家强制力和普遍约束力的行为规则，是行政法的重要渊源。

4. 地方性法规

包括省、自治区、直辖市的人民代表大会及其常委会，设区的市人民代表大会及其常

委会，自治州、自治县的人民代表大会及其常委会制定的具有国家强制力和普遍约束力的行为规则，包括自治条例和单行条例。

5. 行政规章

国务院各部委、直属机构，省、自治区、直辖市人民政府、设区的市政府，根据法律法规及国务院的决定、命令，依据法定程序制定的具有普遍约束力的行为规则。因此规章分为部委规章和地方规章。其效力低于宪法、法律、行政法规，地方行政规章在本行政区内有效。

6. 法律解释

全国人民代表大会常务委员会于 1955 年 6 月 23 日作出《关于解释法律问题的决议》，确立了立法解释和司法解释两种法律解释制度。1981 年 6 月 10 日，全国人大常委会作出《关于加强法律解释工作的决议》，确立了立法解释、行政解释、司法解释和地方解释四种解释制度。随着我国现行宪法的施行，确立了宪法解释制度。随着地方政府对规章制定权的取得，地方政府及其职能部门对规章的解释成了地方解释的组成部分。我国《立法法》规定法律的解释权属于全国人大常委会，《行政法规制定程序条例》第 31 条规定行政法规的解释权属于国务院，《规章制定程序条例》第 33 条规定规章的解释权属于规章制定主体。因此，我国的法律解释包括立法解释、司法解释和行政解释。

7. 国际条约、协议

我国与他国及国际组织缔结国际条约和协议，凡在我国国内实施的，也是我国法律的渊源，其中涉及公共利益与个人利益关系的当属行政法的渊源，在行政法的效力等级中居于最高等级之一。如我国加入世贸组织，需要遵守世贸组织规则，其《进口许可证程序协定》将进口许可证分为自动进口许可证和非自动进口许可证两类。无论是自动进口许可证的申请还是非自动进口许可证的申请，行政机关都应当按照协定规定的程序和时间办理。

第二节 行政法律制度概述

一、行政法律制度的概念与内涵

行政法律制度是指以行政法为基础，以行政主体与相对人之间的权利义务为其内容，以国家的强制力保障实施的各类制度的总称。因此行政法律制度应当包括国家行政体制建制和行政管理制度等法律规范和制度。其内涵为：

（1）行政法律制度是以行政法为基础建立起来的制度。行政法和行政法律规范是行政法律制度建立的基础，否则，行政法律制度就缺乏建立形成的基础。

（2）行政法律制度是以行政法主体的权利义务为其内容的法律制度。行政法律制度一方面赋予行政主体以职权，同时规定行政主体的职责，另一方面赋予行政主体与行政相对人以权利和义务，从而共同构成行政法律制度的具体内容。

（3）行政法律制度是以国家强制力保障实施的行政制度。行政法律制度是行政主体与行政相对人权利义务的制度化、规范化。国家为了使行政主体依法行使职权和履行职责，使行政相对人依法享受权利和承担义务，赋予了这些法律制度以强制执行的效力，从而保障这些制度依法充分、有效地得以实施，保障行政主体依法行政，保障社会公平公正和行政相对人合法权益，促进法治国家、法治政府和法治社会建设。

二、我国行政法律制度的构成

经过几十年的建设，我们已经形成了中国特色的社会主义法律制度，包括民事法律制度、行政法律制度、刑事法律制度等。而行政法律制度又包括四类基本制度，即行政主体法律制度、行政行为法律制度、行政监督与救济法律制度、公务员法律制度。

1. 行政主体法律制度

亦叫行政组织法律制度，是指规范行政机关设立、变更、撤销和职责、地位、组成、活动原则、法律责任，以及其他行政主体行政职权的取得、行政职责的履行的法律规范和制度的总称。

我国已经形成以《宪法》为核心，以《国务院组织法》和《地方各级人民代表大会和地方各级人民政府组织法》等为基础的行政主体法律制度。按照《宪法》规定：中国实行五级政府行政管理体制，分别是国务院；省、自治区、直辖市人民政府；设区的市、自治州人民政府；县、自治县、不设区的市、市辖区人民政府；乡、民族乡、镇人民政府。国务院即中央人民政府，是全国人民代表大会的执行机关，是最高国家行政机关。地方各级人民政府是地方各级人民代表大会的执行机关，是国务院统一领导下的地方国家行政机关。两部组织法在宪法的基础上对国务院和地方政府的组织、职权和职责进行规范，实现行政主体行政权的法律授予。行政主体必须依法取得行政权，同时遵循职权法定原则依法履职尽责，做到法无授权不可为，不行使法律没有授予的权能。

2. 行政行为法律制度

行政行为法律制度指规范行政主体的行政行为的法律规范和制度的总称。我国目前的行政行为法律制度已经初步形成七类制度，即行政立法制度、行政程序与信息公开制度、行政许可制度、行政征收征用制度、行政强制制度、行政处罚制度和行政司法制度。

行政立法是指特定的国家行政机关依法制定和发布行政法规和行政规章的行为。行政信息公开也叫政府信息公开，是指行政主体依法公开需要社会公众知晓或参与的政府信息，以及反映本行政主体履行职责基本情况的政务相关信息的行为。行政许可是指行政主体根据公民、法人或者其他组织的申请，经依法审查，准予其从事特定活动的行为。行政征收征用是指行政主体根据法律法规的规定以强制方式取得相对人财产并给予合理补偿的具体行政行为。行政强制是指行政机关在行政管理过程中，为制止违法行为、防止证据损毁、避免危害发生、控制危险扩大等情形，依法对公民的人身自由实施暂时性限制，或对公民、法人或其他组织的财物实施暂时性控制的行为。行政处罚是指行政主体依法对违反法律规范的行政相对人给予的一种惩戒或制裁。行政司法是指行政主体依法适用准司法程序，裁决行政管理领域的争议，处理特定案件的活动。

3. 行政监督与救济法律制度

行政监督与救济法律制度，是指规范行政主体的内部监督与对违法行政行为进行救济的法律规范和制度的总称。我国的行政监督与救济法律制度概括来说分为四大制度，即行政监督和审计制度、行政复议制度、行政诉讼制度、行政赔偿制度。

行政监督与审计是指享有监督权的国家机关、审计机关依法对国家行政机关及其公务员行使职权和与行使职权有关的行为实施的监督。由于监督的主体对行政的监督是依据宪法和法律规定的权限、程序和方式等一系列制度实施的，所以称为行政法制监督。行政复议是指公民、法人或者其他组织认为行政主体的具体行政行为侵犯其合法权益，依法申请该行政行为的上级机关或者其他特定机关对该具体行政行为的合法性合理性进行审查并作出相应决定的活动。行政诉讼是指公民、法人或者其他组织认为行政机关和法律法规规定的组织的具体行政行为侵犯其合法权益，依法向人民法院起诉，人民法院依法对具体行政行为进行审理并作出裁决的活动。行政赔偿是指国家行政机关及其工作人员违法行使职权侵犯相对人合法权益并造成损害，而由国家依法承担赔偿责任的法律制度。

4. 国家公务员法律制度

国家公务员法律制度是指国家对公务员及参照公务员管理的公职人员进行管理的有关法律、法规、政策等的统称或总称。公务员是指依法履行公职、纳入国家行政编制、由国家财政负担工资福利的工作人员。我国于 1993 年制定《国家公务员暂行条例》，在经过数年实施、积累了丰富的经验的基础上，于 2005 年制定《中华人民共和国公务员法》，奠定中国特色公务员法律制度基础，此后国家通过颁布了一系列公务员管理方面的法律法规和修订公务员法，基本形成了我国的公务员法律制度。

三、主要的西方国家行政法律制度发展概况及其特色

一个国家的法律往往受社会经济基础的制约，也受该国政治文化及历史背景的影响，是一定社会历史条件的产物，具有自己的历史烙印与民族特征。

1. 法国行政法律制度

法国素有"行政法母国"之称，其行政法律制度是法国大革命的产物。学习行政法律制度当首先学习、了解法国行政法。法国大革命推翻了封建君主的专制统治，新兴资产阶级按照孟德斯鸠三权分立理念设计了法国的共和政体。1790 年颁布的法院组织法规定：司法职能和行政职能现在和将来永远分离，法官不能以任何方式干扰行政机关的活动，亦不能因其职务上的原因将行政官吏传唤到庭，违者以渎职罪论。此规定剥夺了普通法院对行政诉讼的管辖权，为后来法国行政法院的设立奠定了现实基础。1791 年，资产阶级颁布宪法明确规定：立法权委托给人民自由选出的临时性的代表们组成的国民议会，行政权委托给

国王，司法受托给人民按期选出的法官行使。新的法国三权分立政体，不仅限制王权，也限制司法权。1799 年，拿破仑成立国家参事院，该院作为行政部门的顾问，并受理行政争议案件，是为法国行政法院的前身。1870 年，国防政府撤销国家参事院，1872 年 5 月，资产阶级颁布法律恢复国家参事院，并授权其以法国人民的名义行使审判权，参事院在法律上成为法国最高行政法院。1889 年 12 月，法国行政法院确立当事人不服行政机关的决定，无须经过部长的裁决，可以直接向行政法院起诉，这一事件标志着法国行政法院体系的建立。随着法国行政法院完全行政审判权的确立，行政审判实践不断丰富，一个独立的部门法——行政法产生，伴随着行政法院的发展，行政法律制度也不断发展和完善。

法国的行政法律制度和其他国家相比，具有自己的以下特征，主要是：

(1)行政法是独立的法律体系。与英、美国家的行政法不同，在法国行政法是在私法以外独立存在的法律体系，其行政活动原则上不适用于与私人活动相同的法律。在英、美等国家，行政活动原则上适用于与私人活动相同的法律，他们认为所谓公法和私法的区别，主要是法律规范的对象不同，而不是法律原则的不同。法国行政法成为一个独立的法律体系，很大程度上应该归功于行政法院长期受理行政诉讼。

(2)行政法律制度的重要原则由判例产生。法国本是一个成文法国家，但在行政法上又是一个判例法国家。在一般法律中法国没有规定遵守先例原则，但先例往往也发挥法律作用。特别是在行政法律制度上，先例作用特别显著，表现为法国行政法院一方面不适用民法和其他私法的规定判决案件；另一方面鉴于行政事务千差万别，行政法上的规定往往只限于特殊事项，不能适用于其他事项，因而行政法的许多重要原则，往往都从行政法院的实际判例中产生。如公务员的法律地位、行政赔偿责任的构成条件等重要法律原则，都由判例产生。

(3)行政法没有统一完整的法典。民法、刑法在法国都有一部法典例，但法国至今没有一部完整的行政法典。这主要是因为行政法的范围广泛，事项复杂，而且变化不断，单就某类行政事项编成一个有系统的法典，已经很难，因而要想对全部行政法律规范遵循一个整体观念，制定一部完整的法典就更为困难。

(4)具有独立的行政法院系统。在英、美法系国家，行政诉讼由普通法院管辖，国家没有独立的行政法院系统。在法国，解决行政争议不由普通法院管辖，而是由行政法院管辖，行政法院是行政机关的一部分；行政法院和普通法院是两个相互独立的审判系统，前者受理行政诉讼，后者受理普通诉讼。独立的行政法院系统是法国行政法律制度的显著特点。

2. 德国行政法

德国行政法具有悠久的历史，而作为现代意义上的行政法律制度的建立是 19 世纪下半叶才开始的。一般认为，德国行政法起源于警察法。从 15 世纪开始，德意志帝国开始出现规范警察行为的警察法和与维持社会秩序有关的法律；19 世纪中叶，以确定法治原则为基础的宪政国家建立起来，这为德国现代行政法的产生和发展奠定了政治法律基础。

1863 年，德国巴登邦建立了一个独立的行政法院体系：初等法院为县委员会，中等法院为区委员会，高等法院为普鲁士最高行政法院。1949 年德国颁布《德意志联邦共和国基本法》，规定国家建立一个联邦行政法院，1952 年 9 月 23 日联邦行政法院正式建立。1960 年 1 月 21 日德国制定《行政法院法》取代以前的一切有关行政法的法律，规定各邦建立统一的行政法院制度。此后行政审判制度促进了德国实体行政法的发展。1976 年制定和实施的德国《行政程序法》，标志着德国行政法进入一个新的发展阶段。

德国行政法与其他国家行政法相比，有以下特征：

（1）行政法纠纷和公法纠纷适用不同的实体法规范；行政机关的行政活动仅适用于行政程序法；公法纠纷受行政法院管辖，私法纠纷则由普通法院管辖。

（2）成文法多于判例法。德国与法国一样属于成文法国家，但是法国行政法有判例法。德国行政法主要是成文法，这是德国行政法不同于法国行政法的一大特点。成文法在德国行政法中占主要地位，但是德国行政法中亦有判例法存在。1960 年制定的《德国行政法院法》、1976 年的《德国行政程序法》，分别近似于行政实体法典和行政诉讼法典，构成了完整的德国行政法体系。

（3）程序实体一体化。德国有比较完整的行政程序法。1976 年制定了《行政程序法》，但也包含了行政实体法的诸多内容，其中包括行政处分的构成条件和国家责任等，行政实体法规范在德国行政法中均通过行政程序法加以调整。

（4）行政法院司法化。德国和法国的行政司法体制都是双轨制，在普通法院之外，专门设立了独立的行政法院，所有行政案件由行政法院审理，普通法院无管辖权。但是德国行政法院与法国的行政法院的地位不同，法国行政法院是行政机关的一部分，受行政机关影响；而德国行政法院属于司法系统的组成部分，不受行政机关的干预，具有鲜明的司法性而非行政性。

3. 英国行政法

英国的行政法是在资产阶级反对封建王权，建立君主立宪政体的过程中发展起来的。1640 年英国发生资产阶级革命，1688 年通过"光荣革命"建立君主立宪的议会主权体制。20 世纪初以来，随着生产力的发展，行政管理的范围迅速扩大，英国行政法法律制度发生了两个明显变化：一是议会委任立法。近现代行政管理的专门化，使传统的议会独占立法权的方式很难适应现代化行政的需要，因此，在坚持议会至上原则的前提下，英国议会委托行政部门制定相关法律以规范政治经济文化活动，从而使委任立法得以产生和发展，《财政部和审计署法》《地方政府法》《官方机密法》以及《国民健康保险法》等法律的颁布是其明显标志，行政法作为一个独立的法律部门逐步得到英国公众的承认。二是行政裁判所的建立与发展。为了解决行政争议，英国设立行政裁判所解决行政纠纷，裁判范围涉及交通、税务、专利、移民、社会保险、卫生保健等领域。70 多种不同类型的行政裁判所已发展到近 3000 多所，几乎覆盖政府管理的各个领域。

英国行政法法律制度与大陆法系国家相比，有以下主要特征：

（1）行政法多为不成文法。英国法律中成文的行政法律文件很少，其主要表现形式是由法官判案形成的有关控制行政权行使和保护公民权益的判例和一系列原则。英国行政法之所以具有这一特征，其主要原因是：①英国是不成文法的传统国家，普通法在英国法律中占主要地位。②现代政党制度的发展，使议会受政府的控制和操纵加强，公民对议会失去信任，而寄希望于法院保护其合法权益。③对行政机关行政权的控制主要是控制自由裁量权，议会一般不能实现有效控制，为了控制行政机关的自由裁量权的行使，法院长期以来通过裁判案件，形成了一套统一的和严密的基本原则体系，这个体系便成为英国行政法的主要内容。

（2）行政裁判所是司法救济机制的一部分。20世纪以来，现代福利国家兴起，自由派执政的政府推进社会改革，人们认为法院可能会倾向于维护有产者的利益，而不会关心劳工阶层的诉求，因此这个时期的社会政策和法律，倾向于绕过普通法院，规定以裁判所处理行政纠纷。1908年英国通过《老龄养老金法》规定地方养老金委员会处理养老金争议；1911年通过的《国民健康保险法》，规定了可以向专门的裁判员法庭提起有关失业保险的申诉，《1958年裁判所和调查法》规定设立裁判所理事会，负责监督各种裁判所的组织和活动程序；赋予当事人就裁判所特定决定向高等法院提起申诉的权利，法院可以通过调卷令、强制令等令状制度来控制裁判所决定；在法律规定的范围内，可以以行政命令来创设新的裁判所；裁判所必须要为它的裁决决定说明理由。从此，裁判所成为司法救济机制的一部分。在大多数情况下，裁判所的主席是由大法官直接任命的，或者由部长从大法官提名的有适宜资格的人中任命；裁判所的大多数成员和政府官员没有直接的联系；裁判所适用的裁判程序是对抗式的而非纠问式的；裁判所所适用的证据规则和审理规则和司法审判存在着诸多相通之处；当事人可以就裁判所的裁决向法院提起上诉，法院也可以通过令状制度对裁判所的裁决进行司法审查，裁判所对行政决定进行全面的审查，为公民提供富有效率的救济，大大减轻了法院负担，成为行政纠纷解决机制网络中间的重要一环。

（3）行政诉讼由普通法院管辖。与民事、刑事诉讼一样，英国的行政诉讼由普通法院管辖，没有独立的行政法院系统。在英国，人们认为普通法院是防止行政专横、保障公民自由和权利、维持法治原则最有力的工具，因此英国成立有大量行政裁判所，但依然由普通法院行使行政诉讼管辖权。普通法院受理行政诉讼适用一般民事诉讼程序规则，但不排除行政诉讼有特殊的救济手段和程序。

4. 美国行政法律制度

美国行政法深受英国行政法的影响。早期美国人也不承认美国有行政法。从1789年美国联邦政府成立到1887年成立美国州际商业委员会，近一百年间，美国行政法律制度的中心是由法院按照英国普通法和平衡法的原则对行政活动进行司法审查，当时的主流社会思想是自由放任主义，认为一个良好的政府是最少干涉公民活动的政府。南北战争结束后，美国工业迅速发展，工业化引起城市化，社会生活中出现集团之间的矛盾化和大企业主滥用经济权力等一系列的社会经济问题。为此联邦国会制定州际商业法,建立州际商业委员会控制铁路运输。国会以州际商业委员会成功经验为借鉴,继续建立其他独立的控制机构如联邦储备委员会、联邦贸易委员会、联邦能源委员会,给予独立控制机构以巨大权力控制某一方面的私人经济活动。同时法院可以对其进行严格的审查,以防侵害私人利益。法院在司法审查中,通常要求独立控制机构在行使权力时必须具备相关条件:①对相对人科处制裁必须根据法律的授权;②行政主体作出决定的程序,必须能够保证决定符合授权法的规定;③行政机关的行为必须接受司法审查;④行政决定的程序必须方便司法审查。因此美国传统行政法律制度的主要目的是通过法院防止行政机关滥用权力,保障私人的自由和权利。

1946年,美国制定行政法的基本法《行政程序法》,这是美国行政法法制度发展的一个重要的里程碑,它对行政机关规定了一个最低的程序要求:除法律另有规定外,适用于全部联邦行政机关,因此统一了联邦政府的行政程序;1948年制定的《联邦侵权赔偿法》,在政府赔偿问题上放弃了主权豁免原则,承认国家的赔偿责任,为实现美国行政法制现代化的奠定了基础。1966年国会修改了1946年行政程序法中关于政府文件公开的规定,制定了情报自由法,规定了除该法规定的9项情况以外,其余全部政府文件公开,任何人都有权要求得到政府文件,行政机关不得拒绝。1972年制定了《联邦咨询委员会法》,规定咨询委员会会议的公开。1974年制定了《隐私权法》,规定行政机关所持有的有关个人的记录、有对本人公开的义务。1976年制定了《阳光下的政府法》,规定合议制机关的会议必须公开。行政公开是当代行政法发展的一个重要方向,而当代行政法的发展也引起了行政法作用的改变,行政法从以控制行政权力为中心转向以提供福利和服务为中心。这是美国当代行政法的特点。

美国行政法律制度与大陆法系的行政法律制度相比,有以下特征:

(1)公法和私法划分不同。在大陆法系国家,公法和私法有严格的区别,行政法属于公法,行政案件不适用私法。美国行政法属普通法系,法律体系中没有严格的公法和私法的区别,同一法院受理两种不同的案件,行政法更多地适用一般法律原则。

(2)内容范围不同。美国行政法的内容比大陆法系国家的内容窄。如法国行政法是有关公共行政的法律。而在美国行政法是关于行政机关权利与程序的法律,不是有关公共行政的法律,公共行政是政治学的研究对象,不是行政法的研究对象。行政赔偿基本适用民事赔偿的规则,但其范围窄于民事赔偿的范围。

(3)法律制度的重点不同。美国行政法的重点是程序法,因此它更加注重行政程序制度的完善,强调行政程序的控权作用,在行政组织方面,美国建立了大量的独立管理机构,集行政、立法、司法于一身。在解决民事、行政争议方面,不设专门主管行政诉讼的司法机构,行政案件的审判职能由审理民事案件的普通法院统一行使。而大陆法系国家的行政法重点是实体法,强调行政权的有效行使与公民合法权益的平衡。

第三节　行政法的基本原则

一、行政法基本原则概述

行政法的基本原则是什么，有多少原则，我国行政法学术界曾经有过激烈争论。近年来基本一致认为指导行政法的制定与规范行政权实施的基本准则是行政法的基本原则，它贯穿于行政立法、行政执法、行政司法、行政法制监督和行政争议解决的始终，体现着行政法的法治、民主与人权价值取向，保证着行政权运作的合法性、合理性，是指导行政活动的最高准则，在行政法体系中具有最高的法律效力，是行政法的灵魂。主要有行政合法性原则和行政合理性原则。在实务界，有学者依据 2004 年 3 月 22 日国务院印发并实施的《全面推进依法行政实施纲要》，将依法行政的六项基本要求概定为行政法基本原则：合法行政、合理行政、程序正当、高效便民、诚实守信和权责一致。

客观上讲，学术界主张的两原则与实务界认可并实施的六原则，虽然文字表述有差别，强调的中心内容不相同，但是其基本原理相通、法治精神一致。

二、行政法基本原则

(一)合法行政原则

合法行政是指行政主体实施行政行为，应当依照法律、法规、规章的规定进行，没有法律、法规、规章的规定，行政机关不得作出影响公民、法人和其他组织合法权益或者增加公民、法人和其他组织义务的决定，一切违法的行政行为无效。合法行政原则也叫行政法治原则，学理上称为行政合法性原则，属于形式行政法治的范畴，是行政法的首要准则，包括四重内涵：

(1)行政职权取得合法。人民主权理论认为，人民权利是一切国家权力的来源。人民的权利是天然的、无限的，除非法律予以禁止；国家权力是有限的，由人民委托，法律赋予。在人民民主共和国里，人民是国家的主人，行政主体作为国家行政权的执行者，其行政职权来源于人民的权利，由法律设定并依法授予，必须在法律规定的职权范围内活动，目的是保护人民的合法权益。在宪政体制之下，对于人民而言，"法不禁止即自由"；对于政府而言，"法无授权不可为"，"法律之外无行政"。

(2)行政职权的运作合法。行政权的运作表现为行政主体实施行政行为。在人民主权国家，行政权的人民性要求行政主体的行政行为必须符合法律规定，即行政权的行使应依据法律、遵守法律，不得与法律相抵触，必须在法定的权限范围之内，必须按照法定的方式、方法、程序和制度进行，具体表现为实体合法和程序合法。

(3)违法的行政行为无效。行政主体违反法律规定违法行使职权,其实施的行政行为无效。行政行为违法,包括违反行政法的基本原则和违反法的具体规范。违法的行政行为自始不具有法律效力,无论是实体上的违法,还是程序上的违法,都使行政行为归于无效,造成危害后果的,依法承担违法责任。

(4)行政主体必须对违法的行政行为承担法律责任。全面推行依法行政,要求行政主体努力做到有权必有责、用权受监督、侵权要赔偿、违法要追究。这是违法必究精神的体现。

合法行政原则内含两个小原则,即法律优先和法律保留。

1. 法律优先

(1)在行政立法方面,行政机关的任何规定和决定都不得与法律相抵触,行政机关不得作出不符合现行法律的规定和决定。行政机关的规定和决定违法,就不能取得法律效力。行政:法无授权即禁止;民事:法无禁止即自由。(2)在行政执法方面,行政机关有义务积极执行和实施现行有效法律规定的行政义务。行政机关不积极履行法定作为义务,将构成不作为违法。

2. 法律保留

(1)在行政立法方面,立法机关保留对某些事项的立法权限,行政立法不能以消极地不抵触法律为满足,还需法律的明确授权。依法只能由法律规定的事项,行政机关除非获得授权,否则不得作出任何规定和决定。(2)在行政执法方面,如果没有立法文件进行规定,行政机关不得作出影响公民、法人和其他组织合法权益的行为。

(二)合理行政原则

合理行政原则也叫行政适当原则、行政合理性原则,是指行政主体实施行政行为其内容必须符合公平正义的精神和要求,其法理依据根源于行政自由裁量权的广泛存在。行政合理性原则是与行政合法性原则相并列的一项基本原则,而且又是对行政合法性原则的补充。世界各国行政法上的合理性原则正是在行政权不断扩张的历史背景下经由各国专家学者研究形成并确立,目的就是保障行政机关在行使自由裁量权的时候,出于合理动机,遵循正当程序,作出客观、适度的行政行为。其基本要求是:

1. 行政行为的内容要合理

①行政主体实施行政行为在主观上必须出于正当动机,在客观上必须符合正当目的,不能谋求法定目的以外的非正当目的;②行政主体的行政行为不应当考虑不相关的因素,应该建立在维护社会正当利益的基础之上;③行政主体的行为要符合社会道德,惯例和公众公认的常理,必须注意国家集体利益与个人利益、公民权利与政府义务之间的平衡;④行政主体的行政行为符合社会公正的要求,即同等条件同等对待,不偏私不歧视,客观公正;⑤合比例。比例原则又称狭义的合理性原则,它要求行政行为要适当地平衡行政措施对社会获得的利益与对个人造成的损害之间的关系,禁止一切对个人的损害超过了对社会

的利益的措施。

2. 行政行为的程序合理

行政主体行政职权的行使应当符合法定的方式、方法、步骤和期限，防止主观随意性。其中包括：①公开。行政主体履行职能的过程中其办事依据、过程、结果等均应当公开。②回避。行政主体职权的行使应当符合回避制度，以保证行政行为客观公正。③告知。行政主体在履行职能过程中事先要出示证件，表明身份，说明理由，告知相对人权利与义务以保障相对人的知情权。④听证。行政主体行使职权应当事先听取相对人的陈述并给予其申辩机会，必要时应当进行听证，以便查清事实，明辨是非，正确处理。⑤救济。行政主体实施行政行为要保障行政相对人的陈述、申辩、复议和依法提起诉讼的权利。

合法性原则是形式行政的具体表现，合理性原则是实质行政的必然要求。合理行政既要求行政行为形式正义，亦要求实质正义，也就是说行政主体有权不要任性，用力不能过猛，否则构成违法或者显示公平。合理行政内含三个小原则，这就是：

(1)公平公正对待：行政主体要平等对待行政相对人，不偏私、不歧视。同时，面对同等情况应当同等对待，不同情况应当区别对待，不得恣意地实施差别待遇。

(2)考虑相关因素：行政机关在作出行政决定和进行行政裁量时，只能考虑符合立法授权目的的相关因素，不得考虑不相关因素。

(3)比例原则：即行政主体行使裁量权所采取的具体措施必须符合法律目的，即行政行为具有合目的性。①即行政机关所选择的具体措施和手段应当为法律所必需，结果和手段之间存在着正当性，行政行为具有适当性。②损害最小，即行政主体在可以采用多种方式实现某一行政目的的情况下，应当采用对相对人权益损害最小的方式。

(三)程序正当原则

程序正当就是行政主体实施行政管理，除涉及国家秘密和依法受到保护的商业秘密、个人隐私的外，应当公开，注意听取公民、法人和其他组织的意见；要严格遵循法定程序，依法保障行政相对人、利害关系人的知情权、参与权和救济权；行政主体工作人员履行职责，与行政相对人存在利害关系时，应当回避。程序正当原则强调的正当程序至少包括：

(1)行政公开：除涉及国家秘密、商业秘密和个人隐私外，行政主体实施行政管理应当做到信息公开，以实现公民的知情权。

(2)公众参与：行政主体实施行政行为应该保障公众的参与权、表达权和监督权。

(3)回避：行政主体的工作人员履行行政职责，与相对人存在利害关系的应当回避，包括自行回避和申请回避。

(四)高效便民原则

高效便民就是行政主体实施行政行为和履行行政职责，应当遵守法定时限，积极履行法定职责，提高办事效率，提供优质服务，方便公民、法人和其他组织。核心理念是：

（1）注重行政效率。行政主体应当积极履行法定职责，禁止不作为或不完全作为；必须遵守法定时限，禁止不合理延迟。

（2）便利当事人。行政主体在行政活动中应当减轻相对人负担，便利相对人。如果行政主体增加相对人的程序性负担的，是为行政侵权行为。

（五）诚实信用原则

诚实守信就是行政主体公布的信息应当全面、准确、真实。非因法定事由并经法定程序，行政主体不得撤销、变更已经生效的行政决定；因国家利益、公共利益或者其他法定事由需要撤回或者变更行政决定的，应当依照法定权限和程序进行，并对行政相对人因此而受到的财产损失依法予以补偿。诚实守信原则要求行政主体：

1. 诚实

即行政主体公布的信息应当全面、准确、真实。

2. 信用

（1）非因法定事由并经法定程序，行政主体不得撤销、变更已经生效的行政决定。（2）因国家利益、公共利益或者其他法定事由需要撤回或者变更行政决定的，应当依照法定权限和程序进行并对行政相对人因此受到的信赖利益损失依法予以补偿。也就是说，合法撤回已经生效的行政决定一定要补偿，违法撤销要赔偿。

（六）权责一致原则

权责统一是指行政主体依法履行经济、社会和文化事务管理职责，要由法律、法规赋予其相应的执法手段。行政主体违法或者不当行使职权，应当依法承担相应法律责任，保障权力行使和责任承担相统一。权责统一要求依法做到执法有保障、有权必有责、用权受监督、违法受追究、侵权须赔偿。因此权责一致原则的双重理念是：（1）注重行政效能：是指行政主体依法履行管理职责，要拥有法律、法规赋予其相应的强制执法手段，用国家强制力作保障，行使行政优益权，保证政令有效。（2）强调行政责任：是指行政主体违法或者不当行使行政职权，应当依法承担违法或者不当行为的法律责任。

第二章　行政主体法律制度

第一节　行政主体法律制度概说

一、行政主体法律制度的概念、法律依据及其构成

行政主体法律制度是关于行政主体的设立及其职责权限等法律和制度的总称，也就是有关行政主体资格的取得以及职权的行使、职责的履行等规定的总称。

按照现行世界各国有关行政主体法律制度的规定，行政主体是依法享有国家行政职权并以自己的名义行使行政职权和承担相应法律责任的组织。行政主体有中央行政主体和地方行政主体，职权行政主体和授权行政主体之分。中央行政主体是指行使行政职权的范围及于全国，行使的行政职权具有全国性功效的行政主体，地方行政主体是行政职权的行使范围限一定行政区域的行政主体。职权行政主体是依法设立和依法履行行政职能，并依法对自己的行政行为的后果承担法律责任的主体，一般是指国家的行政机关。授权行政主体是依据法律法规或有关行政机关的授权而依法行使行政职权的有关经济社会组织，如银监会、律师协会、烟草公司、渔政管理处(站)等。与之相适应，行政主体法律制度有行政组织法律制度和其他行政主体法律制度。

行政组织法律制度是规范行政机关的职能、组织、编制的法律制度。按照我国《宪法》规定，中华人民共和国是人民当家作主的国家，人民是国家的主人。人民通过选举自己的代表组成权力机关即人民代表大会行使参政议政的权利，在权力机关之下，设立一府一委两院履行国家治理的权力。其中，人民政府是权力机关的执行机关，负责行使国家行政权，是国家的行政机关。监察委员会是国家的监察机关，负责对所有行使公权力的人员进行监督。人民法院和人民检察院，分别行使司法审批权和司法监督权。为了规范行政机关的行政行为，国家制定宪法和法律规范行政组织的设立、性质、地位、职权和职责。因此，凡是行政机关行使的行政权力必须由法律授予，必须遵循职权法定原则，不能自己给自己授予权力，不能行使法律没有授予的权力。行政组织法律制度还以行政机关的机构设置、职能配置和相互关系；行政机关的层级与幅度、编制与职数、活动原则与方式；行政机关的成立、变更和撤销的程序等规定对行政机关加以规范，以避免主观随意性。这些行

政组织法律制度，从法律的角度对当代行政组织进行主体资格、职权和职责范围的确定，明确行政组织的法律地位，将行政组织的建设、管理及其活动纳入制度化、规范化、法治化的轨道。

目前，我国以宪法为基础，制定了有两部规范行政组织设立及其职责权限等的行政组织法，即《国务院组织法》和《地方各级人民代表大会和地方各级人民政府组织法》，还制定了《国务院行政机构设置与编制管理条例》《地方各级人民政府机构设置与编制管理条例》等行政法规，这些法律法规共同规范着中央人民政府即国务院和地方各级政府的组织、职权、编制与活动原则，是我国行政组织法律制度的法律基础与源泉。但是，我国目前却没有制定规范其他行政主体有关资格的取得、权力运行及责任承担等方面的基本法律法规，因此，我们学习、研究的行政主体法律制度主要是行政组织法律制度。

二、行政主体资格

行政主体资格是指作为行使行政职能的行政机关、法律法规授权的组织依法应当具备的法定条件。确定某一组织的行为是不是行政行为，行为有无行政效力，其基本标准就是看该组织是否具备行政主体资格，不具备行政主体资格的组织，即使是行政机关的行为，也不能认定为行政行为。在行政复议和行政诉讼过程中，确定某一组织是否是行政复议的对象或行政诉讼的被告，也必须确定行政机关及其组织是否具备行政主体资格。

(一)行政主体资格的构成要件

从行政法学原理分析，具备行政主体资格必须同时具备以下要件：

1. 必须是一定的社会组织

组织一般分为自然组织和社会组织。自然组织存在于自然界，其活动往往具有自发性和盲目性，它们不能成为行政主体；存在于人类社会中的社会组织，因其具有严密的组织性和目的性，能够为社会发展进行有组织、有目的的活动，因而具备成为行政主体的属性。当代社会组织一般可以分为国家组织，社团(政党)组织、事业组织和企业组织等。各种组织各司其职，按其不同性质和目的进行活动，共同为社会进步而运行，但并不都是行政主体，只有符合法定条件的才能成为行政主体。

2. 必须依法取得和享有行政职权

行政职权是指运用国家强制力，对公共利益进行维护、对公共事务进行治理的公共权力。在我们国家，国家权力被划分为立法权、行政权、监察权和司法权。立法权是国家立法机关依法制定法律的权力，行政权是执行立法机关的决议、决定和法律的权力，司法权是国家司法机关对刑事、民事、行政等案件进行检察和审判的权力。无论哪种权力，都必须依法取得，依法授予，依法享有。如果没有通过合法途径，合法程序依法取得国家权力而行使立法、行政、监察、司法权，在宪政社会里，其行为是违法的。

在我国，只有依法取得和享有行政职权的社会组织才有权实施行政行为，才能成为行政主体；没有依法取得、享有行政职权的社会组织，就不能实施行政行为，不能成为行政主体。因此，依法成立的国家行政机关享有行政权，可以成为行政主体，其他社会组织依法律、法规和规章的授权而取得行政权，也可以成为行政主体。

3. 必须能以自己的名义实施行政行为

行为主体能否以自己的名义实施行政行为，是构成行政主体的另一要件。行政主体能否独立自主地代表国家表达自己的意志，实施特定行为是其成为行政主体的必要条件，依法成立或组成的国家行政机关，法律法规授权的社会组织，只有能以自己的名义实施行政行为，才是合格的行政主体。

4. 必须能独立承担法律责任

法律后果是具有法律意义上的有利结果和不利后果。其中，不利的法律后果称为法律责任。作为行政主体，必须是能依法承担行政法律后果的社会组织。不能成为依法承担行政法律后果(责任)的社会组织，不能成为行政主体。国家行政机关，如国务院、县政府，乡公所是依法成立并能依法独立承担法律责任，是行政主体，经法律法规授权的社会组织和行政机构(行政机关内设机构)，如公安派出所、卫生防疫站、计量检测机构等，基于授权而依法也能独立承担法律责任，也是行政主体。而有关受委托组织，其实施行政行为所产生的法律责任由委托单位承担，因而不是行政主体。行政机关的内设机构和有关临时机构，往往因为没有独立的财政预算和经费，没有依法承担行政赔偿责任的能力，因而不能成为行政主体。

(二)行政主体资格的取得

1. 职权行政主体资格的取得

职权行政主体是行政主体的主要组成部分，一般情况下，只能是国家行政机关即各级人民政府及其职能部门。行政机关取得行政主体资格，必须具备以下实质要件和程序要件：

(1)依法成立。在民主法治国家，任何国家机关的成立必须符合宪法和有关组织法的规定。行政机关作为职权行政主体，同样要依据宪法和组织法。职权行政主体的设立不仅需要法律依据，在具体的行政实践中，往往需要有权机关的批准。批准机关是法定的上级权力机关或行政机关，它们按照法定职权就是否设立某行政机关进行审查，依据法定程序进行审批。批准机关的批准权限、范围同样由宪法和相关法律规定，如每届国务院和地方各级人民政府的组成，由本级人民代表大会的第一次会议批准。国务院职能机关的设置，由全国人大常务委员会批准；国务院直属机关的设置，由国务院批准；省、自治区、直辖市人民政府的厅、局、委员会的设立，应由本级人民政府报请国务院批准；县、市、自治州、自治县、市辖区人民政府的局、委员会的设立，由省、自治区人民政府报请国务院批准；区公所的设立，由省、自治区、直辖市人民政府批准；街道办事处的设立，应由上一级人民政府批准。

（2）依法享有法定职权。享有法定职权是行政主体依法管理国家事务、社会事务的基础与前提。国家在一定时期、一定范围设立某个行政机关，往往是国家行政管理活动的客观需要，因此有权机关依据宪法、法律的规定在批准设立时，必然赋予其相应的行政职权以方便其开展工作。如果新成立的组织没有被赋予相应职权，该组织就不能行使行政职能，不能成为行政主体。我国《宪法》《国务院组织法》和《地方各级人民代表大会及地方各级人民政府组织法》不仅概括地规定了我国行政机关的组织原则和组织体系，而且具体规定了各级行政机关的组织结构和应该设立的职能部门，是我国职能行政主体设立和职权取得的法律依据。其中宪法和国务院组织法规定了国务院的行政职权，宪法和地方各级人民代表大会和地方各级人民政府组织法规定了地方行政机关的行政职权。

（3）具有法定的机构和人员编制。行政编制是指行政机关的内部机构设置、定员、结构和职务配备等方面的制度。设定行政机关是国家服务和管理社会的需要，为了使行政机关富有效率而又不出现机构臃肿、人浮于事，就必须对该机构定员定编。根据我国现行法律规定，申请编制的国家机关应以加盖公章的正式文件报有权机关审批。国家机关应说明设立该机构或者需要人员定额的理由和根据，说明拟设机构的名称、职责权限、人员定额、隶属关系和经费来源。有权机关应根据该国家机关的性质、任务、管理方式、财政条件，以及其所管辖的人口、地域范围和经济发展状况等予以核定并下达编制。国家机关在依法取得法定编制后，应按编制设置内部机构、配备人员。行政机关是国家机关的组成部分，同样依法按编制设置内部机构、配备人员。

（4）具有独立的行政经费预算。行政经费是行政机关行使职权，履行职责，承担相应行政责任所需的开支或经费。没有必要的行政经费，行政机关就无法开展工作，也无法独立地承担行政法律责任。预算是有权国家机关按照法定程序编制的具有法律效力的财政经费支出计划。行政经费由国家机关按照财政预算有计划地预算划拨，行政机关依法获取和使用行政经费。只有依法被列为独立的行政经费预算单位，才能有稳定的、独立的行政经费来源，才能保障行政机关作为行政主体的独立职权主体地位，才能独立地承担行政法律责任。

（5）拥有必要的办公条件。办公场所与办公设备是行政机关开展工作的必备条件，是对外展示单位形象和公开单位相关信息的必备场所。没有必要的办公场地与设施，行政机关就无法办公，也无法开展工作，不利于行政机关形象与权威的建立。尤其是作为行政主体的各级人民政府，面对急剧变化的社会现实，每天都要执行国家权力机关的决定，处理大量的行政事务，必须拥有必要的办公条件，才能依法履行职责。

（6）经过必要的公告。国家机关的成立必须公告，行政机关作为国家机关同样需要履行公告程序。行政机关的成立，必须在有关的公报、网络上向社会公告。公告的内容应包括机关的成立时间、机关名称、职责权限、法定代表人、办公场所和办公时间等。

2. 授权行政主体资格的取得

授权行政主体是行政主体的有机组成部分，一般是非国家机关组织或国家机关的内设机构，它们取得行政主体资格，目前尚无统一、明确的法典规定，但是从行政法原理来说，必须具备以下实质条件和程序条件：

(1)必须有法律法规的特别授权。授权行政主体的行政职权不是其成立时就依法拥有的，因为它们不是依据宪法、相关组织法成立和组建的，本身不享有行政职权，其行政职权需要按照法定方式依法取得。目前，我国授权行政主体行政职权的取得，一种是法律法规的直接授权，如《中华人民共和国治安管理处罚法》第91条规定："治安管理处罚由县级以上人民政府公安机关决定；其中警告、五百元以下的罚款可以由公安派出所决定"，它赋予公安机关的派出机构可以作为社会治安行政主体独立行使行政职权。《中华人民共和国铁路法》第3条规定，"国家铁路运输企业行使法律、行政法规授予的行政管理职能"。另一种是由法律法规规定的有权机关依法授权，如《中华人民共和国出境入境管理法》第4条规定："公安部、外交部按照各自职责负责有关出境入境事务的管理。中华人民共和国驻外使馆、领馆或者外交部委托的其他驻外机构(以下称驻外签证机关)负责在境外签发外国人入境签证。出入境边防检查机关负责实施出境入境边防检查。县级以上地方人民政府公安机关及其出入境管理机构负责外国人停留居留管理。"《中华人民共和国学位条例》对高等学校的授权和《中华人民共和国专利法》对专利复审委员会的授权等即属于此类。

《行政诉讼法》第2条规定，"公民、法人或者其他组织认为行政机关和行政机关工作人员的行政行为侵犯其合法权益，有权依照本法向人民法院提起诉讼。前款所称行政行为，包括法律、法规、规章授权的组织作出的行政行为"。据此我们认为，授权应当以法律、法规、规章的形式进行，不能以法律、法规、规章以外的书面形式进行，更不能以口头形式进行。有关社会组织只有依据法律、法规、规章的明文授权才能取得行政职权，才能成为行政主体。我国目前有权规定对行政机构、社会组织进行授权的机关是最高国家权力机关，省、自治区、直辖市、设区的市国家权力机关，自治州、自治县的权力机关。只有上述国家机关将行政职权授予行政机构或有关社会组织时才是行政授权，否则都应认定为行政委托。

(2)必须有相应的机构与人员。与职权行政主体一样，授权行政主体同样需要开展日常工作，甚至是社会管理某方面比较专业的工作，因此需要它们拥有适度的组织机构、办公条件和人员配备，只有这样，法律法规授权某机构或组织履行行政职权，才能达到具有专业性强和富有行政效率的双重效果。法律法规与职权行政主体不可能、也不应该将行政职权授予给公民个人或不具备履行行政职能的组织。

(3)行政授权应当明确具体。法律法规授权的对象应当是特定的行政机构或社会组织，而不能是不特定的组织；所授予的行政职权必须有明确具体的职权界限、级别界限、地域界限和时间界限，不能没有界限或界限不明；在授予行政机构、社会组织行政职权的同时，还应规定其行政职责。

(4)授权决定应予公告。公告是行政授权的必经程序，公告的内容包括授权的法律依据、授权机关、被授权组织、所授行政职权范围和授权时间，以及被授权组织的法定代表人，办公处所等。

三、行政主体的种类

1. 行政机关

它有以下两种：

（1）中央行政机关：国务院各部、委员会、审计署和中国人民银行；国务院的直属机关；国务院各部、委管理的国家局。

（2）地方行政机关：地方各级人民政府；地方各级人民政府的职能机关；地方各级人民政府的派出机关——行政公署、区公所、街道办事处、经济技术开发区的管理委员会。

2. 法律、法规、规章授权的组织

具体有以下几种：

（1）行政机构，指行政机关因行政管理的需要而设置的具体处理和承办各项行政事务的内部组织、派出组织和临时组织。内部机构，如商标局、专利复审委员会等；派出机构，如工商所、税务所、公安派出所等；临时机构：如全国绿化委员会、旧城改造指挥部、防汛抗旱指挥部等。

（2）事业单位。社会团体：如中华全国总工会、会计师协会、律师协会等行业协会；教学和科研单位：如高等院校、科研机构等。

（3）企业单位。专业公司：如烟草公司；金融企业：如银行；公用企业：如铁路运输企业等。

第二节　国家行政机关组织法

一、国家行政机关组织法的含义

国家行政机关组织法是规定行政机关任务、地位、职责、组成、编制、活动原则、法律责任及行政机关的设立、变更与撤销的程序等法律规范的总称。

依法治国是我国的治国方略、依法行政是法治政府的行政原则和行政方式，因此国家行政管理的基本要求是依法管理。这不仅表现在行政主体在实施行政管理时要依据法律规范，也要求对管理者的管理同样依据法律规范。行政机关组织法就是管理管理者的法律，它的调整范围包括中央行政机关、地方行政机关、民族自治地方的行政机关、经济特区和特别行政区的行政机关。

国家行政机关的成立和职责权限必须以行政机关组织法为依据。首先是贯彻依法治国方略的需要。行政机关是各级人大的执行机关，它是在全国和各自行政区划范围内行使行政职权，直接关系着国家的利益，社会利益与公民个人利益，因此，对于行政机关的设立、职责权限的划分，必须慎重，必须依照法治原则的要求进行。其次是贯彻依法行政原则的需要。行政机关的配置，必须符合行政管理的客观需要。行政管理活动必须依法进行。行政主体是行政职权的载体，行政活动是公务员行使一定权力的活动，公务员的个人意志在行政活动中具有能动作用。为使这种意志符合保障人权的要求，不仅要提高公务员个人素质与修养，更要法律的规范和制约。再次是从严治政的需要。行政机关的一切行政活动，都应当是执行权力机关的意志，代表人民的利益。但是，现实生活与实际工作中，权力被异化、被滥用，被少数人用来谋取私利的现象时有发生。为了监督和保障行政机关的活动符合人民意志和法治原则，为了便于人民群众对行政机关进行法律监督，我们制定了行政机关组织法。

二、国家行政机关组织法的内容

我国已经建立以《中华人民共和国宪法》为核心、以《国务院组织法》《地方各级人民代表大会和地方各级人民政府组织法》《民族区域自治法》《特别行政区基本法》等为基础的行政主体法律制度。按照《宪法》规定：中国实行五级政府行政管理体制，分别是中央人民政府；省、自治区、直辖市人民政府；设区的市、自治州人民政府；县、自治县、不设区的市、市辖区人民政府；乡、民族乡、镇人民政府。国务院即中央人民政府，是我国最高国家行政机关，地方各级人民政府是地方各级人民代表大会的执行机关，是国务院统一领导下的地方行政机关。

我国已经建立独具特色的行政机关组织法体系，包括：中央行政机关组织法、地方各级国家行政机关组织法、民族自治地方、特别行政区行政机关组织法。中央行政机关组织法是规定中央国家行政机关的设立、组成、职责权限、运行机制等的法律规范的总称，包括《宪法》《国务院组织法》中有关国务院组织的规定。地方各级国家行政机关组织法是规定地方各级国家行政机关组织的法律规范的总称。包括《宪法》及《地方各级人民代表大会和地方各级人民政府组织法》中的有关法律规范。民族自治地方、特别行政区行政机关组织法则包括《宪法》《民族区域自治法》《特别行政区基本法》等法律中关于行政机关组织的规定。

(一) 中央国家行政机关组织法的主要内容

1. 国务院的性质和地位

按照我国《宪法》和《国务院组织法》规定：中国实行五级政府行政管理体制，国务院是全国人民代表大会的执行机关，是最高国家行政机关，是中央人民政府。国务院统一领导地方各级国家行政机关。

2. 国务院的组成与职权

国务院由总理、副总理、国务委员、各部部长、各委员会主任、审计长、秘书长组成。

根据《宪法》第 89 条规定，国务院的职权共有 18 项，可概括为 5 个方面的内容：根据宪法和法律，规定行政措施，制定行政法规，发布决定和命令；向全国人大或人大常委会提出议案；规定各部、委的任务和职责，统一领导各部委的工作，改变或撤销各部委和地方各级国家行政机关的不适当的决定和命令；领导全国行政工作，编制和执行国民经济和社会发展计划和国家预算，领导和管理全国经济工作、城乡建设、科教文卫体育、民政、公安等方面的事务；全国人民代表大会和全国人大常务委员会授予的其他职权。

3. 国务院的机构

国务院机构的设置经过多次改革，现分为国务院组成部门、国务院直属机构和国务院办事机构三部分。国务院设立办公厅，由秘书长领导。国务院可以根据工作需要和精简的原则，设立若干直属机构主管各项专门业务，设立若干办事机构协助总理办理专门事项。

4. 国务院的领导体制和工作程序

国务院实行总理负责制，副总理、国务委员协助总理工作。总理主持国务院工作，召集和主持国务院全体会议和国务院常务会议；签署国务院发布的行政法规、决定、命令与议案，任免人员。国务院工作中的重大问题，必须经国务院全体会议或国务院常务会议讨论决定。

5. 国务院所属机构的设置、变更和撤销的程序

国务院各部、各委员会的设立、变更或合并，经国务院总理提出，由全国人民代表大会决定，在全国人民代表大会闭会期间，由全国人民代表大会常务委员会决定。国务院直属机构、办事机构的设立、变更，由国务院常务委员会讨论决定，国务院总理公布。

(二) 地方各级国家行政机关组织法的基本内容

1. 地方行政机关的性质、体制和组成

地方人民政府组织法是关于我国地方政府的组织、产生、职权和工作程序的基本法律，是地方政府建设和政府工作的重要法律依据。《宪法》与《地方各级人大和地方人民政府组织法》规定，地方各级人民政府是地方各级人民代表大会的执行机关，是地方各级国家行政机关；地方各级人民政府对本级人民代表大会和上一级国家行政机关负责并报告工作；县级以上的地方各级人民政府在本级人民代表大会闭会期间，对本级人民代表大会常务委员会负责并报告工作；全国地方各级人民政府都是国务院统一领导下的国家行政机关，都服从国务院；地方各级人民政府必须依法行使行政职权。因此，地方行政机关实行双重领导制：一方面，地方各级人民政府由地方各级权力机关产生，必须贯彻执行各级权力机关通过的决议；另一方面，地方各级人民政府都是国务院统一领导下的国家行政机关，都要服从国务院的领导。

2. 地方行政机关的组成与任期

省、自治区、直辖市、自治州、设区的市的人民政府分别由省长、副省长，自治区主席、副主席，市长、副市长，州长、副州长和秘书长、厅长、局长、委员会主任等组成；

县、自治县、不设区的市、市辖区的人民政府分别由县长、副县长，市长、副市长，区长、副区长和局长、科长等组成；乡、民族乡的人民政府设乡长、副乡长；民族乡的乡长由建立民族乡的少数民族公民担任。镇人民政府设镇长、副镇长；地方各级人民政府每届任期五年。

3. 地方行政机关的职权和工作制度

根据地方政府组织法第59条规定，县级以上的地方各级人民政府行使下列职权：(1)执行本级人民代表大会及其常务委员会的决议，以及上级国家行政机关的决定和命令，规定行政措施，发布决定和命令；(2)领导所属各工作部门和下级人民政府的工作；(3)改变或者撤销所属各工作部门的不适当的命令、指示和下级人民政府的不适当的决定、命令；(4)依照法律的规定任免、培训、考核和奖惩国家行政机关工作人员；(5)执行国民经济和社会发展计划、预算，管理本行政区域内的经济、教育、科学、文化、卫生、体育事业、环境和资源保护、城乡建设事业和财政、民政、公安、民族事务、司法行政、监察、计划生育等行政工作；(6)保护社会主义的全民所有的财产和劳动群众集体所有的财产，保护公民私人所有的合法财产，维护社会秩序，保障公民的人身权利、民主权利和其他权利；(7)保护各种经济组织的合法权益；(8)保障少数民族的权利和尊重少数民族的风俗习惯，帮助本行政区域内各少数民族聚居的地方依照宪法和法律实行区域自治，帮助各少数民族发展政治、经济和文化的建设事业；(9)保障宪法和法律赋予妇女的男女平等、同工同酬和婚姻自由等各项权利；(10)办理上级国家行政机关交办的其他事项。

省、自治区、直辖市的人民政府经政府常务会议或者全体会议讨论决定，可以根据法律、行政法规和本省、自治区、直辖市的地方性法规，制定规章，报国务院和本级人民代表大会常务委员会备案。省、自治区的人民政府所在地的市和经国务院批准的较大的市的人民政府，经政府常务会议或者全体会议讨论决定，可以根据法律、行政法规和本省、自治区的地方性法规，制定规章，报国务院和省、自治区的人民代表大会常务委员会、人民政府以及本级人民代表大会常务委员会备案。

乡、民族乡、镇的人民政府行使的行政职权是：(1)执行本级人民代表大会的决议和上级国家行政机关的决定和命令，发布决定和命令；(2)执行本行政区域内的经济和社会发展计划、预算，管理本行政区域内的经济、教育、科学、文化、卫生、体育事业和财政、民政、公安、司法行政、计划生育等行政工作；(3)保护社会主义的全民所有的财产和劳动群众集体所有的财产，保护公民私人所有的合法财产，维护社会秩序，保障公民的人身权利、民主权利和其他权利；(4)保护各种经济组织的合法权益；(5)保障少数民族的权利和尊重少数民族的风俗习惯；(6)保障宪法和法律赋予妇女的男女平等、同工同酬和婚姻自由等各项权利；(7)办理上级人民政府交办的其他事项。

4. 地方行政机关的工作制度

地方各级人民政府分别实行省长、自治区主席、市长、州长、县长、区长、乡长、镇长负责制；各级人民政府的正职首长主持和处理该级政府的日常工作，召开行政会议并有权作出决定；副职首长协助首长工作。

县级以上的地方各级人民政府会议分为全体会议和常务会议。全体会议由本级人民政府全体成员组成。省、自治区、直辖市、自治州、设区的市的人民政府常务会议，分别由省长、副省长，自治区主席、副主席，市长、副市长，州长、副州长和秘书长组成。县、自治县、不设区的市、市辖区的人民政府常务会议，分别由县长、副县长，市长、副市长，区长、副区长组成。省长、自治区主席、市长、州长、县长、区长召集和主持本级人民政府全体会议和常务会议。政府工作中的重大问题，须经政府常务会议或者全体会议讨论决定。

省、自治区、直辖市的人民政府的各工作部门受人民政府统一领导，并且依照法律或者行政法规的规定受国务院主管部门的业务指导或者领导；自治州、县、自治县、市、市辖区的人民政府的各工作部门受人民政府统一领导，并且依照法律或者行政法规的规定受上级人民政府主管部门的业务指导或者领导；省、自治区、直辖市、自治州、县、自治县、市、市辖区的人民政府应当协助设立在本行政区域内不属于自己管理的国家机关、企业、事业单位进行工作，并且监督它们遵守和执行法律和政策。

5. 地方各级人民政府各工作部门的设立、变更和撤销程序

地方各级人民政府根据工作需要和精干的原则，设立必要的工作部门；县级以上的地方各级人民政府设立审计机关，审计机关依照法律规定独立行使审计监督权，对本级人民政府和上一级审计机关负责；省、自治区、直辖市的人民政府的厅、局、委员会等工作部门的设立、增加、减少或者合并，由本级人民政府报请国务院批准，并报本级人民代表大会常务委员会备案；自治州、县、自治县、市、市辖区的人民政府的局、科等工作部门的设立、增加、减少或者合并，由本级人民政府报请上一级人民政府批准，并报本级人民代表大会常务委员会备案。

各厅、局、委员会、科分别设厅长、局长、主任、科长，在必要的时候可以设副职；办公厅、办公室设主任，在必要的时候可以设副主任。省、自治区、直辖市、自治州、设区的市的人民政府设秘书长一人，副秘书长若干人。

省、自治区的人民政府在必要的时候，经国务院批准，可以设立若干派出机关；县、自治县的人民政府在必要的时候，经省、自治区、直辖市的人民政府批准，可以设立若干区公所，作为它的派出机关；市辖区、不设区的市的人民政府，经上一级人民政府批准，可以设立若干街道办事处，作为它的派出机关。

（三）民族自治地方的行政机关组织法的基本内容

《宪法》与《民族区域自治法》指出，中华人民共和国是全国各族人民共同缔造的统一的多民族国家。因此《民族区域自治法》规定：民族区域自治是在国家统一领导下，各少数民族聚居的地方实行区域自治，设立自治机关，行使自治权；民族自治地方的自治机关是自治区、自治州、自治县的人民代表大会和人民政府。民族自治地方分为自治区、自治

州、自治县；民族自治地方设立自治机关，自治机关是国家的一级地方政权机关，实行民主集中制原则。

民族自治地方的自治机关行使宪法第三章第五节规定的地方国家机关的职权，同时依照宪法和本法以及其他法律规定的权限行使自治权，根据本地方的实际情况贯彻执行国家的法律、政策；自治州的自治机关行使下设区、县的市的地方国家机关的职权，同时行使自治权。

民族自治地方的人民政府对本级人民代表大会和上一级国家行政机关负责并报告工作，在本级人民代表大会闭会期间，对本级人民代表大会常务委员会负责并报告工作。各民族自治地方的人民政府都是国务院统一领导下的国家行政机关，都服从国务院。自治区主席、自治州州长、自治县县长由实行区域自治的民族的公民担任。自治区、自治州、自治县的人民政府的其他组成人员，应当合理配备实行区域自治的民族和其他少数民族的人员。

民族自治地方的人民政府实行自治区主席、自治州州长、自治县县长负责制。自治区主席、自治州州长、自治县县长，分别主持本级人民政府工作。民族自治地方的自治机关所属工作部门的干部中，应当合理配备实行区域自治的民族和其他少数民族的人员。

民族自治地方的人民政府除享有一般行政机关的职权外，还享有自治机关特有的自治权，其主要自治权为：1. 管理地方财政的自治权；2. 本地区的教、科、文、卫等行政事务自主管理权；3. 经国务院批准，本地方社会治安队伍组织权。

（四）特别行政区的行政机关组织法

我国《宪法》第 31 条规定："国家在必要时得设立特别行政区，在特别行政区内实行的制度按照具体情况由全国人民代表大会以法律规定。"根据宪法的规定，我国于 1997 年 7 月 1 日设立香港特别行政区，于 1999 年 12 月 20 日设立澳门特别行政区，全国人民代表大会先后专门制定了《香港特别行政区基本法》和《澳门特别行政区基本法》。

《香港特别行政区基本法》规定，香港特别行政区的政府是香港特别行政区行政机关。特别行政区政府首长是特别行政区的行政长官。特别行政区政府对特别行政区立法会负责，执行立法会通过并已生效的法律，决定和命令，定期向立法会作施政报告，答复立法会议员的质询。特别行政区政府设政务司、财政司和若干局、处、署作为其工作部门开展工作。特别行政区征税和公共开支须经立法会批准。特别行政区的主要官员由香港正常居住连续满 15 年并在外国无居留权的香港特别行政区永久性居民中的中国公民担任。

《澳门特别行政区基本法》的规定，澳门特别行政的政府是澳门特别行政区的行政机关。特别行政区的首长是特别行政区的行政长官。特别行政区政府对特别行政区立法会负责，执行立法会通过并已生效的法律，定期向立法会作施政报告，答复立法会议员的质询。特别行政区政府设若干司、局、厅、处作为其工作部门。特别行政区主要官员由在澳门正常居住连续满 15 年的澳门特别行政区永久性居民中的中国公民担任。

第三节　公务员法律制度

公务员法律制度与行政主体法律制度密切相关，我国行政执法的主体主要是公务员队伍（包括参照公务员管理人员）中的行政人员，故公务员法律制度属于广义行政组织的研究范畴。为了叙述与学习的方便，在此章节对我国公务员法律制度予以一体探讨。

西方国家的公务员管理制度起源于政党政治下的文官制度，其公务员制度普遍实行"两官分途"，即将公务员划分为政务类和事务类公务员，政务类公务员一般通过竞选产生，与执政党共进退；事务类公务员通过考试等途径入职行政主体，代表国家从事日常行政活动，有的称为文官，有的称为公务员，实现单独的管理制度。

我国公务员制度的建立始于1993年党中央、国务院颁布《国家公务员暂行条例》。2005年4月27日第十届全国人大常委会第十五次会议通过《中华人民共和国公务员法》，标志着我国公务员制度的最终形成。现行公务员法经过2017年9月1日第十二届全国人民代表大会常务委员会第二十九次会议与2018年12月29日第十三届全国人民代表大会常务委员会第七次会议修订，与《行政机关公务员处分条例》《公职人员政务处分法》一起，规定了公务员的任职条件、义务与权利、职务与级别、录用、考核、职务任免与升降、奖惩、培训、交流与回避、工资福利保障、辞职与辞退、退休、申诉控告、职位聘任以及法律责任等，确立了公务员分类管理制度、职位聘用制度和公务员处分制度。

一、公务员的概念及范围

《中华人民共和国公务员法》明文规定，我国公务员制度坚持以马克思列宁主义、毛泽东思想、邓小平理论和"三个代表"重要思想、科学发展观、习近平新时代中国特色社会主义思想为指导，贯彻社会主义初级阶段的基本路线，贯彻新时代中国共产党的组织路线，坚持党管干部原则。因此，坚持党的领导，是我国公务员制度的中国特色的主要体现。

我国公务员是指依法履行公职、纳入国家行政编制、由国家财政负担工资福利的工作人员。因此，与西方国家公务员相比，我国公务员的范围更宽泛，系统更开放，大致有三项界定标准：①职能标准：必须是依法履行国家公职的工作人员。②编制标准：必须纳入国家行政编制而不是事业编制。③经费标准：即由国家财政负担工资福利。

与上述标准相适应，我国公务员的范围是：①中国共产党机关的工作人员；②人民代表大会机关的工作人员；③行政机关的工作人员；④政协机关的工作人员；⑤审判机关的工作人员；⑥检察机关的工作人员；⑦民主党派机关的工作人员。

除此之外，我国还有参照公务员法管理的人员，他们包括：①具有公共事务管理职能；②有法律、法规明确授权；③经有权机关批准的具有公共事务管理职能的事业单位的除工勤人员以外的工作人员。

二、公务员管理的原则、权利、义务

1. 公务员管理的原则

这是指公务员管理活动和管理行为应遵循的原理和准则。我国公务员法规定的公务员管理原则是：公开、平等、竞争、择优原则；监督约束与激励保障并重的原则；任人唯贤、德才兼备、注重实绩的原则；分类管理原则；依法管理及公务员依法履行职务行为受法律保护的原则。

2. 公务员的权利及其救济

公务员权利是指国家法律对公务员在执行公务的过程中，自己可以作出某种行为和要求他人为或者不为某种行为的权利。我国公务员的权利包括：(1)工作保障权。即获得履行职责应当具有的工作条件。(2)身份保障权。非因法定事由，非经法定程序，不被免职，降职，辞退或者处分。(3)经济保障权。获得工资报酬，享受福利，保险待遇。(4)职业发展和选择权。即享有参加培训的权利。(5)批评建议权。对领导人员和机关工作提出批评和建议的权利，任何机关的领导人都不能压制公务员的批评和建议。(6)申诉和控告权。公务员如对涉及本人的人事处理不服时，可以申请复核，同时有权向同级公务员主管部门或作出该人事处理机关的上一级机关提出申诉，对处分决定不服的，也可向监察机关提出申诉，也有权向监察机关或上级机关提出控告。(7)申请辞职权。由于客观或主观原因公务员不愿意继续担任公职时，公务员有权向任免机关提出书面请求辞去公职。

3. 公务员的义务

公务员义务指国家法律对公务员必须作出一定行为或不得作出一定行为的约束和强制。我国公务员承担下列义务：①遵守宪法和法律。②按法履行职责、努力提高工作效率。③全心全意为人民服务，接受人民监督。④维护国家的安全、荣誉和利益。⑤忠于职守，勤奋工作，尽职尽责，服从和执行上级依法作出的决定和命令。⑥保守国家秘密和工作秘密。⑦遵守纪律、恪守职业道德，模范遵守社会公德。⑧清正廉洁，公道正派。⑨法律规定的其他义务。

三、公务员职位分类制度

我国公务员没有划分为政务类和事务类，而实行公务员职位分类制度。职位分类是根据公务员职位工作性质、责任轻重、难易程度与所需资格和条件等对公务员职位进行的分类。

(一)公务员的职位类别

按照职位的性质、特点和管理需要，公务员可划分为专业技术类、行政执法类和综合管理类等类别。

(1)专业技术类，是指从事专业技术工作，履行专业技术职责，为实施公共管理与服务提供专业技术支持和技术保障的职位。与其他职位相比，其特点是：一是纯技术性。即具有只对专业技术本身负责的属性。二是不可替代性。与其他职位相比，专业技术职位不可替代性。三是技术权威性。即在技术层面上，为行政领导的决策提供参考和支持。这一类职位主要存在于某些行业特有的专业技术岗位，比如安全部门的特种技术，公务部门的法医鉴定、痕迹鉴定等。

（2）行政执法类，指行政主体中直接行使监管、稽查、强制、处罚等现场执法职责的职位。其特点是：一是纯执行性。只有对法律、法规的执行权，而无解释权，不具有研究、制定、解释法律、法规、政策的职责，这一点与综合管理类相区别。二是强制性。依照法律、法规规定，现场直接对行政相对人进行监管、稽查、强制和处罚。行政执法类职位主要集中在公安、税务、质检、药监、海关、环保等部门。

（3）综合管理类，指履行综合管理以及机关内部管理等职责的职位。这类职位的公务员主要从事咨询、决策、规划、组织、指挥、协调、监督以及机关内部管理工作，是公务员队伍的主体，数量最多。

（二）公务员的级别

公务员的职务对应相应的级别。由低至高依次为二十七级至一级。公务员领导职务层次与级别的对应关系具体规定为：

国家级正职：一级；

国家级副职：四级至二级；

省部级正职：八级至四级；

省部级副职：十级到四级；

厅局级正职：十三级至八级；

厅局级副职：十五级至十级；

正职：十八级至十二级；

县处级副职：二十级至十四级；

乡科级正职：二十二级至十六级；

乡科级副职：二十四级至十七级。

综合管理类公务员非领导职务与级别的对应关系具体为：

巡视员：十三级至八级；

副巡视员：十五级至十级；

调研员：十八级至十二级；

副调研员：二十级至十四级；

主任科员：二十二级至十六级；

副主任科员：二十四级至十七级；

科员：二十六级至十八级；

办事员：二十七级至十九级。

四、公务员录用制度

公务员的录用，是指公务员用人单位按照规定的条件和程序，面向社会采取公开考试、严格考察的办法，选拔主任科员以下及其他相当职务层次的非领导职务公务员的活动。录用公务员，应当坚持公开、平等、竞争、择优的原则，按照德才兼备的标准，采取考试与考察相结合的方法进行。

1. 公务员报考的资格条件

公务员法律规定报考公务员必须具备以下条件：①具有中华人民共和国国籍；②年满18周岁；③拥护中华人民共和国宪法，拥护中国共产党领导和社会主义制度；④具有良好的政治素质和道德品行；⑤具有正常履行职责的身体条件和心理素质；⑥具有符合职位要求的文化程度；⑦具有符合职位要求的工作能力；⑧省级以上公务员主管部门规定的拟任职位所要求的资格条件；⑨法律规定的其他条件。

2. 不得报考公务员的人员

公务员法律规定下列人员不得报考公务员：①因犯罪受过刑事处罚的；②被开除中国共产党党籍的；③被开除公职的；④被依法列为失信联合惩戒对象的；⑤有法律规定不得录用为公务员的其他情形的。

3. 公务员的录用程序

公务员录用的主要程序为：①发布招考公告；②报名与资格审查；③考试；④考察与体检；⑤公示、审批或备案。省级以上公务员主管部门可以对以上程序进行调整。

4. 新录用公务员任职定级

公务员法及相关法律规定，新录用的公务员试用期为一年，试用期满合格的，予以任职。任职时间从试用期满之日起计算，试用期不合格的，应当取消录用。

直接从各类学校毕业生中录用的、没有工作经历的公务员的任职定级标准是：高中和中专毕业生，任命为办事员，定为二十七级；大学专科毕业生，任命为科员，定为二十六级；大学本科毕业生、获得双学士学位的大学本科毕业生（含学制为六年以上大学本科毕业生）、研究生班毕业和未获得硕士学位的研究生，任命为科员，定为二十五级；获得硕士学位的研究生，任命为副主任科员，定为二十四级；获得博士学位的研究生，任命为主任科员，定为二十二级。

其他新录用的公务员：原来具有公务员身份的，可参考其原任职务与级别，比照本机关同等条件人员确定职务与级别。其他具有工作经历的，可根据其资历和工龄，比照本机关同等条件人员确定职务与级别。

五、公务员考核制度

公务员考核，是指公务员主管部门和公务员用人单位按照管理权限，依据法定的程序和方法，对所管理的公务员的思想品德、业务素质和能力、工作作风、履行岗位职责和完成工作目标任务、廉洁自律等方面的情况进行全面的考察和评价，并通过对考核结果的运用，实现对公务员的有效管理。公务员考核是公务员管理的一项经常性、基础性工作。

1. 公务员考核的内容和重点

公务员考核以公务员的岗位职责和所承担的工作任务为基本依据，内容包括德、能、勤、绩、廉五个方面，重点考核工作实绩。

德，指思想政治素质及社会公德、职业道德与个人品德等方面的表现；能，指履行岗位职责的业务素质和能力；勤，指责任心、工作态度和工作作风等方面的表现；绩，指完成工作的数量、质量、效率和所产生的经济社会效益；廉，指廉洁自律等方面的表现。

2. 公务员的考核方式

公务员的考核分为平时考核和定期考核。定期考核采取年度考核的方式，在每年年末或者翌年年初进行。年度考核的结果分为优秀、称职、基本称职和不称职四个等次。年度考核的结果作为调整公务员职务、级别、工资以及公务员奖励、培训、辞退的依据。

3. 公务员年度考核程序

公务员年度考核程序为：①被考核公务员按照岗位职责和要求进行自我总结，并在一定范围内述职；②主管领导在听取公务员本人和群众意见的基础上，根据个人总结和平时考核情况写出评语，提出考核等次建议；③对拟定的优秀公务员在本单位范围内公示；④由本单位负责人或者授权的考核委员会确定考核等次；⑤将考核结果以书面形式通知被考核公务员，并由公务员本人签署意见。

六、公务员职务的任免制度

公务员的职务任免，是指任免机关按照法定管理权限，依据有关法律法规，通过法定程序任命或免去公务员担任的某一职务。公务员职务任命的形式主要是选任制、委任制和聘任制。

1. 选任制公务员的任职与免职

公务员法规定，选任制公务员的职务通过选举方式获得，选举结果生效时即任当选职务。任期届满的，选任制公务员所任的职务自然免除，不再连任；任职期内辞职、被罢官、被撤职的，所任职务免除。

2. 委任制公务员的任职与免职

公务员法规定，委任制公务员有下列情形之一的，予以任职：①新录用公务员试用期满经考核合格的；②通过调任、公开选拔等方式进入公务员队伍的；③晋升或者降低职务的；④转任、挂职锻炼的；⑤免职后需要新任职务的；⑥其他原因需要任职的。任职程序为：按照有关规定提出拟任职人选进行考察或者了解；按照干部管理权限集体讨论决定；按照规定履行任职手续。

委任制公务员有下列情形之一的，予以免职：①晋升后需要免去原任职务的；②降低职务的；③转任的；④辞职或者调出机关的；⑤非组织选派、离职学习期限超过一年的；⑥退休的；⑦其他原因需要免职的。免职程序为：提出免职建议；对免职事由进行审核；按照干部管理权限集体讨论决定；按照规定履行免职手续。

3. 聘任制公务员的任职与免职

公务员机关根据工作需要，经过省级以上公务员主管部门批准，可对两类职位实行聘任制：一是专业性较强的职位；二是辅助性职位。但涉及国家秘密的专业性较强的职位和辅助性职位不能实行聘任制。

聘任公务员可以参照公务员考试录用的程序进行公开招聘，也可以从符合条件的人员中直接选聘。聘任公务员应当在规定的编制限额和工资经费限额内进行。

机关聘任公务员时，应当按照平等自愿、协商一致的原则，签订书面的聘任合同，以确定机关与所聘公务员双方的权利、义务。聘任合同应当具备合同期限，职位及其职责要求，工资、福利、保险待遇，违约责任等条款，聘任合同期限为一年至五年。聘任合同可以约定试用期，试用期为一个月至十二个月。聘任制公务员按照国家规定实行协议工资制，具体办法由中央公务员主管部门规定。

聘任合同经双方协商一致可以变更或者解除。同时聘任合同的签订、变更或者解除，应当报同级公务员主管部门备案。公务员机关依据公务员法和聘任合同对所聘公务员进行管理。

七、公务员职务升降制度

公务员的职务升降是公务员管理的一个重要环节，是保证公务员职位获得合适人选的主要途径，也是对公务员有效的激励手段和实现公务员能上能下的制度保证。

1. 公务员职务晋升的条件、资格和程序

公务员职务晋升，应当具备拟任职务所要求的政治思想素质、文化程度、工作能力和任职经历等方面的条件和资格。公务员晋升，应当依法逐级晋升，特别优秀的或者工作特殊需要的，可以破格或者越级晋升职务。

公务员职务晋升的程序是：①民主推荐，确定考察对象；②组织考察，研究提出任职建议方案；③集体讨论，按照管理权限作出决定；④依法办理任职手续。

2. 公务员晋升综合管理类非领导职务的任职年限

公务员法规定，晋升综合管理类非领导职务的，①晋升巡视员职务，应当任厅局级副职领导职务或者副巡视员五年以上；②晋升副巡视员职务，应当任县处级正职领导职务或者调研员五年以上；③晋升调研员职务，应当担任县处级副职领导职务或者副调研员四年以上；④晋升副调研员职务，应当任乡科级正职领导职务或者主任科员四年以上；⑤晋升主任科员职务，应当任乡科级副职领导职务或者副主任科员职务三年以上。

3. 公务员降职的条件和程序

公务员法及相关法律规定，担任科员以上职务的公务员，在定期考核中被确定为不称职档次的，应予降职。公务员降职，一般降低一个职务层次。具体程序为：组织提出降职建议；审核降职事由并听取拟降职人的意见；用人单位按照干部管理权限集体讨论决定；按照规定办理降职手续。

八、公务员奖励制度

公务员的奖励，是指机关依照法律规定或者相关制度规定对工作表现突出，有显著成绩和贡献，或者有其他突出事迹的公务员、公务员集体应给予一定荣誉或者物质利益以示鼓励的制度。奖励制度是一种激励机制和手段。奖励坚持精神奖励与物质奖励相结合、以精神奖励为主的原则。

1. 公务员获得奖励的条件

①忠于职守，积极工作，成绩显著的；②遵守纪律，廉洁奉公，作风正派、办事公道，模范作用突出的；③在工作中有发明创造或者提出合理化建议，取得显著经济效益或者社会效益的；④为增进民族团结、维护社会稳定作出突出贡献的；⑤爱护公共财产，节约国家资财有突出成绩的；⑥防止或者消除事故有功，使国家和人民群众利益免受或者减少损失的；⑦在抢险、救灾等特定环境中奋不顾身，作出贡献的；⑧同违法违纪行为作斗争有功绩的；⑨在对外交往中为国家争得荣誉和利益的；⑩有其他突出功绩的。

2. 公务员奖励的种类

公务员法规定，对公务员、公务员集体的奖励分为：嘉奖、记三等功、记二等功、记一等功、授予荣誉称号。对受奖励的公务员或者公务员集体予以表彰，并给予一次性奖金或者其他待遇。其中，对表现突出的，给予嘉奖；对作出较重大贡献的，记三等功；对作出重大贡献的，记二等功；对作出杰出贡献的，记一等功；对功绩卓著的，授予"人民满意的公务员""人民满意的公务员集体"或者"模范公务员""模范公务员集体"等荣誉称号。

3. 公务员奖励的撤销

公务员或者公务员集体有下列情形之一的，撤销奖励：①申报奖励时弄虚作假，骗取奖励的；②申报奖励时隐瞒严重错误或者严重违反规定程序的；③获得荣誉称号后，公务员受到开除处分、劳动教养、刑事处罚的，公务员集体严重违法违纪、影响恶劣的；④法律法规规定的应当撤销奖励的其他情形的。

九、公务员惩戒制度

公务员纪律是国家机关为保障实现其职能，维护机关的秩序和正常运转而制定的，要求每一个公务员遵守的行为规范。公务员法规定了公务员的十八种禁止行为，同时对公务员处分的种类、处分的程序及解除公务员处分的条件等作出了明确规定。

公务员不得有下列违反纪律的行为：1. 散布有损国家声誉的言论，组织或者参加旨在反对国家的集会、游行、示威等活动；2. 组织或者参加非法组织，组织或者参加罢工；3. 玩忽职守，贻误工作；4. 拒绝执行上级依法作出的决定和命令；5. 压制批评，打击报复；6. 弄虚作假，误导、欺骗领导和公众；7. 贪污、行贿、受贿，利用职务之便为自己或者他人谋取私利；8. 违反财经纪律，浪费国家资财；9. 滥用职权，侵害公民、法人或者其他组织的合法权益；10. 泄露国家秘密或者工作秘密；11. 在对外交往中损害国家荣誉和利益；12. 参与或者支持色情、吸毒、赌博、迷信等活动；13. 违反职业道德、社会公德；14. 从事或者参与营利性活动，在企业或者其他营利性组织中兼任职务；15. 旷工或者因公外出、请假期满无正当理由逾期不归；16. 违反纪律的其他行为。

公务员执行公务时，认为上级的决定或者命令有错误的，可以向上级提出改正或者撤销该决定或者命令的意见；上级不改变该决定或者命令，或者要求立即执行的，公务员应当执行该决定或者命令，执行的后果由上级负责，公务员不承担责任；但是，公务员执行明显违法的决定或者命令的，应当依法承担相应的责任。

公务员因违法违纪应当承担纪律责任的，依照本法给予处分；违纪行为情节轻微，经批评教育后改正的，可以免予处分。处分分为：警告、记过、记大过、降级、撤职、开除。

公务员违纪的，应当由处分决定机关决定对公务员违纪的情况进行调查，并将调查认定的事实及拟给予处分的依据告知公务员本人。公务员有权进行陈述和申辩。

处分决定机关认为对公务员应当给予处分的，应当在规定的期限内，按照管理权限和规定的程序作出处分决定。处分决定应当以书面形式通知公务员本人。

公务员在受处分期间不得晋升职务和级别，其中受记过、记大过、降级、撤职处分的，不得晋升工资档次。受处分的期间为：警告，6个月；记过，12个月；记大过，18个月；降级、撤职，24个月。受撤职处分的，按照规定降低级别。

公务员受开除以外的处分，在受处分期间有悔改表现，并且没有再发生违纪行为的，处分期满后，由处分决定机关解除处分并以书面形式通知本人。解除处分后，晋升工资档次、级别和职务不再受原处分的影响。但是，解除降级、撤职处分的，不视为恢复原级别、原职务。

十、公务员培训制度

公务员培训，是指机关根据公务员工作职责的要求和提高公务员素质的需要，按照有关规定分级分类开展的各种教育、培养和训练活动，接受培训既是公务员的权利，也是公务员的义务。公务员的培训情况、学习成绩是公务员考核的内容和任职、晋升的重要依据。

1. 公务员培训的原则

公务员培训应当遵循理论联系实际、以人为本、全面发展、注重能力、学以致用、改革创新、科学管理的原则。这些原则是党和国家对公务员培训工作的基本要求，是对公务员培训规律和成功经验的新概括，体现了公务员培训工作的新理念。

2. 公务员培训的分类

公务员法规定：国家机关根据公务员工作职责的要求和提高公务员素质的需要，对公务员进行分级分类培训。

(1)初任培训：即对新录用公务员进行的培训。初任培训应当在试用期内完成，时间不少于12天。培训内容主要包括政治理论、依法行政知识、公务员法和公务员行为规范、机关工作方式方法等基本知识和技能，重点提升新录用公务员适应机关工作的能力。没有参加初任培训或培训考试、考核不及格的新录用公务员，不能任职定级。

(2)任职培训：是按照新任职务的要求，对晋升领导职务的公务员进行的培训。任职培训应当在公务员任职前或任职后一年内进行。培训内容主要包括政治理论、领导科学、政策法规、廉政教育及所任职务相关业务知识等，重点提升其胜任领导工作的能力。担任县处级副职以上领导职务的公务员任职培训时间原则上不少于30天，担任乡科级领导领导职务的公务员任职培训时间原则上不少于15天。没有参加任职培训考试、考核不及格的公务员，应及时进行补训。

(3)专门业务培训：即根据公务员从事专项工作的需要进行的专业知识和技能的培训，重点提升公务员的业务工作能力。专门业务培训的内容、时间和要求由机关根据需要确定。专门业务培训考试、考核不及格的公务员，不得从事专门业务工作。

(4)在职培训：即对全体公务员进行的以更新知识、提升工作能力为目的的培训。在职培训的内容、时间和要求由各级公务员主管部门和机关根据需要确定，在职培训考试、考核不及格的公务员，年度考核不得确定为优秀等次。

3. 公务员培训的登记

培训登记是公务员培训管理的一项基础性工作。是指公务员主管部门和公务员所在机关按照管理权限对公务员参加培训的情况，包括培训的内容、时间、成绩等进行登记的制度。

十一、公务员交流制度

公务员交流，是指有关国家机关根据工作需要或公务员个人愿望，在机关内部或国有企事业单位、人民团体和群众团体之间调整公务员的工作职位，或者将非公务员身份的从事公务的人员调入机关担任一定层次公务员职务的活动。公务员可以在公务员队伍内部交流，也可以与国有企业事业单位、人民团体和群众团体中从事公务的人员交流。交流的方式包括调任、转任和挂职锻炼。

1. 调任

调任是指国有企事业单位、人民团体和群众团体中从事公务的人员，通过相关程序调入机关担任领导职务或者副调研员以上及其他相当职务层次的非领导职务。调任人员除由国家权力机关依法任命职务的以外，一般试用期为一年。试用期满考核合格的，正式任职；考核不合格的，另行安排工作。

2. 转任

转任是指公务员队伍内部进行交流的方式，既包括在本部门、本单位、不同职务的转任，也包括跨地区、跨部门的转任。转任人员必须具备拟任职位所要求的资格条件，并在所规定的编制限额和职数内进行。

3. 挂职锻炼

挂职锻炼是指国家根据培养锻炼公务员的需要，选派公务员到下级机关或者上级机关、其他地区机关以及国有企事业单位挂职工作。公务员在挂职工作期间，不改变与原机关的人事关系。

十二、公务员回避制度

公务员回避，是指国家制定法律法规对公务员担任职务、执行公务和任职地域等方面作出限制性规定，从而达到减少因亲属关系等人文因素对工作的干扰，保证公务员公正廉洁地执行公务的制度。公务员的回避包括任职回避、地域回避和公务回避。

1. 任职回避

公务员法规定，公务员之间有夫妻关系、直系血亲关系、三代以内旁系血亲关系以及近姻亲关系的，不得在同一机关担任双方直接隶属于同一领导人员的职务或者有直接上下级领导关系的职务，也不得在其中一方担任领导职务的机关从事组织、人事、纪检、监察、审计和财务工作。因地域或者工作性质特殊，需要变通执行任职回避的，由省级以上公务员主管部门规定。

2. 地域回避

公务员法规定，公务员担任乡级机关、县级机关以及有关部门主要领导职务的，应当实行地域回避，法律另有规定的除外。

3. 公务回避

公务员执行公务时，有下列情形之一的，应当回避：①涉及本人利害关系的；②涉及与本人有夫妻关系、直系血亲关系、三代以内旁系血亲以及近姻亲关系等利害关系的；③其他可能影响公正执行公务的。

公务员有应当回避情形的，本人应当申请回避；利害关系人有权申请公务员回避。其他人员可以向机关提供公务员需要回避的情况。

机关根据公务员本人或者利害关系人的申请，经审查后作出是否回避的决定，也可以不经申请直接作出回避决定。

十三、公务员工资福利保险制度

1. 公务员的工资制度

公务员工资，是国家以法定货币方式支付给公务员个人的劳动报酬，是公务员劳动创造价值的货币表现，用以保障公务员及其家庭生活消费支出的需要，激励公务员更好地完成工作任务。公务员工资制度贯彻按劳分配的原则，体现工作职责、工作能力、工作实绩、资历等因素，保持不同职务、级别之间的合理工资差距。公务员工资包括基本工资、津贴、补贴和奖金。公务员的工资水平应当与国民经济发展相协调、与社会进步相适应，按照国家规定享受地区附加津贴、艰苦边远地区津贴、岗位津贴等津贴，按照国家规定享受住房、医疗等补贴、补助，在定期考核中被确定为优秀、称职的，按照国家规定享受年终奖金。

2. 公务员的福利制度

公务员福利，是国家和单位为解决公务员及家庭生活等方面的共同需要和特殊需要，对公务员在物质上的帮助和生活上的照顾。公务员福利待遇主要包括休假、福利费、抚恤、住房补贴等。国家实行公务员法定工时制度，享受带薪休假。在法定工作日之外加班的，应当给予相应的补休，不能补休的按照国家规定给予补助。

3. 公务员保险制度

公务员保险，是指国家在公务员退休、患病、失业、工伤、生育等情况下提供的必要的帮助和补偿。国家建立公务员保险制度，保障公务员在退休、患病、工伤、生育、失业等情况下获得帮助和补偿。

公务员因公致残的，享受国家规定的伤残待遇。公务员因公牺牲、因公死亡或者病故的，其亲属享受国家规定的抚恤和优待。

公务员工资、福利、保险、退休金以及录用、培训、奖励、辞退等所需经费，应当列入财政预算，予以保障。任何机关不得违反国家规定自行更改公务员工资、福利、保险政策，擅自提高或者降低公务员的工资、福利、保险待遇。任何机关不得扣减或者拖欠公务员的工资。

十四、公务员辞职辞退制度

公务员辞职是指公务员依照法律规定，根据本人意愿，在一定条件下辞去现任职务，解除其与机关职务关系的法律行为或法律事实。辞退是指国家机关依照法律、法规规定，解除公务员的任用关系。

1. 公务员辞职的程序

公务员辞职必须履行下列程序：①公务员本人向任免机关提出书面申请，填写《公务员辞去公职申请表》；②任免机关组织人事部门审核；③任免机关审批，作出同意或者不同意辞去公职的批复，同意辞去公职的应当同时免去其所任职务；④任免机关以书面形式通知公务员所在单位和申请辞去公职的审批结果，并将同意辞职的批复送同级公务员主管部门备案。

2. 公务员辞职的限制情形

公务员有下列情形之一的，不得辞去公职：①在涉及国家秘密等特殊职位任职或者离开上述职位不满国家规定的脱密期限的；②重要公务尚未处理完毕，且须由本人继续处理的；③正在接受审计、纪律审查，或者涉嫌犯罪，司法程序尚未终结的；④法律、行政法规规定的其他不得辞去公职的情形。

3. 辞退公务员的条件

①在年度考核中，连续两年被确定为不称职的；②不胜任现职工作，又不接受其他安排的；③因所在机关调整、撤销、合并或者缩减编制员额需要调整工作，本人拒绝合理安排的；④不履行公务员义务，不遵守公务员纪律，经教育仍无转变，不适合继续在机关工作，又不宜给予开除处分的；⑤旷工或者因公外出，请假期满无正当理由逾期不归连续超过 15 天，或者一年内累计超过 30 天的。

4. 不得辞退公务员的情形

对有下列情形之一的公务员，不得辞退：①因公致残，被确认丧失或者部分丧失工作能力的；②患病或者负伤，在规定的医疗期内的；③女性公务员在孕期、产假、哺乳期内的；④法律、法规规定的其他不得辞退的情形。

辞退和辞退作为公务员制度的两个出口，体现了个人自主择业权和机关自主用人权的结合。

十五、公务员退休制度

公务员的退休，是指公务员在符合法定条件时，经过组织程序退出工作岗位，领取退休金。公务员法规定了公务员退休的两种形式即强制退休和自愿提前退休并规定了自愿提前退休的条件。

1. 公务员退休的条件

一是年龄条件，达到国家规定的退休年龄；二是身体条件，完全丧失工作能力的。具有以上两种情形中的任何一种，都必须退休。

2. 公务员提前退休的条件

公务员符合下列条件之一的，本人自愿提出申请，经任免机关批准，可以提前退休：①工作年限满 30 年的；②距国家规定的退休年龄不足 5 年，且工作年限满 20 年的；③符合国家规定的可以提前退休的其他情形。

十六、公务员申诉控告制度

我国公务员法规定了公务员的申诉控告权，是公务员维护自身权利的重要手段，也是对机关及工作人员实行监督的一种有效方式。

公务员申诉是指公务员对其所在机关作出的涉及本人权益的人事处理不服，依法向原处理机关、同级公务员主管部门或者作出该人事处理的机关的上一级机关提出重新处理的意见和要求的行为。

公务员对涉及本人的人事处理不服，可以申请复核或者提出申诉，这些人事处理包括：处分；辞退或者取消录用；降职；定期考核为不称职；免职；申请辞职、提前退休未予批准；未按规定确定或者扣减工资、福利、保险待遇；法律、法规规定可以申请的其他情形。

公务员本人被机关及其领导人员侵犯其合法权益的，可以依照法规和法定程序，向上级机关和有关专门机关提出控告。

十七、法律责任

公务员的法律责任，是指公务员因实施了与其身份有关的违法行为而依法应当承担的对其不利的法律后果。《公务员法》规定了违反公务员法的法律责任，包括责令纠正或宣布无效，给予行政处分、行政处罚、政务处分、追究民事责任和刑事责任等。

第三章　行政立法法律制度

行政主体为实现行政管理目的，依法行使行政职权和履行行政职责并产生行政法律效果的行为称为行政行为。行政行为在日常生活中的表现形式纷繁复杂，以行政职能为标准，行政行为分为行政立法行为、行政执法行为和行政司法行为；以行政行为针对的对象为标准，行政行为分为抽象性行政行为和具体性行政行为。行政立法行为属于抽象性行政行为，是特定行政主体对不特定对象经常实施的重要行政行为，影响着行政相对人的权益，因此需要了解行政立法的一般理论、行政立法主体、行政立法主体的立法权限、立法程序，以及行政立法的监督等制度。

第一节　行政立法概述

中国地域辽阔，行政区划多，各地经济社会发展不平衡。在建设社会主义法治国家的过程中，为了维护国家法制统一、同时又适应地方不同情况，1978年，国务院制定了规范行政立法的《行政法规制定程序暂行条例》，1982年《宪法》以根本大法形式确认国务院有权制定行政法规。以后《地方各级人民代表大会和地方各级人民政府组织法》规定省、自治区、直辖市人民政府，省、自治区人民政府所在地的市和和经国务院批准的较大市的人民政府亦有权制定行政规章。1987年4月国务院重新颁布《行政法规制定暂行条例》，各省、市、自治区也相继颁布了有关制定地方规章的程序法，从法律上进一步明确了行政法规、地方法规、自治条例、单行条例与行政规章的制定程序。

2000年3月，九届全国人大三次会议通过《立法法》，进一步明确了法律、行政法规、地方法规、自治条例、单行条例与行政规章的制定权限。2001年11月，为了规范行政法规制定程序，保证行政法规质量，国务院根据《宪法》《立法法》和《国务院组织法》等有关法律规定，制定了《行政法规制定程序条例》，就行政法规的立项、起草、审查、决定、公布、解释等进行了全面规范。

《宪法》和《立法法》规定，国务院根据宪法和法律，可以制定行政法规；国务院部门和具有行政管理职能的直属机构根据法律和行政法规，可以在其职权范围内制定部门规章；省、自治区、直辖市根据法律、行政法规可以制定地方性政府规章；设区的市、经济特区市的人民政府，根据法律、行政法规和本省、自治区、直辖市的地方性法规，可以制定政府规章。行政法规报全国人大常务委员会备案；部门规章和地方政府规章报国务院备案。

实践证明，现行的立法体制和制度既有利于保证国家立法权的统一，同时又注意发挥中央与地方、国家权力机关与行政机关立法工作的主动性，有利于我国的完善立法和深入推进全面依法治国。

一、行政立法的概念和特点

(一)行政立法的概念

行政立法是指特定的国家行政机关依法制定和发布行政法规和行政规章的行为。因此，行政立法的主体是特定的国家行政机关，它包括国务院，国务院各部委，以及法律和行政法规授权的国务院的某些直属机构，省、自治区、直辖市、特别行政区人民政府，经济特区市人民政府、省级人民政府所在地的市人民政府、国务院批准的较大市的人民政府。其他机关与地方其他层级的政府无权制定行政法规和行政规章。行政立法是抽象行政行为的一种，行政立法的结果是产生对不特定人具有普遍约束力的行政法规范。

(二)行政立法的特点

行政立法与国家立法机关立法相比，具有以下特点：

(1)行政性。行政立法的主体是行政机关；行政立法的内容是日常行政事务；行政立法的目的是实现行政机关的行政职能。

(2)立法性。行政立法的性质是依法享有立法权的行政机关代表国家制定具有普遍约束力的行为规范的行为；行政立法的程序应该严格依照立法法及相关法律规定的立法程序进行；行政立法的结果是行政立法所产生的行为规则同宪法、法律一样属于法的范畴，具有规范性、普遍性和强制性等法的基本特征。

二、行政立法的分类

依据不同的标准，行政立法可以作不同的分类。

(一)中央行政立法和地方行政立法

行政立法因行政立法主体层级不同，可分为中央行政立法和地方行政立法。

1. 中央行政立法

即国务院及各部门制定行政法规范。国务院是我国的中央人民政府，故国务院制定行政法规，国务院各部、委员会、中国人民银行、审计署和具有行政管理职能的直属机构制定行政规章的活动统称为中央行政立法。中央行政立法调整的是全国范围内的普遍性的问题，因此，行政法规和部门规章在全国范围内具有法律效力。

2. 地方行政立法

即省、自治区、直辖市人民政府和设区的市的人民政府，根据法律、行政法规和本省、自治区、直辖市的地方性法规，制定地方性行政规章的活动。地方行政立法不得与中央立法相冲突，且只在本地区具有法律效力。

(二)职权立法和授权立法

依据行政立法权来源的不同，行政立法可分为职权立法和授权立法。

1. 职权立法

职权立法是行政主体直接依照《宪法》《立法法》和行政组织法规定的职权制定行政法规范的活动。

我国《宪法》第89条规定，国务院"根据宪法和法律，规定行政措施，制定行政法规，发布决定和命令"；《宪法》第90条规定："各部、各委员会根据法律和国务院的行政法规、决定、命令，在本部门的权限内，发布命令、指示和规章。"《立法法》第65条规定，国务院根据宪法和法律，制定行政法规；第80条规定，国务院各部、委员会、中国人民银行、审计署和具有行政管理职能的直属机构，可以根据法律和国务院的行政法规、决定、命令，在本部门的权限内，制定规章；第82条规定："省、自治区、直辖市和设区的市、自治州的人民政府，可以根据法律、行政法规和本省、自治区、直辖市的地方性法规，制定规章。以上是我国行政主体依职权立法的直接法律依据。

2. 授权立法

授权立法是行政机关依照国家权力机关、上级行政机关的专门授权决议或者法律、法规授权而进行的行政立法活动。授权立法在国家的立法活动中有三种情形：(1)权力机关通过法律授权行政机关制定某法的实施细则或实施办法。如《传染病防治法》第52条规定：具体办法由国务院卫生行政部门规定。(2)上级行政机关通过法规对下级行政机关授权。如《外资银行管理条例》第6条，国务院银行业监督管理机构根据国家区域经济发展战略及相关政策制定有关鼓励和引导的措施，报国务院批准后实施。(3)权力机关通过授权决议，授予行政机关行使本应由立法机关行使的立法权。如全国人大六届三次会议通过的《关于授权国务院在经济体制改革和对外开放方面可以制定暂行规定或者条例的决定》。

(三)创制性行政立法和执行性行政立法

1. 创制性行政立法

即指行政主体就法律尚未规定的事项制定行政法规范的活动。创制性行政立法不是对现行法律规范的解释，也不是对现有法律规范的补充，而是就行政管理过程中的未规范领域或者事项制定新的行为规则。

2. 执行性行政立法

即指行政主体为了执行法律、行政法规或上级机关发布的规范性文件而进行的行政立法活动。执行性行政立法不创设新的行为规则，而只是将法律、行政法规或上级的规范性文件进一步具体化，以方便执行。执行性行政立法一般采用实施细则、实施办法等表现形式。

第二节　行政立法体制

行政立法体制是指享有行政立法权的行政主体设置体系及其立法权限的划分。

一、国务院的行政立法权限

宪法规定，国务院是我国中央人民政府，是最高国家权力机关的执行机关，因此，国务院是我国最高层级的行政立法主体。《宪法》与《立法法》规定，国务院根据宪法和法律制定行政法规。因此，《立法法》规定的行政法规可以作出规定的事项就是国务院的行政立法权限。

国务院《行政法规制定程序条例》规定，行政法规的名称一般称"条例"，也可以称"规定""办法"等。国务院根据全国人民代表大会及其常务委员会的授权决定制定的行政法规，称"暂行条例"或者"暂行规定"。国务院各部门和地方人民政府制定的规章不得称"条例"。

（一）国务院职权立法的权限

《立法法》从正、反两个方面规定了国务院的立法权限。

1. 国务院无权制定行政法规的领域

《立法法》第8条规定，"下列事项只能制定法律：国家主权的事项；各级人民代表大会、人民政府、人民法院和人民检察院的产生、组织和职权；民族区域自治制度、特别行政区制度、基层群众自治制度；犯罪和刑罚；对公民政治权利的剥夺、限制人身自由的强制措施和处罚；税种的设立、税率的确定和税收征收管理等税收基本制度；对非国有财产的征收、征用；民事基本制度；基本经济制度以及财政、海关、金融和外贸的基本制度；诉讼和仲裁制度；必须由全国人民代表大会及其常务委员会制定法律的其他事项"。因此，上述十项内容是法律保留事项，只能由法律而不能由行政法规规定的事项。

2. 国务院有权制定行政法规的领域

《立法法》第65条规定，行政法规可以就下列事项作出规定：（1）为执行法律的规定需要制定行政法规的事项；（2）宪法第八十九条规定的国务院行政管理职权的事项。

（二）国务院授权立法的权限

《立法法》第9条规定，"本法第八条规定的事项尚未制定法律，全国人民代表大会及其常务委员会有权作出决定，授权国务院可以根据实际需要，对其中的部分事项先制定行政法规，但是有关犯罪与刑罚、对公民政治权利的剥夺和限制人身自由的强制措施和处罚、司法制度等事项除外"。第65条同时规定，"应当由全国人民代表大会及其常务委员会制定法律的事项，国务院根据全国人民代表大会及其常务委员会的授权决定先制定的行政法规，经过实践检验，制定法律的条件成熟时，国务院应当及时提请全国人民代表大会及其常务委员会制定法律"。因此，授权立法应当把握下列原则与界限：

1. 授权立法的原则

依照法律规定，应由全国人民代表大会及其常务委员会制定法律但尚未制定法律的事项，全国人民代表大会及其常务委员会可以授权国务院制定行政法规。但授权决定应当明确授权的目的、范围，不能笼统授权；国务院应该严格按照授权的目的和范围行使立法权，禁止滥用行政立法权和越权立法；国务院也不得将授权转授其他机关。

2. 授权立法的界限

全国人民代表大会及其常务委员会不能就犯罪和刑罚、对公民政治权利的剥夺和限制人身自由的强制措施和处罚、司法制度等事项授权国务院进行先立法，因此国务院只能就其中的部分事项制定行政法规，无权进行授权以外的立法。

3. 授权的终止

国务院接受全国人民代表大会及其常务委员会授权制定行政法规后，经过实践检验，制定法律的条件成熟时，国务院应当及时提请全国人民代表大会及其常务委员会及时制定法律。法律一旦制定，相应行政立法事项的授权即行终止。

二、国务院各部、委员会、中国人民银行、审计署和具有行政管理职能的直属机构行政立法权限

《立法法》第80条规定："国务院各部、委员会、中国人民银行、审计署和具有行政管理职能的直属机构，可以根据法律和国务院的行政法规、决定、命令、在本部门的权限范围内，制定规章。部门规章规定的事项应当属于执行法律或者国务院的行政法规、决定、命令的事项。"因此，国务院有权立法的部门只能进行执法性立法，制定部门规章，而且，这种立法应当遵守两个规则。

(一) 立法依据只能是法律和国务院的行政法规、决定和命令

行使行政规章立法权的国务院各部、委员会、中国人民银行、审计署和具有行政管理职能的直属机构，如果没有法律、国务院的行政法规，决定和命令作为依据，自己不能进行创制性的立法，而且部门行政立法的目的，只能是执行法律或者国务院的行政法规、决定、命令。

(二) 立法不得越权越位

国务院各部、委员会、中国人民银行、审计署和具有行政管理职能的直属机构制定部门规章时，只能在自己的立法权限范围内制定规章，做到纵向不越权，横向不越位。也就是说，作为部门规章不能规定应由行政法规规定的事项；作为自己部门的规章不能规定其他部门管辖的事项。凡是涉及两个以上国务院部门职权范围的事项，应当提请国务院制定行政法规或者由国务院有关部门联合制定规章。

三、省、自治区、直辖市和较大市人民政府的行政立法权限

《立法法》第 82 条规定，省、自治区、直辖市和设区的市、自治州的人民政府，可以根据法律、行政法规和本省、自治区、直辖市的地方性法规，制定规章。因此可以说，省级人民政府和较大市的人民政府制定的地方行政规章也只能是执行性的立法，因为其目的是执行法律、行政法规和本省、自治区、直辖市的地方性法规。

同时，地方行政规章只能规定属于本行政区域的具体行政管理事项，涉及全国范围内的事项只能由中央立法予以规范；地方行政规章只能规定具体管理事项，涉及地方大的方针政策的事项，地方行政规章不能规定，必须由地方人大制定地方法规。

我国现行行政立法体制大致可用下表来表示。

1. 一般行政法规的制定

主体	国　务　院
权限	①执行宪法规定的国务院职权事项。②执行法律规定的事项。③执行全国人大及其常委会授权的事项。
立项	①由国务院有关部门报请立项。②由国务院法制机构拟订年度立法工作计划报国务院审批。
起草	①由有关部门起草或由国务院法制机构起草、组织起草。②由起草部门主要负责人签字送审。
审查	①国务院法制机构负责审查。②直接涉及公民、法人或其他组织切身利益的可以听证，有关行政许可的必须听证。③由法制机构主要负责人建议提请审议，但调整范围单一、各方面意见一致或法律配套法规可以传批。
决定	①国务院常务会议审议，法制机构或起草部门作说明。或直接由国务院审批。②总理签署国务院令公布施行。
公布	①标准文本为国务院公报文本。②公布后 30 日后施行，但涉及国家安全、外汇汇率、货币政策确定及公布后不立即施行将有碍法规施行的，可以自公布之日起施行。③公布后 30 日内由办公厅报请备案。
解释	①属条文本身问题的，国务院各部门和省级政府可要求解释，由国务院法制机构拟订解释草案报国务院同意后，由国务院或其授权的有关部门公布。②属具体应用问题的，国务院各部门与省级政府的法制机构可请求解释，由国务院法制机构解释答复；涉及重大问题的由其提出意见报国务院同意后答复。

2. 授权行政法规的制定

授权立法的范围	犯罪与刑罚、剥夺公民政治权利、限制人身自由的强制措施与处罚、司法制度属法律绝对保留

续表

授权立法的义务	严格按照授权目的和范围行使该权力；权力不得转授；立法须报授权规定机关备案
授权立法的终止	授权期限一般不得超过五年，期限届满六个月以前，向授权机关报告授权决定实施的情况，提出是否需要制定有关法律的意见；需要继续授权的，可以提出相关意见，由全国人大常委会决定。即条件成熟时国务院应报请全国人大及其常委会立法，立法后原授权立法即授权终止
授权立法的识别	授权制定的行政法规一般称"某某暂行条例"，而普通行政法规一般称"某某条例"

3. 行政规章的制定

	制定机关	报请立项	决定	公布	备案
部门规章	国务院组成部门、直属机构、部分直属事业单位	部门工作机构	部务会议或委员会会议决定	标准文本为本部门或国务院公报	公布后30日内由法制机构报请备案
地方性规章	省级政府和较大市政府	政府工作部门或其下级政府	政府常务会议或全体会议决定	标准文本为地方政府公报	

4. 立法的效力与监督

文本与效力		批准与备案	改变与撤销	冲突与适用
法律	低于宪法	批准问题：①自治区条例报全国人大常委会批准。②设区市、法规、自治州县条例报省级人大常委会批准。 备案问题：①备案找上级。②人大不备案。③批准当备案。④规章有例外。	①领导关系：若两机关为领导关系，则上级既可撤销也可改变下级立法。②监督关系：若两机关为监督关系，则上级只能撤销不能改变下级立法。③授权关系：若两机关为授权关系，则上级可撤销下级立法乃至撤销授权。④批准关系：经批准的立法视为批准者的立法对待（审查结果仅为撤销）。	①授权制定的行政法规或经济特区法规与法律冲突无法决定适用的，由全国人大常委会裁决。②部门规章之间、部门规章与地方政府规章之间冲突的，由国务院裁决。③地方性法规与部门规章冲突，国务院可决定适用地方性法规，适用部门规章的则应请全国人大常委会裁决。④省政府规章与较大市法规冲突，省级人大常委会处理。
行政法规	低于宪法、法律			
地方性法规	低于宪法、法律、行政法规、上级地方法规		①特别法优于一般法。②新法优于旧法。③法不溯及既往，但有利溯及除外。④新一般规定与旧特别规定冲突的，由制定机关裁决（制定机关为某级人大的，则替换为其常委会）。	
部门规章	低于宪法、法律、行政法规			
地方性规章	低于宪法、法律、行政法规、本级以上地方法规、上级地方规章			
自治条例单行条例与经济特区法规	类似本级地方性法规，但可对上位法做变通规定并在本区域内优先适用			

第三节　行政立法程序

我国目前尚未制定统一的行政程序法,《立法法》对行政立法程序作了原则性的规定。根据《立法法》和国务院《行政法规制定程序条例》《规章制定程序条例》以及现行行政立法的实践,行政立法的程序应当包括行政法规的立项、起草、审查、决定、公布与解释。

一、立项

(一)行政法规的立项

《行政法规制定程序条例》规定:国务院于每年年初编制本年度行政法规的立法工作计划。其程序是:(1)国务院有关部门认为需要制定行政法规的,于每年年初编制国务院年度立法工作计划前,向国务院报送立项,行政法规立项申请,应当说明立法项目所要解决的主要问题、依据的方针政策和决策部署,以及拟确立的主要制度;(2)国务院法制机构根据国家总体工作部署对部门报送的行政法规立项申请和公开征集的行政法规制定项目建议进行评估论证,突出重点,统筹兼顾,拟定国务院年度立法工作计划;(3)国务院对"贯彻落实党的路线方针政策和决策部署,适应改革、发展、稳定的需要;有关的改革实践经验基本成熟;所要解决的问题属于国务院职权范围并需要国务院制定行政法规的事项"进行审批。国务院的年度立法工作计划在执行中可以根据实际情况予以调整。

(二)规章的立项

国务院《规章制定程序条例》规定:国务院部门内设机构或者其他机构认为需要制定部门规章的,应当向该部门报请立项。省、自治区、直辖市和设区的市的人民政府所属工作部门或者下级人民政府认为需要制定地方政府规章的,应当向该省、自治区、直辖市或者设区的市的人民政府报请立项。国务院部门法制机构,省、自治区、直辖市和设区的市的人民政府法制机构,应当对制定规章的立项申请和规章制定项目建议进行评估论证,拟订本部门、本级人民政府年度规章制定工作计划,报本部门、本级人民政府批准后执行。国务院部门,省、自治区、直辖市和设区的市的人民政府,应当加强对执行年度规章制定工作计划的领导。对列入年度规章制定工作计划的项目,承担起草工作的单位应当按照要求上报本部门或者本级人民政府决定。

因此,规章立项的程序应该是:(1)国务院部门内设机构或者其他机构认为需要制定部门规章的,向该部门报请立项;享有行政立法权的地方人民政府所属工作部门或者下级人民政府认为需要制定地方政府规章的,向该地方人民政府报请立项;(2)国务院部门和享有行政立法权的地方人民政府的法制机构对制定规章的立项申请和公开征集的规章制定项目进行评估论证，拟订本部门、本级人民政府年度规章制定工作计划；(3)报请本部门、本级人民政府批准。国务院部门和地方人民政府年度规章制定工作计划在执行中可以根据实际情况予以调整。

二、起草

(一)行政法规的起草

行政法规由国务院组织起草。国务院通过年度立法工作计划确定国务院的一个或几个部门具体负责起草工作；也可以确定由国务院法制机构起草或组织起草。

(二)规章的起草

部门规章由国务院部门组织起草，国务院部门可以确定由其下一个或几个内设机构具体负责起草工作；也可以确定由其法制机构起草或组织起草；地方政府规章由享有行政立法权的地方人民政府组织起草，相应地方人民政府可以确定由其一个或几个部门具体负责起草工作；也可以确定由其法制机构起草或组织起草。此外，起草规章可以邀请有关专家、组织参加，也可以委托有关专家、组织起草。

起草部门规章，涉及国务院及他部门的职责或者与国务院其他部门关系紧密的，起草单位应充分征求其他部门的意见；起草地方政府规章，涉及本级人民政府其他部门的职责或者与其他部门关系紧密的，起草单位应充分征求其他部门的意见，起草单位与其他部门有不同意见的，应当充分协商，以免在执行中发生冲突。

三、听取公众意见

行政立法是行政机关行使准立法权。为了使立法体现人民的意志和利益，必须在立法过程中充分听取公众的意见，特别是利害关系人的意见和有关法律专家的意见。涉及全体人民权益的行政法规和规章，立法草案应通过新闻传播媒介公布，然后通过一定形式征询和听取各方面公众的建议，意见异议；涉及一定地区、一定阶层人民的权益的，立法草案应在相应地区、相应阶层人民中公布，组织相应地区、相应阶层讨论。《立法法》第67条规定："行政法规在起草过程中，应当广泛听取有关机关、组织、人民代表大会和社会公众的意见。听取意见可以采取座谈会、论证会、听证会等多种形式。"《行政法规制定程序条例》《规章制定程序条例》作了类似的规定。

四、审查

行政立法起草部门起草、征求意见，并与有关部门协商完毕后，即由起草部门或起草单位主要负责人签署(几个部门、单位共同起草的，由相应负责人共同签署)送审稿并报送相应行政立法机关审查。起草部门在报送送审稿时，应同时报送下述材料：(1)送审稿的说明，包括立法的必要性、确定的主要制度、主要措施、各方面对送审稿的主要不同意见、征求有关机关、组织和公民意见情况)(或汇报意见)等；(2)国内外的有关立法资料；(3)听证会笔录、调查报告、考察报告等。

行政立法送审稿由行政立法机关法制机构负责审查，审查的范围包括：(1)送审稿是否符合宪法、法律和其他上位法的规定以及国家方针、政策；(2)是否符合《立法法》和《行政法规制定程序条例》《规章制定程序条例》对行政法规、规章的专门要求；(3)是否与有关行政立法协调、衔接；(4)是否正确处理有关机关、组织和公民对送审稿主要问题的意见；(5)是否符合行政立法技术要求和其他需要审查的内容。法制机构对审查不合格的行政立法送审稿，可以缓办或退回起草部门、起草单位。对送审稿涉及的主要制度、主要措施、方针政策、管理体制、权限分工等问题有不同意见的，法制机构应进行协调，力求达成一致意见；不能达成一致意见的，应将争议的主要问题、有关部门、有关机构的意见上报行政立法机关决定。最后，法制机构应当认真研究各方面的意见，与起草单位协商后，对送审稿进行修改，形成行政法规、规章草案及其说明。

五、决定与公布

行政立法草案及其说明形成后，由法制机构主要负责人提出提请行政立法机关审议的建议。行政法规草案由国务院常务会议审议，或者由国务院审批通过；部门规章由部务会议或委员会会议审议决定；地方政府规章由地方人民政府的常务会议或全体会议审议决定。

经行政立法机关审议、决定(或审批)的行政法规和规章，应经行政首长签署发布令，在政府公报上或通过新闻媒介发布。《立法法》规定，行政法规由总理签署国务院令公布，行政法规签署公布后，及时在国务院公报和中国政府法制信息网以及在全国范围内发行的报纸上刊登，在国务院公报上刊登的行政法规文本为标准文本。地方性法规、自治区的自治条例和单行条例公布后，及时在本级人民代表大会常务委员会公报和中国人大网、本地方人民代表大会网站以及在本行政区域范围内发行的报纸上刊载。在常务委员会公报上刊登的地方性法规、自治条例和单行条例文本为标准文本。部门规章由部门首长签署命令予以公布，地方政府规章由省长或自治区主席或市长或者自治州州长签署命令予以公布。部门规章签署公布后，及时在国务院公报或者部门公报和中国政府法制信息网以及在全国范围内发行的报纸上刊登，地方政府规章签署公布后，及时在本级人民政府公报和中国政府法制信息网以及在本行政区域范围内发行的报纸上刊登，在国务院公报或者部门公报和地方人民政府公报上刊登的规章文本为标准文本。

行政立法自公布之日起30日后施行，但涉及国家安全、外汇汇率、货币政策的确定以及公布不立即施行将有碍行政立法履行的，可以自公布之日起施行。

第四节 行政立法的效力

行政主体通过行政立法程序制定的行政法规和行政规章属于法的范畴，具有法的效力。然而，行政法规、行政规章与行政法的其他渊源在效力位阶上如何排列？这是行政法适用过程中必须解决的问题。另外，对行政立法必须进行监督。对此，《立法法》作了规定。

一、行政法的效力位阶及行政立法内容冲突的解决

(一)行政立法与宪法、法律的效力关系

宪法是国家的根本大法，具有最高的法律效力。因此，宪法的效力高于行政法规和行政规章。《立法法》第87条规定："宪法具有最高的法律效力，一切法律、行政法规、地方性法规、自治条例和单行条例、规章都不得同宪法相抵触。"全民人民代表大会及其常务委员会是国家的最高权力机关，行政机关是权力机关的执行机关，法律的效力高于行政法规和行政规章。《立法法》第88条第一款规定："法律的效力高于行政法规、地方性法规、规章。"

国务院根据全国人民代表大会及其常务委员会的授权进行行政立法，与全国人民代表大会及其常务委员会制定的法律不一致，我们应该按照《立法法》第95条第2款规定："根据授权制定的法规与法律规定不一致，不能确定如何适用时，由全国人民代表大会常务委员会裁决。"

(二)行政法规与地方性行政法规、行政规章的效力关系

我国是一个单一制的国家，与地方拥有高度自治权力联邦制国家相比，中央的权力大于地方。因此，国务院制定的行政法规效力高于地方人民代表大会及其常务委员会制定的地方性法规。

国务院是我国最高的行政机关，国务院的这种宪法地位决定了行政法规在行政立法中具有最高的法律效力。行政法规的法律效力高于行政规章。《立法法》第88条第2款规定："行政法规的效力高于地方性法规、规章。"

(三)地方性法规与地方规章的效力关系、地方规章之间的效力关系

地方行政机关是地方人民代表大会及其常务委员会的执行机关，因此，地方性法规的效力高于本级和下级地方政府的规章。地方政府的规章不得与地方性的法规相抵触。

省、自治区的人民政府与本行政区域内设区的市人民政府之间存在隶属关系，因此，

省、自治区的人民政府制定的规章的效力高于本行政区域内设区的市人民政府制定的规章。

地方性法规与部门规章之间的效力关系，《立法法》没有明文规定。原来有的学者认为，地方性法规的效力高于部门规章。其理由是行政诉讼中人民法院能够"适用"地方性法规，而对于行政规章仅仅是"参照"。但从目前《立法法》的规定来看，这种说法是缺乏依据的，地方性法规与部门规章之间的效力关系实际上处于未决状态。《立法法》第95条第1款第(二)项规定："地方性法规与部门规章之间对同一事项的规定不一致，不能确定如何适用时，由国务院提出意见，国务院认为应当适用地方性法规的，应当决定在该地方适用地方性法规的规定；认为应当适用部门规章的，应当提请全国人民代表大会常务委员会裁决。"

二、对行政立法的监督

为了保证行政立法的正当性，《立法法》和《法规规章备案条例》规定了行政立法的监督制度。归纳起来，大体上有以下几项制度：

(一)备案制度

行政立法的备案制度，是指将公布后的行政法规、行政规章上报法定的机关，使其知晓，并在必要时备查的制度。

行政法规应当在公布后的30日内报全国人民代表大会常务委员会备案；行政规章应当在公布后的30日内报国务院备案；省、自治区、直辖市人民政府制定的行政规章在报国务院备案的同时，应当报本级人民代表大会常务委员会备案；较大市人民政府制定的行政规章在报国务院备案的同时，应当报省、自治区的人民代表大会常务委员会和人民政府备案。根据授权制定的法规，应当在公布后的30日内报授权决定规定的机关备案。

(二)改变、撤销制度

1. 改变、撤销行政法规、行政规章的权限

(1)全国人民代表大会常务委员会有权撤销同宪法和法律相抵触的行政法规。(2)上级人民政府有权改变或者撤销下级人民政府不适当的行政规章；国务院有权改变或者撤销不适当的部门规章和地方政府规章；省、自治区人民政府有权改变或者撤销下一级人民政府制定的不适当的规章。(3)同级人民代表大会常务委员会有权改变或者撤销本级人民政府制定的规章。(4)授权机关有权撤销被授权机关制定的超越授权范围或者违背授权目的的法规，必要时可以撤销授权。

2. 改变、撤销行政法规、行政规章的法定情形

(1)超越权限，即行政法规或者行政规章的制定主体超越自己的行政职权进行立法。(2)下位法违反上位法规定，即行政立法违反了我们前面介绍的行政法效力位阶次序。

（3）规章之间对同一事项的规定不一致，经裁决应当改变或者撤销一方规定的情形。（4）规章的规定被有权机关认为不适当。（5）行政立法违背法定程序。

（三）改变、撤销行政法规的审查程序

1. 动议

国务院、中央军事委员会、最高人民法院、最高人民检察院和各省、自治区、直辖市的人民代表大会常务委员会认为行政法规同宪法或者法律相抵触的，可以向全国人民代表大会常务委员会书面提出进行审查、提出意见。其他国家机关和社会团体、企业事业组织以及公民认为行政法规同宪法或者法律相抵触的，可以向全国人民代表大会常务委员会书面提出进行审查的建议，由全国人大常委会工作机构进行研究，必要时，送有关的专门委员会进行审查、提出意见。

2. 审查

全国人民代表大会专门委员会在审查中，认为行政法规同宪法或者法律相抵触的，可以向国务院提出书面审查意见；也可以由法律委员会与有关的专门委员会召开联合审查会议，要求国务院到会说明情况，再向国务院提出书面审查意见。国务院应当在两个月内研究提出是否修改的意见，并向全国人民代表大会法律委员会和有关的专门委员会反馈。

3. 决定

全国人民代表大会法律委员会和有关的专门委员会审查，认为行政法规同宪法或者法律相抵触，而国务院又不予修改，全国人民代表大会法律委员会和有关的专门委员会可以向委员长会议提出书面审查意见和予以撤销的议案，由委员长会议决定是否提请常务委员会会议审议决定。

接受行政规章备案的单位可以对行政规章进行审查，审查的程序可以由接受备案的机关自行规定。

第五节　行政法规、行政规章以外行政规范性文件

一、行政规范性文件的性质

（一）行政规范性文件的概念与性质

行政规范性文件，是指国家行政机关为执行法律、法规和规章，对社会实施管理，依法定权限和法定程序发布的规范公民、法人和其他组织行为的具有普遍约束力的政令。

1. 行政规范性文件是一种特殊政令，而不是行政立法

行政立法权，即制定行政法规、规章的权限，是宪法和组织法专门授权较高层次的行

政机关(如国务院、省级人民政府等)行使的,而行政规范性文件的发布权,宪法和组织法几乎授予所有的行政机关行使。例如《宪法》第 89 条规定,国务院可以规定行政措施,并发布决定和命令;第 90 条中规定,各部委可以发布命令、指示。《地方组织法》第 59 条规定,县级以上地方各级人民政府可以规定行政措施、发布决定和命令;第 61 条规定,乡镇人民政府可发布决定和命令。宪法和组织法中规定的"行政措施""决定""命令"等都可以是行政规范性文件的形式。

2. 行政规范性文件不是一般政令,而是一种具有普遍约束力的政令

行政机关发布的决定、命令,有一些是针对特定人和特定事项的,有些则是针对不特定的人和事物的。只有后者才是行政规范性文件主体所管辖的整个行政区域的公民、法人、其他组织具有约束力。例如,一个市的规范性文件对该市所有个人、组织有约束力。

3. 行政规范性文件是指行政机关为执行法律、法规、规章,对社会进行管理而实施的一种抽象行政行为

行政规范性文件是抽象行政行为的一种,在这一范畴内,它与行政法规、规章具有相同的性质。行政法规、规章也属于抽象行政行为。二者的区别在于:行政法规、规章同时属于行政立法,而行政规范性文件只是一般抽象行政行为,它的制定应以行政法规、规章为依据,至少不与行政法规、规章相抵触。

4. 行政规范性文件是行政机关发布的用以对社会进行管理,规范公民、法人和其他组织行为的政令

在社会管理功能方面,行政规范性文件与具体行政行为有相同的作用,具体行政行为也是行政机关对社会实施管理的手段。二者的区别在于:具体行政行为的管理功能通常是直接实现的,而规范性文件的管理功能通常是间接实现的,规范性文件确定的规则、要求大多要通过具体行政行为实现。

(二)行政规范性文件与行政法规、行政规章的区别

行政规范性文件和行政法规、行政规章一样,都是行政主体的抽象行政行为形式。但它们之间仍有区别:

1. 主体的区别

任何行政主体都能制定行政规范性文件,但只有一部分行政主体能制定行政法规和行政规章。

2. 程序区别

制定行政法规、行政规章的程序由《立法法》等加以规定,遵从立法程序;制定行政规范性文件的程序由《国家行政机关公文处理办法》等加以规定,遵从行政程序。

3. 内容区别

行政法规和行政规章规定的权利、义务比较全面和系统;而行政规范性文件规定的权利、义务比较专一,往往是针对一时一事的规定。

4. 效力区别

行政法规和行政规章的效力一般高于行政规范性文件。

二、行政规范性文件的种类

行政规范性文件有行政措施和具有普遍约束力的决定、命令等形式。

(一)行政措施

行政措施是指县级以上各级人民政府为执行本级人民代表大会及其常务委员会的决议或上级行政机关的决定，命令而规定的各种办法和手段。关于行政措施的名称，法律尚未作出统一要求，常见的名称有：命令、令、指令、决定、决议、指示、布告、公告、通告、通知等。

(二)具有普遍约束力的决定、命令

具有普遍约束力的决定、命令是指行政机关、行政机构或者法律法规规章授权的组织，针对不特定对象发布的能反复适用的行政规范性文件。行政规章以下的规范性文件，一般没有统一的名称，通常称"有普遍约束力的决定、命令"，俗称"红头文件"。

制定发布行政决定、命令的机构，可以是国务院和地方各级人民政府。各级人民政府有权以发布决定、命令的形式行使其各种职权。国务院除了制定行政法规以外，还发布一些规范性文件。国务院各部委行署、直属机构和被授权组织，设区市政府在制定规章以外，可以制定规章以外的规范性文件。规章制定主体以下的行政机关，也可以制定规范性文件。以上三种文件，统称有普遍约束力的决定、命令。县级以上地方各级人民政府有权改变或者撤销各工作部门的不适当的命令、批示和下级人民政府的不适当的决定、命令。

三、行政规范性文件的效力

合法的行政规范性文件具有法律效力，其法律效力表现在两个方面：

(一)行政规范性文件可以作为行政行为的依据

《地方各级人民代表大会和地方各级人民政府组织法》第五十九条第(一)项规定，县级以上的地方各级人民政府应执行上级国家行政机关的决定和命令；第六十一条第(一)项规定，乡、民族乡、镇人民政府应执行上级国家行政机关的决定和命令。

(二)行政规范性文件可以成为人民法院在审查具体行政行为合法性的"参照"

行政诉讼当事人可以以行政规范文件作为论证相应具体行政行为违法或合法的根据，人民法院必须予以考虑，但不宜直接援引。

第四章 行政程序与行政公开法律制度

第一节 行政程序概述

一、行政程序的概念

行政程序是行政机关实现其行政职能的方式、方法、步骤和时限等的总称。方式方法体现为时间和空间形式，因此行政程序是行政方式方法和时间、步骤的结合形式。行政程序理论有比较长的历史，而专门的行政程序法较少，多数行政程序都是非形式化的，目的是保证行政效率。

行政程序法在现代行政法中地位特别重要，因为现代社会中政府行政管理的作用在增长。行政法在确认政府行政职能的必要性、合法性后，将重点关注政府实现行政职能程序的正当性、合法性。行政程序的中心是行政决策程序，特别是使公民、法人或者其他组织负担义务的行政决策程序。当代社会行政程序的重要目标是维护重要公共利益和保护公民、法人或者其他组织合法权益的平衡，公民、法人或者其他组织等利益相关人对行政决策程序的参与程度，是衡量行政程序正当性、合法性的重要标准。作为行政法的基本制度之一，当代行政程序法高度重视对利益相关人程序权的保障。

我国将行政程序法作为发展行政法律制度的重要内容，并且已经取得成就。重大行政决策程序暂行条例、行政处罚法、行政复议法、《行政法规制定程序条例》和《规章制定程序条例》等法律法规，在听证、说明理由、调查检查、公开信息方面的规定，体现了当代行政程序法的基本要求。建设中国特色社会主义法治体系，必然要求制定统一的行政程序法，因此行政程序法将成为我国行政法律制度完善的重要内容。

二、行政程序法的基本原则

行政程序法基本原则是对行政程序法基本要求的概括表达。目前学术界对行政程序法基本原则的表述不尽一致，但是一般都认可公开、公正、公平、统一、合理等与行政法基本原则相联系的内容，以及当事人参与原则和保证行政效率原则。就保证行政程序合法性和正当性而言，当事人参与原则应当受到特别重视。

当事人参与原则是指，在行政主体作出影响当事人合法权益的行政决定前，必须给予当事人向行政主体表达自己意见的权利和机会，否则这种行政决定可能因为缺乏最低限度的程序正当性而不能取得法律效力。我国行政处罚法等相关行政立法已经体现出行政程序法基本原则的要求。

第二节　行政程序的基本制度

一、听证制度

听证制度在行政程序中的地位受到特别重视。一般而言，行政程序的中心问题是利益相关人的参与。因为听证能够为利益相关人的参与提供充分的机会，特别是类似于司法审判型的听证能够使利益相关人的参与权得到充分的行使，所以听证被认为是行政程序中最重要的基本制度。

我国行政立法中规定听证制度，较早出现于行政处罚法。听证是行政处罚决定程序之一，适用于责令停产停业、吊销许可证或者执照和较大数额罚款等对当事人权益影响较大的行政处罚。对此有关部门在相关规定中提出听证的具体实施办法。例如，国家环境保护总局公布的《环境保护行政处罚办法》第三章第三节关于听证程序的规定。《价格法》第23条要求建立听证会制度，适用于制定关系群众切身利益的公用事业价格、公益性服务价格、自然垄断经营的商品价格等政府指导价、政府定价。《立法法》第58条规定行政法规起草过程中听取意见可以采取听证会的形式。《规章制定程序条例》第15条规定了起草规章听证会的组织程序。对于上述这些法律法规和规章有关听证程序的规定，是具体行政行为和抽象行政行为中适用听证程序的范例。

二、说明理由制度

说明理由是关于行政决定必须阐明其理由和真实用意的行政决策程序制度，特别适用于行使裁量权限和不利于当事人的行政决定。这一制度的意义主要是防止行政专横和权利滥用、便于司法审查和法制监督。行政决定所持有的理由需要确切的事实根据和法律政策根据，所以说明理由与指明事实根据和法律政策依据相关联。说明理由是最低限度的程序正当性要求。

我国行政立法中规定说明理由制度的，比较典型的是行政处罚法。如《行政处罚法》第44条规定，行政机关在作出行政处罚决定之前，应当告知当事人拟作出的行政处罚内容及事实、理由、依据，并告知当事人依法享有的陈述、申辩、要求听证等权利。第62条规定，行政机关及其执法人员在作出行政处罚决定之前，未依照本法第44条、第45条的规定向当事人告知拟作出的行政处罚内容及事实、理由、依据，或者拒绝听取当事人的陈述、申辩，不得作出行政处罚决定；当事人明确放弃陈述或者申辩权利的除外。

三、行政案卷制度

行政案卷制度是以行政案卷体现的事实作为根据作出行政决定的行政程序制度。行政案卷是有关案件事实的证据、调查或者听证记录等案件材料的总和。行政案卷的构成和形成应当依据法律的规定。行政决定只能以行政案卷体现的事实为根据，不得以行政案卷以外的、未经过法定程序认定的事实为根据。法律规定设立行政案卷制度的意义，在于使行政决定建立于按照法定程序形成的客观事实之上，规范认定程序和认定结果的权威性，排除外界对行政决定的干预和影响，便利司法审查和法治监督。

我国目前直接和明确规定行政案卷制度的法律依据主要是关于行政法及司法解释。《行政诉讼法》第 33 条规定，在诉讼过程中被告不得自行向原告和证人收集证据，此规定限制了被告在诉讼过程中的证据收集权。2002 年 9 月 11 日，最高人民法院制定《关于审理反倾销行政案件应用法律若干问题的规定》第 7 条规定：人民法院依据被告的案卷记录审查被诉反倾销行为的合法性。被告在作出被诉反倾销行政行为时没有记入案卷的事实材料，不能作为认定该行为合法的根据。该规定在反倾销行政行为的司法审查上，规定了行政案卷唯一性的制度。2002 年 7 月公布的《最高人民法院关于行政诉讼证据若干问题的规定》第 60 条规定三种证据不能作为认定被诉具体行政行为合法的依据：（1）被告及其诉讼代理人在作出具体行政行为后或者在诉讼程序中自行收集的证据；（2）被告在行政程序中非法剥夺公民、法人或者其他组织依法享有的陈述、申辩或者听证权利所采用的证据；（3）原告或者第三人在诉讼程序中提供的、被告在行政诉讼中未作为具体行政行为依据的证据。上述规定为我国行政管理普遍实行行政案卷制度奠定了基础。

第三节 重大行政决策程序

十五大以来，我国确立依法治国基本方略，确立依法行政基本方式。依法行政首先要求行政主体在依法履职尽责过程中做到科学民主依法决策。党的十八届四中全会提出健全依法决策机制，把公众参与、专家论证、风险评估、合法性审查、集体讨论决定确定为重大行政决策的法定程序。很多地方政府因此出台了规范重大行政决策程序的文件，科学民主依法决策水平在一定程度上得到提升。但实践中，一些地方决策尊重客观规律不够，听取群众意见不充分，违法决策、专断决策、应及时决策而久拖不决等问题较为突出；一些关系国计民生的重大项目因当地群众不了解、不理解、不支持而引发群体性事件，导致项目无法落地或者匆匆下马。这些问题严重损害政府公信力，有损营商环境，影响改革推进和经济社会发展。2017 年 6 月 9 日，国务院法制办就《重大行政决策程序暂行条例（征求意见稿）》公开征求意见，旨在落实健全依法决策机制，推进行政决策科学化、民主化、法治化，提高决策质量，增强社会对重大行政决策的理解和支持。为进一步提高重大行政决策质量和效率，2019 年 4 月 20 日，国务院总理李克强签署国务院令，公布《重大行政决策程序暂行条例》(以下简称《条例》)，自 2019 年 9 月 1 日起施行。初步形成了中国特色社会主义重大行政决策程序制度。

一、重大行政决策的概念与范围

(一) 重大行政决策的概念

行政决策是行政主体为履行行政职能所作的行为设计和抉择过程，是行政管理工作的首要环节和重要内容。行政决策主体具有特定性，客体具有广泛性，效力具有权威性。行政决策覆盖了行政机关的绝大多数行政行为，通过行政决策，行政主体实施行政行为，发布行政命令，制定行政规划和行政规章。理论上，行政决策可以分为一般行政决策和重大行政决策。

重大行政决策的概念在地方政府的规章及规范性文件、中央的决定和纲要性文件中都有使用。发布于 2003 年 1 月 30 日的《杭州市人民政府关于进一步完善全市经济和社会发展重大事项行政决策程序的通知》是最早提及重大行政决策的地方规范性文件，后被《杭州市人民政府重大行政决策程序规则》取代。国务院《全面推进依法行政实施纲要》首次中央级纲要性文件中使用重大行政决策概念。时至今日，重大行政决策定义散见于地方法律法规，学术界、实务界没有统一的定义。如《湖南省行政程序规定》第 31 条规定，"本规定所称的重大行政决策是指县级以上人民政府作出的涉及本地区经济社会发展全局、社会涉及面广、专业性强、与人民群众利益密切相关的下列行政决策事项：(1)制定经济和社会发展重大政策措施，编制国民经济和社会发展规划、年度计划……(4)重大政府投资项目"。《山东省行政程序规定》第 24 条 "本规定所称重大行政决策，是指县级以上人民政府依照法定职权，对关系本地区经济社会发展全局、社会涉及面广、与公民法人和其他组织利益密切相关的下列事项作出的决定：(1)……重大行政决策的具体事项，由县级以上人民政府在前款规定的范围内确定，并向社会公布"。

(二) 重大行政决策事项的范围

考虑到我国各地区经济社会发展水平不平衡，地方各级政府决策的影响面和侧重点各有不同，由国家立法统一确定重大行政决策事项的具体标准、范围并不现实。借鉴地方实践经验，按照突出针对性、具备可行性、保留灵活性、提高透明度的原则，通过"列举+排除"方式框定重大行政决策事项的范围，允许决策机关结合职责权限和本地实际确定重大决策事项目录、标准，经同级党委同意后向社会公布并根据实际变化调整。因此《条例》列举五类事项为重大事项，包括：(1)制定有关公共服务、市场监管、社会管理、环境保护等方面的重大公共政策和措施；(2)制定经济和社会发展等方面的重要规划；(3)制定开发利用、保护重要自然资源和文化资源的重大公共政策和措施；(4)决定在本行政区域实施的重大公共建设项目；(5)决定对经济社会发展有重大影响、涉及重大公共利益或者社会公众切身利益的其他重大事项。同时，《条例》明确排除了三类事项，分别是财政政策、货币政策等宏观调控决策，政府立法决策，突发事件应急处置决策。

二、重大行政决策程序

《条例》规定，重大行政决策的作出程序主要内容包括公众参与、专家论证、风险评估、合法性审查、集体讨论决定五大程序：

1. 决策草案的形成程序

主要是公众参与、专家论证和风险评估程序。条例规定，除依法不予公开的决策外，应当充分听取公众意见；专业性、技术性较强的决策事项应当组织专家论证；决策实施可能对社会稳定、公共安全等方面造成不利影响的，应当组织风险评估。公众参与程序直接体现了民主决策。为增强重大行政决策中的公众参与实效，《条例》规定：在听取意见的方式和对象上，可以采取座谈会、听证会、实地走访、书面征求意见、向社会公开征求意见、问卷调查、民意调查等多种方式，并且要求应当采取便于公众参与的方式听取意见。同时，对涉及特定群体利益的决策事项，要求决策承办单位与相关人民团体、社会组织以及群众代表进行沟通协商，充分听取相关群体的意见建议。在具体的程序要求上，对向社会公开征求意见和召开听证会这两种方式的程序要求作出具体规定，如要求公布决策草案及其说明等材料，要求明确提出意见的方式和期限或者听证时间、地点等信息。在公众意见的研究处理上，条例规定决策承办单位应当对社会各方面提出的意见进行归纳整理、研究论证，充分采纳合理意见，完善决策草案。

专家论证提高专家论证的质量。一是明确专家论证的基本要求。规定专家、专业机构应当独立开展论证工作，客观、公正、科学地提出论证意见；提供书面论证意见的，应当署名、盖章。二是明确选择专家的标准。规定选择专家、专业机构应当坚持专业性、代表性和中立性，注重选择持不同意见的专家、专业机构，不得选择与决策事项有直接利害关系的专家、专业机构。三是健全专家队伍管理机制。规定省级政府应当建立决策咨询论证专家库，规范专家库运行管理，健全专家诚信考核和退出机制；规定承担论证评估工作的专家、专业机构等违反职业道德和本条例规定的，予以通报批评、责令限期整改；造成严重后果的，取消评估资格、承担相应责任。

防控决策风险，必须充分发挥风险评估的作用。《条例》从三个方面进行了规范：一是在风险评估的方式方法上，要求运用多种方式、科学方法，充分听取有关部门意见，对决策实施的风险进行科学预测、综合研判。二是在风险评估的成果形式上，要求开展风险评估应当形成风险评估报告，明确风险点，提出风险防范措施和处置预案。三是在风险评估结果运用上，要求把风险评估的结果作为重大行政决策的重要依据。

2. 合法性审查程序

这是行政决策的必经程序。条例规定决策草案未经合法性审查或者经审查不合法的，不得提交决策机关讨论；明确送请审查需要的材料、时间和合法性审查的内容；要求负责合法性审查的部门及时提出合法性审查意见并对意见负责，决策承办单位根据意见进行必要调整或者补充。

3. 集体讨论决定程序

亦为行政决策必经程序。条例规定行政决策草案应当经决策机关常务会议或者全体会议讨论；在坚持行政首长负责制的同时，要求行政首长末位发言，拟作决定与多数人意见不一致时应当说明理由；集体讨论决定情况应当如实记录并与责任追究挂钩。

4. 在重大行政决策的调整程序

针对"新官不理旧账""朝令夕改"等突出问题，《条例》在建立健全决策执行中的问题反馈机制和决策后评估制度基础上，严格规范决策调整程序。《条例》规定，依法作出的重大行政决策未经法定程序不得随意变更或者停止执行，需要作出重大调整的，应当履行相关法定程序。

第四节　行政执法三项制度

行政执法是行政机关履行政府职能、管理经济社会事务的重要方式。《中共中央关于全面推进依法治国若干重大问题的决定》和《法治政府建设实施纲要(2015—2020年)》对全面推行行政执法公示制度、执法全过程记录制度、重大执法决定法制审核制度(以下统称"三项制度")作出了具体部署、提出了明确要求。国务院聚焦行政执法的源头、过程、结果等关键环节，出台《关于全面推行行政执法公示制度、执法全过程记录制度、重大执法决定法制审核制度的指导意见》，着力推进行政执法透明、规范、合法、公正，不断健全执法制度、完善执法程序、创新执法方式、加强执法监督，全面提高执法效能，推动形成权责统一、权威高效的行政执法体系和职责明确、依法行政的政府治理体系，确保行政机关依法履行法定职责，切实维护人民群众合法权益，为落实全面依法治国基本方略、推进法治政府建设奠定了坚实基础。党的二十大报告强调"扎实推进依法行政"，要严格落实"三项制度"，实现行政执法信息及时准确公示、行政执法全过程留痕和可回溯管理、重大行政执法决定法制审核全覆盖。

一、执法全过程记录制度

行政执法公示是指行政执法机关按照"谁执法谁公示"的原则，明确公示内容的采集、传递、审核、发布职责，规范信息公示内容的标准、格式。行政执法公示是保障行政相对人和社会公众知情权、参与权、表达权、监督权的重要措施。建立统一的执法信息公示平台，及时通过政府网站及政务新媒体、办事大厅公示栏、服务窗口等平台向社会公开行政执法基本信息、结果信息。涉及国家秘密、商业秘密、个人隐私等不宜公开的信息，依法确需公开的，要作适当处理后公开。发现公开的行政执法信息不准确的，要及时予以更正。

1. 事前公开

行政执法机关依法统筹推进行政执法事前公开与政府信息公开、权责清单公布、"双随机、一公开"监管等工作。全面准确及时主动公开行政执法主体、人员、职责、权限、依据、程序、救济渠道和随机抽查事项清单等信息。根据相关法律法规，结合自身职权职责，编制并公开本机关的服务指南、执法流程图，明确执法事项名称、受理机构、审批机构、受理条件、办理时限等内容。公开的信息要简明扼要、通俗易懂，并及时根据法律法规及机构职能变化情况进行动态调整。

2. 事中公示

行政执法人员在进行监督检查、调查取证、采取强制措施和强制执行、送达执法文书等执法活动时，必须主动出示执法证件，向当事人和相关人员表明身份，采取佩戴执法证件等方式，执法全程公示执法身份；依法出具行政执法文书，主动告知当事人执法事由、执法依据、权利义务等内容。国家规定统一着执法服装、佩戴执法标识的，执法时要按规定着装、佩戴标识。政务服务窗口应当设置岗位信息公示牌，明示工作人员岗位职责、申请材料示范文本、办理进度查询、咨询服务、投诉举报等信息。

3. 事后公开

行政执法机关应当在执法决定作出之日起 20 个工作日内，向社会公布执法机关、执法对象、执法类别、执法结论等信息，接受社会监督，行政许可、行政处罚的执法决定信息要在执法决定作出之日起 7 个工作日内公开，但法律、行政法规另有规定的除外。建立健全执法决定信息公开发布、撤销和更新机制。已公开的行政执法决定被依法撤销、确认违法或者要求重新作出的，应当及时从信息公示平台撤下原行政执法决定信息。建立行政执法统计年报制度，地方各级行政执法机关应当于每年 1 月 31 日前公开本机关上年度行政执法总体情况有关数据，并报本级人民政府和上级主管部门。

二、行政执法公示制度

行政执法公示是指行政执法机关依法通过文字、音像等记录形式，对行政执法的启动、调查取证、审核决定、送达执行等全部过程进行记录，并全面系统归档保存的制度。《中华人民共和国行政处罚法》第 47 条规定，行政机关应当依法以文字、音像等形式，对行政处罚的启动、调查取证、审核、决定、送达、执行等进行全过程记录，归档保存。行政执法全过程记录留痕和可回溯管理是行政执法活动合法有效的重要保证。

（一）一般记录

行政执法单位要按照国家和上级主管部门的要求，规范执法用语，采用或者制定统一的文书格式文本，做到文字记录合法规范、客观全面、及时准确。制定文书格式文本的，要明确执法文书制作指引。

(二)特别记录

1. 文字记录

文字记录是指以纸质文件或者电子文件包括询问笔录、现场检查(勘验)笔录、鉴定意见、行政执法决定书、送达回执等书面记录形式对行政执法活动进行全过程记录的方式。研究制定执法规范用语和执法文书制作指引,规范行政执法的重要事项和关键环节,做到文字记录合法规范、客观全面、及时准确。司法部负责制定统一的行政执法文书基本格式标准,国务院有关部门可以参照该标准,结合本部门执法实际,制定本部门、本系统统一适用的行政执法文书格式文本。地方各级人民政府可以在行政执法文书基本格式标准基础上,参考国务院部门行政执法文书格式,结合本地实际,完善有关文书格式。

2. 音像记录

音像记录是指通过照相机、录音机、摄像机、执法记录仪、视频监控等记录设备,实时对行政执法过程进行记录的方式。应当进行音像记录的情形:

(1)行政执法主体对现场执法、调查取证、举行听证、留置送达和公告送达等容易引发争议的行政执法过程,应当进行音像记录。

(2)对查封扣押财产、强制拆除等直接涉及人身自由、生命健康、重大财产权益的现场执法活动和执法办案场所,应当进行全过程无间断音像记录。

要做好音像记录与文字记录的衔接工作,充分考虑音像记录方式的必要性、适当性和实效性,对文字记录能够全面有效记录执法行为的,可以不进行音像记录;对查封扣押财产、强制拆除等直接涉及人身自由、生命健康、重大财产权益的现场执法活动和执法办案场所,要推行全程音像记录;对现场执法、调查取证、举行听证、留置送达和公告送达等容易引发争议的行政执法过程,要根据实际情况进行音像记录。要建立健全执法音像记录管理制度,明确执法音像记录的设备配备、使用规范、记录要素、存储应用、监督管理等要求。研究制定执法行为用语指引,指导执法人员规范文明开展音像记录。配备音像记录设备、建设询问室和听证室等音像记录场所,要按照工作必需、厉行节约、性能适度、安全稳定、适量够用的原则,结合本地区经济发展水平和本部门执法具体情况确定,不搞"一刀切"。

(三)记录归档

完善执法案卷管理制度,加强对执法台账和法律文书的制作、使用、管理,按照有关法律法规和档案管理规定归档保存执法全过程记录资料,确保所有行政执法行为有据可查。对涉及国家秘密、商业秘密、个人隐私的记录资料,归档时要严格执行国家有关规定。积极探索成本低、效果好、易保存、防删改的信息化记录储存方式,通过技术手段对同一执法对象的文字记录、音像记录进行集中储存。建立健全基于互联网、电子认证、电子签章的行政执法全过程数据化记录工作机制，形成业务流程清晰、数据链条完整、数据安全有保障的数字化记录信息归档管理制度。

(四) 记录信息调阅与监督

依法充分发挥全过程记录信息对案卷评查、执法监督、评议考核、舆情应对、行政决策和健全社会信用体系等工作的积极作用，善于通过统计分析记录资料信息，发现行政执法薄弱环节，改进行政执法工作，依法公正维护执法人员和行政相对人的合法权益。建立健全记录信息调阅监督制度，做到可实时调阅，切实加强监督，确保行政执法文字记录、音像记录规范、合法、有效。

推行行政执法全过程记录制度，规范行政执法程序，提高行政执法行为透明度，是推进政务公开、打造阳光政府的必然趋势，既提升执法部门公信力，又满足群众期待，保障了行政相对人的合法权益。

三、重大执法决定法制审核制度

重大执法决定法制审核是确保行政执法机关作出的重大执法决定合法有效的关键环节。行政执法机关作出重大执法决定前，要严格进行法制审核，未经法制审核或者审核未通过的，不得作出决定。

1. 审核机构

各级行政执法机关要明确具体负责本单位重大执法决定法制审核的工作机构，确保法制审核工作有机构承担、有专人负责。加强法制审核队伍的正规化、专业化、职业化建设，把政治素质高、业务能力强、具有法律专业背景的人员调整充实到法制审核岗位，配强工作力量，使法制审核人员的配置与形势任务相适应，原则上各级行政执法机关的法制审核人员不少于本单位执法人员总数的 5%。要充分发挥法律顾问、公职律师在法制审核工作中的作用，特别是针对基层存在的法制审核专业人员数量不足、分布不均等问题，探索建立健全本系统内法律顾问、公职律师统筹调用机制，实现法律专业人才资源共享。

2. 审核范围

凡涉及重大公共利益，可能造成重大社会影响或引发社会风险，直接关系行政相对人或第三人重大权益，经过听证程序作出行政执法决定，以及案件情况疑难复杂、涉及多个法律关系的，都要进行法制审核。各级行政执法机关要结合本机关行政执法行为的类别、执法层级、所属领域、涉案金额等因素，制定重大执法决定法制审核目录清单。上级行政执法机关要对下一级执法机关重大执法决定法制审核目录清单编制工作加强指导，明确重大执法决定事项的标准。

3. 审核内容

要严格审核行政执法主体是否合法，行政执法人员是否具备执法资格；行政执法程序是否合法；案件事实是否清楚，证据是否合法充分；适用法律、法规、规章是否准确，裁量基准运用是否适当；执法是否超越执法机关法定权限；行政执法文书是否完备、规范；违法行为是否涉嫌犯罪、需要移送司法机关等。法制审核机构完成审核后，要根据不同情形，提出同意或者存在问题的书面审核意见。行政执法承办机构要对法制审核机构提出的存在问题的审核意见进行研究，作出相应处理后再次报送法制审核。

4. 审核责任

行政执法机关主要负责人是推动落实本机关重大执法决定法制审核制度的第一责任人，对本机关作出的行政执法决定负责。要结合实际，确定法制审核流程，明确送审材料报送要求和审核的方式、时限、责任，建立健全法制审核机构与行政执法承办机构对审核意见不一致时的协调机制。行政执法承办机构对送审材料的真实性、准确性、完整性，以及执法的事实、证据、法律适用、程序的合法性负责。法制审核机构对重大执法决定的法制审核意见负责。因行政执法承办机构的承办人员、负责法制审核的人员和审批行政执法决定的负责人滥用职权、玩忽职守、徇私枉法等，导致行政执法决定错误，要依纪依法追究相关人员责任。

第五节　政府信息公开制度

一、政府信息公开制度概述

政府信息是指行政机关在行使行政职权、履行职责过程中获取、制作和掌控的信息。政府信息公开指公民、法人和社会组织对行政机关在行使行政职权的过程中掌握或控制的信息拥有知情权，除法律明确规定的不予公开事项外，行政机关应当通过有效方式向公众和当事人公开。政府信息公开制度是有关政府信息公开的运作及保证政府信息公开切实落实的制度，它包括政府信息公开的范围、公开方式、程序和监督救济等内容。

政府信息公开是信息时代公民、法人和相关社会组织参与社会治理、实现当家做主权利的关键途径，是促进社会和谐和经济健康快速和高质量发展的重要方式。为了实现宪法确定的"人民依照法律规定，通过各种途径和形式，管理国家事务，管理经济和文化事业，管理社会事务"的权利，《中华人民共和国政府信息公开条例》（以下简称《条例》）经 2007 年 1 月 17 日国务院第 165 次常务会议通过，自 2008 年 5 月 1 日起施行。于 2019 年 4 月 3 日经中华人民共和国国务院令第 711 号修订，自 2019 年 5 月 15 日起施行。《条例》对政府信息公开的主体、范围、内容、形式和程序等作出了明确规定，同时确立了政府信息主动公开和依申请公开制度、政府信息公开发布制度、政府信息公开监督和保障制度等，是我国政务公开的基本法规。《条例》的实施有利于推动我国政务公开工作逐步走上法制化轨道，有利于规范和推进行政机关的依法行政，促进我国法治政府建设。

二、政府信息公开制度的主要内容

(一)《条例》的适用范围

1. 政府信息的含义

《条例》规定,政府信息是指"行政机关在履行职责过程中制作或者获取的,以一定形式记录、保存的信息"。理解这一规定需要注意以下方面:第一,不能把信息等同于文件。一个文件中可能包含多个信息,《条例》强调公开的是信息,而非文件。第二,信息是以一定形式记录和保存的,但与存储形式无关,只要信息能以有效可读的方式存储即可。第三,与信息来源、价值无关。政府信息既可由行政机关自身制定而形成,也可以通过其他机关或他人提供而成为政府信息,而且这些信息的价值大小不影响其公开与否,关键看是否为行政机关所持有。

2. 政府信息公开的主体

《条例》规定,政府信息公开的主体主要是行政机关和法律、法规授权的具有管理公共事务职能的组织。这两类主体是政府信息的拥有者,也是政府信息公开义务的承担者。《条例》要求各级人民政府及县级以上人民政府部门建立健全本行政机关的政府信息公开工作制度,并指定机构作为政府信息公开工作机构,负责本行政机关政府信息公开的日常工作。

教育、医疗卫生、计划生育、公共交通、供水、供电、供气、供热、环保等与群众利益密切相关的公共企事业单位,在提供社会公共服务过程中也制作、获取了大量的社会公共信息。公开这些与人民群众的生产、生活密切相关的社会公共信息,有利于更好地保障广大人民群众获取信息、利用信息的合法权益。为此,《条例》也将这部分公共企事业单位作为信息公开的主体,纳入调整范围。同时考虑到这些公共企事业单位不是行政机关,条例特别规定,上述机构应当参照《政府信息公开条例》,公开其在提供社会公共服务过程中制作、获取的信息。

(二)信息公开的基本原则

1. 公正、公平、便民

行政机关公开政府信息,应当遵循公正、公平、便民的原则。公民、法人和社会组织享有平等获取政府信息的权利,行政机关在公开政府信息应当公正、平等地对待申请人,不应当歧视和存有偏见。在公开信息时,应当方便公众,通过建立健全管理制度,提高办理效率,为公众获取政府信息提供便利。

2. 及时、准确

行政机关公开政府信息应当及时、准确,不仅要在恰当时机公开相关信息,遵守公开的法定期限,而且要保证所公开的信息是真实可信、准确无误。一旦发现影响或者可能影响社会稳定、扰乱社会管理秩序的虚假或者不完整信息的，行政机关应当在其职责范围内发布准确的政府信息予以澄清。

3. 正确处理公开与保密的关系

政府信息公开既要保证公民、法人和其他组织及时、准确地获取政府信息，又要防止出现因公开不当导致失密、泄密而损害国家安全、公共安全、经济安全，影响社会稳定和侵犯公民、法人或者其他组织的合法权益。据此要求行政机关正确处理公开与保密的关系。第一，除法定的不予公开事项外，政府信息均应公开；第二，行政机关公开政府信息，不得危及国家安全、公共安全、经济安全和社会稳定；第三，要建立政府信息公开保密审查机制。行政机关在公开政府信息前应当依照保守国家秘密法以及其他法律、法规和国家有关规定对拟公开的政府信息进行审查。行政机关对政府信息不能确定是否可以公开时，应当依照法律、法规和国家有关规定报请有关主管部门或者同级保密工作部门确定。行政机关不得公开涉及国家秘密、商业秘密、个人隐私的政府信息。经权利人同意或者行政机关认为，不公开相关信息可能对公共利益造成重大影响的涉及商业秘密、个人隐私的政府信息，可以予以公开。

(三)信息公开的范围

从当代世界各国已有的信息公开立法看，政府信息公开范围的界定基本是：以公开为原则，以法定不公开为例外。《条例》从主动公开、依申请公开和不予公开三个方面对政府信息公开的范围作了规定：

1. 主动公开

主动公开是我国信息公开制度设计的显著特点。在世界各国制定的相关法律中，没有主动公开的条款。我国国情决定我国政务公开方式主要是主动公开。《条例》规定，对涉及公众利益调整、需要公众广泛知晓或者需要公众参与决策的政府信息，行政机关应当主动公开。行政机关应当依照条例规定，主动公开本行政机关的下列政府信息：(1)行政法规、规章和规范性文件；(2)机关职能、机构设置、办公地址、办公时间、联系方式、负责人姓名；(3)国民经济和社会发展规划、专项规划、区域规划及相关政策；(4)国民经济和社会发展统计信息；(5)办理行政许可和其他对外管理服务事项的依据、条件、程序以及办理结果；(6)实施行政处罚、行政强制的依据、条件、程序以及本行政机关认为具有一定社会影响的行政处罚决定；(7)财政预算、决算信息；(8)行政事业性收费项目及其依据、标准；(9)政府集中采购项目的目录、标准及实施情况；(10)重大建设项目的批准和实施情况；(11)扶贫、教育、医疗、社会保障、促进就业等方面的政策、措施及其实施情况；(12)突发公共事件的应急预案、预警信息及应对情况；(13)环境保护、公共卫生、安全生产、食品药品、产品质量的监督检查情况；(14)公务员招考的职位、名额、报考条件等事项以及录用结果；(15)法律、法规、规章和国家有关规定规定应当主动公开的其他政府信息。

《条例》同时规定，除本条例第 20 条规定的政府信息外，设区的市级、县级人民政府及其部门还应当根据本地方的具体情况，主动公开涉及市政建设、公共服务、公益事业、土地征收、房屋征收、治安管理、社会救助等方面的政府信息；乡(镇)人民政府还应当根据本地方的具体情况，主动公开贯彻落实农业农村政策、农田水利工程建设运营、农村土地承包经营权流转、宅基地使用情况审核、土地征收、房屋征收、筹资筹劳、社会救助等方面的政府信息。

行政机关应当建立健全政府信息发布机制，将主动公开的政府信息通过政府公报、政府网站或者其他互联网政务媒体、新闻发布会以及报刊、广播、电视等途径予以公开。各级人民政府应当加强依托政府门户网站公开政府信息的工作，利用统一的政府信息公开平台集中发布主动公开的政府信息。政府信息公开平台应当具备信息检索、查阅、下载等功能。各级人民政府应当在国家档案馆、公共图书馆、政务服务场所设置政府信息查阅场所，并配备相应的设施、设备，为公民、法人和其他组织获取政府信息提供便利。

行政机关可以根据需要设立公共查阅室、资料索取点、信息公告栏、电子信息屏等场所、设施，公开政府信息。行政机关应当及时向国家档案馆、公共图书馆提供主动公开的政府信息。属于主动公开范围的政府信息，应当自该政府信息形成或者变更之日起 20 个工作日内及时公开。法律、法规对政府信息公开的期限另有规定的，从其规定。

2. 依申请公开

为了减少行政机关主动公开政府信息的行政成本支出，保证公民、法人或者其他组织获取所需要各类政府信息，充分发挥政府信息对经济社会生活的服务作用，《条例》建立了依申请公开制度。

《条例》明确规定公民、法人或者其他组织可以根据自身生产、生活、科研等特殊需要，向行政机关申请获取相关政府信息。这是对公民、法人或者其他组织有向政府申请获得信息的权利的确认。其次，《条例》对申请获取政府信息的程序进行了明确的规定，具体涉及申请、申请的处理、答复以及收费。即除行政机关主动公开的政府信息外，公民、法人或者其他组织可以向地方各级人民政府、对外以自己名义履行行政管理职能的县级以上人民政府部门(含本条例第十条第二款规定的派出机构、内设机构)申请获取相关政府信息。行政机关应当建立完善政府信息公开申请渠道，为申请人依法申请获取政府信息提供便利。公民、法人或者其他组织申请获取政府信息的，应当向行政机关的政府信息公开工作机构提出，并采用包括信件、数据电文在内的书面形式；采用书面形式确有困难的，申请人可以口头提出，由受理该申请的政府信息公开工作机构代为填写政府信息公开申请。

政府信息公开申请应当包括下列内容：(1)申请人的姓名或者名称、身份证明、联系方式；(2)申请公开的政府信息的名称、文号或者便于行政机关查询的其他特征性描述；(3)申请公开的政府信息的形式要求，包括获取信息的方式、途径。信息公开申请内容不明确的，行政机关应当给予指导和释明，并自收到申请之日起 7 个工作日内一次性告知申请人作出补正，说明需要补正的事项和合理的补正期限。答复期限自行政机关收到补正的申请之日起计算。申请人无正当理由逾期不补正的，视为放弃申请，行政机关不再处理该政府信息公开申请。

行政机关收到政府信息公开申请的时间，按照下列规定确定：（1）申请人当面提交政府信息公开申请的，以提交之日为收到申请之日；（2）申请人以邮寄方式提交政府信息公开申请的，以行政机关签收之日为收到申请之日；以平常信函等无需签收的邮寄方式提交政府信息公开申请的，政府信息公开工作机构应当于收到申请的当日与申请人确认，确认之日为收到申请之日；（3）申请人通过互联网渠道或者政府信息公开工作机构的传真提交政府信息公开申请的，以双方确认之日为收到申请之日。

依申请公开的政府信息公开会损害第三方合法权益的，行政机关应当书面征求第三方的意见。第三方应当自收到征求意见书之日起15个工作日内提出意见。第三方逾期未提出意见的，由行政机关依照本条例的规定决定是否公开。第三方不同意公开且有合理理由的，行政机关不予公开。行政机关认为不公开可能对公共利益造成重大影响的，可以决定予以公开，并将决定公开的政府信息内容和理由书面告知第三方。

行政机关收到政府信息公开申请，能够当场答复的，应当当场予以答复。行政机关不能当场答复的，应当自收到申请之日起20个工作日内予以答复；需要延长答复期限的，应当经政府信息公开工作机构负责人同意并告知申请人，延长的期限最长不得超过20个工作日。行政机关征求第三方和其他机关意见所需时间不计算在前款规定的期限内。

申请公开的政府信息由两个以上行政机关共同制作的，牵头制作的行政机关收到政府信息公开申请后可以征求相关行政机关的意见，被征求意见机关应当自收到征求意见书之日起15个工作日内提出意见，逾期未提出意见的视为同意公开。申请人申请公开政府信息的数量、频次明显超过合理范围，行政机关可以要求申请人说明理由。行政机关认为申请理由不合理的，告知申请人不予处理；行政机关认为申请理由合理，但是无法在规定的期限内答复申请人的，可以确定延迟答复的合理期限并告知申请人。

对于政府信息公开申请，行政机关应当根据下列情况分别作出答复：（1）所申请公开信息已经主动公开的，告知申请人获取该政府信息的方式、途径；（2）所申请公开信息可以公开的，向申请人提供该政府信息，或者告知申请人获取该政府信息的方式、途径和时间；（3）行政机关依据本条例的规定决定不予公开的，告知申请人不予公开并说明理由；（4）经检索没有所申请公开信息的，告知申请人该政府信息不存在；（5）所申请公开信息不属于本行政机关负责公开的，告知申请人并说明理由；能够确定负责公开该政府信息的行政机关的，告知申请人该行政机关的名称、联系方式；（6）行政机关已就申请人提出的政府信息公开申请作出答复、申请人重复申请公开相同政府信息的，告知申请人不予重复处理；（7）所申请公开信息属于工商、不动产登记资料等信息，有关法律、行政法规对信息的获取有特别规定的，告知申请人依照有关法律、行政法规的规定办理。

申请公开的信息中含有不应当公开或者不属于政府信息的内容，但是能够作区分处理的，行政机关应当向申请人提供可以公开的政府信息内容，并对不予公开的内容说明理由。行政机关向申请人提供的信息，应当是已制作或者获取的政府信息。除依照本条例的规定能够作区分处理的外，需要行政机关对现有政府信息进行加工、分析的，行政机关可以不予提供。

申请人提出的申请内容为要求行政机关提供政府公报、报刊、书籍等公开出版物的，行政机关可以告知获取的途径。行政机关依申请公开政府信息，应当根据申请人的要求及行政机关保存政府信息的实际情况，确定提供政府信息的具体形式；按照申请人要求的形式提供政府信息，可能危及政府信息载体安全或者公开成本过高的，可以通过电子数据以及其他适当形式提供，或者安排申请人查阅、抄录相关政府信息。

公民、法人或者其他组织有证据证明行政机关提供的与其自身相关的政府信息记录不准确的，可以要求行政机关更正。有权更正的行政机关审核属实的，应当予以更正并告知申请人；不属于本行政机关职能范围的，行政机关可以转送有权更正的行政机关处理并告知申请人，或者告知申请人向有权更正的行政机关提出。

申请公开政府信息的公民存在阅读困难或者视听障碍的，行政机关应当为其提供必要的帮助。多个申请人就相同政府信息向同一行政机关提出公开申请，且该政府信息属于可以公开的，行政机关可以纳入主动公开的范围。

对行政机关依申请公开的政府信息，申请人认为涉及公众利益调整、需要公众广泛知晓或者需要公众参与决策的，可以建议行政机关将该信息纳入主动公开的范围。行政机关经审核认为属于主动公开范围的，应当及时主动公开。行政机关应当建立健全政府信息公开申请登记、审核、办理、答复、归档的工作制度，加强工作规范。

3. 不予公开的信息

《条例》规定。依法确定为国家秘密的政府信息，法律、行政法规禁止公开的政府信息，以及公开后可能危及国家安全、公共安全、经济安全、社会稳定的政府信息，不予公开。涉及商业秘密、个人隐私等公开会对第三方合法权益造成损害的政府信息，行政机关不得公开。但是，第三方同意公开或者行政机关认为不公开会对公共利益造成重大影响的，予以公开。行政机关的内部事务信息，包括人事管理、后勤管理、内部工作流程等方面的信息，可以不予公开。

行政机关在履行行政管理职能过程中形成的讨论记录、过程稿、磋商信函、请示报告等过程性信息以及行政执法案卷信息，可以不予公开。法律、法规、规章规定上述信息应当公开的，从其规定。

(四) 公开的主体、方式和程序

1. 公开的主体

条例规定：行政机关制作的政府信息，由制作该政府信息的行政机关负责公开。行政机关从公民、法人和其他组织获取的政府信息，由保存该政府信息的行政机关负责公开；

行政机关获取的其他行政机关的政府信息，由制作或者最初获取该政府信息的行政机关负责公开。法律、法规对政府信息公开的权限另有规定的，从其规定。行政机关设立的派出机构、内设机构依照法律、法规对外以自己名义履行行政管理职能的，可以由该派出机构、内设机构负责与所履行行政管理职能有关的政府信息公开工作。两个以上行政机关共同制作的政府信息，由牵头制作的行政机关负责公开。

2. 公开的方式和程序

行政机关应当建立健全政府信息公开协调机制。行政机关公开政府信息涉及其他机关的，应当与有关机关协商、确认，保证行政机关公开的政府信息准确一致。行政机关公开政府信息依照法律、行政法规和国家有关规定需要批准的，经批准予以公开。

行政机关编制、公布的政府信息公开指南和政府信息公开目录应当及时更新。政府信息公开指南包括政府信息的分类、编排体系、获取方式和政府信息公开工作机构的名称、办公地址、办公时间、联系电话、传真号码、互联网联系方式等内容。政府信息公开目录包括政府信息的索引、名称、内容概述、生成日期等内容。

(五) 费用

行政机关主动公开政府信息不得收取费用。行政机关依申请提供政府信息，不收取费用。但是，申请人申请公开政府信息的数量、频次明显超过合理范围的，行政机关可以收取信息处理费。行政机关收取信息处理费的具体办法由国务院价格主管部门会同国务院财政部门、全国政府信息公开工作主管部门制定。

(六) 监督与救济

政府信息公开的监督机制，是政府信息公开制度中的核心问题之一。《条例》根据我国的实际情况规定了以下制度：

1. 对政府信息公开的考核、评议制度

各级人民政府应当把政府信息公开列入考核制度、社会评议制度和责任追究制度，定期对政府信息公开工作进行考核、评议。

2. 年度报告制度

各级行政机关应当在每年 3 月 31 日前公布本行政机关的政府信息公开工作年度报告。报告应当包括的内容有：主动公开政府信息的情况；依申请公开政府信息和不予公开政府信息的情况；政府信息公开的收费及减免情况；因政府信息公开申请行政复议、提起行政诉讼的情况；政府信息公开工作存在的主要问题及改进情况；其他需要报告的事项。

3. 公民、组织的申诉、复议与诉讼制度

公民、法人或者其他组织认为行政机关不依法履行政府信息公开义务的，可以向上级行政机关、监察机关或者政府信息公开工作主管部门举报。收到举报的机关应当予以调查处理。公民、法人或者其他组织认为行政机关在政府信息公开工作中的具体行政行为侵犯其合法权益的，可以依法申请行政复议或者提起行政诉讼。

三、政府信息公开行政诉讼

政府信息公开行政诉讼虽属于行政诉讼，不过由于这类案件本身的特殊性，使得其在受案范围、被告、审理方式、举证责任等方面展现出与一般的行政案件不同之处。2010年12月13日最高人民法院通过《关于审理政府信息公开行政案件若干问题的规定》（以下简称《政府信息公开案件规定》），对政府信息公开行政诉讼作出规定。

（一）受案范围

我国《行政诉讼法》未明确规定法院可以受理政府信息公开行政诉讼案件，但第十二条第二款规定"人民法院受理法律、法规规定可以提起诉讼的其他行政案件"。此规定为政府信息公开行政案件纳入行政诉讼提供了可能。基于此，《条例》第51条规定，公民、法人或者其他组织认为行政机关在政府信息公开工作中侵犯其合法权益的，可以向上一级行政机关或者政府信息公开工作主管部门投诉、举报，也可以依法申请行政复议或者提起行政诉讼。究竟哪些政府信息公开争议能够进入行政诉讼仍是问题，2010年12月13日通过的《最高人民法院关于审理政府信息公开行政案件若干问题的规定》（简称《政府信息公开案件规定》）予以了明确。

1. 政府信息公开案件的受理范围

公民、法人或者其他组织认为下列政府信息公开工作中的具体行政行为侵犯其合法权益，依法提起行政诉讼的，人民法院应当受理：

第一，向行政机关申请获取政府信息，行政机关拒绝提供或者逾期不予答复的。这是政府信息公开案件的典型形式，也是主要形式。

第二，认为行政机关提供的政府信息不符合其在申请中要求的内容或者法律、法规规定的适当形式的。

第三，认为行政机关主动公开或者依他人申请公开政府信息侵犯其商业秘密、个人隐私的。

第四，认为行政机关提供的与其自身相关的政府信息记录不准确，要求该行政机关予以更正，该行政机关拒绝更正、逾期不予答复或者不予转送有权机关处理的。

第五，认为行政机关在政府信息公开工作中的其他具体行政行为侵犯其合法权益的。

公民、法人或者其他组织认为政府信息公开行政行为侵犯其合法权益造成损害的，可以一并或单独提起行政赔偿诉讼。

此外，公民、法人或者其他组织认为行政机关不依法履行主动公开政府信息义务，直接向人民法院提起诉讼的，法院虽不予受理，但应当告知其先向行政机关申请获取相关政府信息。而对行政机关的答复或者逾期不予答复不服的，可以向人民法院提起诉讼，属于行政诉讼受案范围。因此,《政府信息公开案件规定》通过转换方式将行政机关没有履行主动公开义务的情形,纳入行政诉讼受案范围。

2. 不予受理的情形

公民、法人或者他组织对下列行为不服提起行政诉讼的,人民法院不予受理:

第一,因申请内容不明确,行政机关要求申请人作出更改、补充且对申请人权利义务不产生实际影响的告知行为。

第二,要求行政机关提供政府公报、报纸杂志、书籍等公开出版物,行政机关予以拒绝的。

第三,要求行政机关为其制作、搜集政府信息,或者对若干政府信息进行汇总、分析、加工,行政机关予以拒绝的。

第四,行政程序中的当事人、利害关系人以政府信息公开名义申请查阅案卷材料,行政机关告知其应当按照相关法律、法规的规定办理的。

(二)被告

结合行政诉讼审判实际,《政府信息公开案件规定》对政府信息公开诉讼的被告作出明确规定:

(1)依申请公开的被告。公民、法人或者其他组织对国务院部门、地方各级人民政府及县级以上地方人民政府部门依申请公开政府信息行政行为不服提起诉讼的,以作出答复的机关为被告,逾期未作出答复的,以受理申请的机关为被告。

(2)主动公开的被告。公民、法人或者其他组织对主动公开政府信息行政行为不服提起诉讼的以公开该政府信息的机关为被告。

(3)授权组织。公民、法人或者其他组织对法律、法规授权的具有管理公共事务职能的组织公开政府信息的行为不服提起诉讼的,以该组织为被告。

(4)文书上署名的机关为被告。在特定情形下,应当以在对外发生法律效力的文书上署名的机关为被告:第一,政府信息公开与否的答复依法报经有权机关批准的;第二,政府信息是否可以公开系由国家保密行政管理部门或者省、自治区、直辖市保密行政管理部门确定的;第三,行政机关在公开政府信息前与有关行政机关进行沟通、确认的。

(三)审理

与一般的行政案件原则上应公开审理不同,政府信息公开案件的审理相对特别。法院审理政府信息公开行政案件,应当视情采取适当的审理方式,以避免泄露涉及国家秘密、商业秘密、个人隐私或者法律规定的其他应当保密的政府信息。

(四)举证责任

在一般的行政诉讼中,对被诉行政行为的合法性主要由被告来承担举证责任。在政府信息公开案件中，政府信息掌握在行政机关手中，只有行政机关知晓信息的内容和性质，而申请人在获得信息前不知道该信息的内容，很难或无法提供证据，因此更应突出被告的举证责任。《政府信息公开案件规定》以此为思路，重点规定了被告应承担举证责任的情形。

1. 被告应承担举证责任的情形

第一，被告拒绝向原告提供政府信息的，应当对拒绝的根据以及履行法定告知和说明理由义务的情况举证。

第二，因公共利益决定公开涉及商业秘密、个人隐私政府信息的，被告应当对认定公共利益以及不公开可能对公共利益造成重大影响的理由进行举证和说明。

第三，被告拒绝更正与原告相关的政府信息记录的，应当对拒绝的理由进行举证和说明。不过，被告能够证明政府信息涉及国家秘密，请求在诉讼中不予提交的，人民法院应当准许。

2. 原告应承担举证责任的情形

第一，被告以政府信息与申请人自身生产、生活、科研等特殊需要无关为由不予提供的，人民法院可以要求原告对特殊需要事由作出说明。

第二，原告起诉被告拒绝更正政府信息记录的，应当提供其向被告提出过更正申请以及政府信息与其自身相关且记录不准确的事实根据。

此外，被告主张政府信息不存在，原告能够提供该政府信息系由被告制作或者保存的相关线索的，可以申请人民法院调取证据。

（五）裁判

《政府信息公开案件规定》针对政府信息公开行政诉讼案件的特殊性，对裁判方式作出了有针对性的规定。从原告的请求是否获得支持作区分点，可以将这些裁判分为支持原告诉讼请求的裁判与驳回原告的诉讼请求的裁判。

1. 支持原告诉讼请求的裁判

第一，被告对依法应当公开的政府信息拒绝或者部分拒绝公开的，人民法院应当撤销或者部分撤销被诉不予公开决定，并判决被告在一定期限内公开。尚需被告调查、裁量的，判决其在一定期限内重新答复。

第二，被告提供的政府信息不符合申请人要求的内容或者法律、法规规定的适当形式的，人民法院应当判决被告按照申请人要求的内容或者法律、法规规定的适当形式提供。

第三，法院经审理认为被告不予公开的政府信息内容可以作区分处理的，应当判决被告限期公开可以公开的内容。

第四，被告依法应当更正而不更正与原告相关的政府信息记录的，法院应当判决被告在一定期限内更正。尚需被告调查、裁量的，判决其在一定期限内重新答复。被告无权更正的，判决其转送有权更正的行政机关处理。

第五，被告对原告要求公开或者更正政府信息的申请无正当理由逾期不予答复的，法院应当判决被告在一定期限内答复。原告一并请求判决被告公开或者更正政府信息且理由成立的，参照《政府信息公开案件规定》第9条的规定处理。

第六，被告公开政府信息涉及原告商业秘密、个人隐私且不存在公共利益等法定事由的，人民法院应当判决确认公开政府信息的行为违法，并可以责令被告采取相应的补救措施；造成损害的，根据原告请求依法判决被告承担赔偿责任。政府信息尚未公开的，应当判决行政机关不得公开。如果在诉讼期间，原告申请停止公开涉及其商业秘密、个人隐私的政府信息，法院经审查认为公开该政府信息会造成难以弥补的损失，并且停止公开不损害公共利益的，可以依照《行政诉讼法》第44条的规定，裁定暂时停止公开。后一种情形带有预防性权利保护的性质，是我国预防性权利保护的有益规定。不过，值得注意的是，对此情形使用裁定，而不是判决。

2. 驳回原告诉讼请求判决

有下列情形之一，被告已经履行法定告知或者说明理由义务的，法院应当判决驳回原告的诉讼请求：

第一，不属于政府信息、政府信息不存在、依法属于不予公开范围或者依法不属于被告公开的；

第二，申请公开的政府信息已经向公众公开，被告已经告知申请人获取该政府信息的方式和途径的；

第三，起诉被告逾期不予答复，理由不成立的；

第四，以政府信息侵犯其商业秘密、个人隐私为由反对公开，理由不成立的；

第五，要求被告更正与其自身相关的政府信息记录，理由不成立的；

第六，不能合理说明申请获取政府信息系根据自身生产、生活、科研等特殊需要，且被告据此不予提供的；

第七，无法按照申请人要求的形式提供政府信息，且被告已通过安排申请人查阅相关资料、提供复制件或者其他适当形式提供的；

第八，其他应当判决驳回诉讼请求的情形。

附图表：

公 开 体 制

性质	主体	职责
领导机关	各级人民政府	名义上领导当地的行政公开工作
主管部门	各级政府办公厅(室)等某一部门	实际上推进、指导、协调、监督本行政区域内行政公开工作
工作机构	各行政机关某一下属机构	负责公开本机关的政府信息

公开方式和公开场所

公开方式	①法定方式：政府公报、政府网站、新闻发布会、大众传媒(广播、电视、报刊) ②非法定方式：公开栏、公开墙等
公开场所	①法定场所：档案馆、图书馆、行政服务中心、机关办公场所等

第五章　行政许可法律制度

行政许可，日常生活中人们习惯称为行政审批，是行政机关依法对社会经济、政治、文化事务实行事前监督管理的一种重要手段，它广泛运用于行政管理中，对行政相对方的权利、义务有着巨大的影响。2003 年 8 月 27 日，十届全国人大常委会第四次会议通过《中华人民共和国行政许可法》，于 2004 年 7 月 1 日起正式实施，建立起我国行政许可制度。该法律于 2019 年 4 月 23 日修正完善。本章结合《行政许可法》对行政许可的概念、特征、学理分类、基本原则、行政许可的设定、实施主体、实施程序、费用、监督检查等相关问题进行论述。

第一节　行政许可概述

一、行政许可的概念和特征

根据我国《行政许可法》第 2 条规定，行政许可，是指行政主体根据行政相对方的申请，经依法审查，准予其从事特定活动的行为。根据上述规定，可以归纳行政许可的基本特征。

(一)行政许可是依申请的行政行为

行政相对方针对特定的事项向行政主体提出申请，是行政主体实施行政许可行为的前提条件。一方面，行政主体不能主动行使的行为(如行政征收、行政强制、行政处罚等)有着明显不同；另一方面，行政相对方的申请也仅仅具有启动作用，行政主体有权对行政相对方是否符合相应法律、法规、规章规定的特定条件进行审查，进而决定是否对行政相对方颁发相应的许可证或执照。因此，并不是只要行政相对方提出申请，就一定能获得相应的权利或资格。

(二)行政许可的内容是国家一般禁止的活动

行政许可以一般禁止为前提，以个别解禁为内容。国家出于社会公共利益的考虑，对某些权利和自由予以一般禁止，而行政许可则是在国家一般禁止的前提下，对符合特定条件的行政相对方解除禁止使其享有特定的资格或权利，能够实现某项特定的行为。例如，国家出于公共安全、交通秩序等考虑，在机动车驾驶领域实行一般禁止，同时，又通过考试等方式对符合相应条件的个人颁发驾驶执照，赋予其驾驶机动车的资格。也就是说，行政许可针对的是国家一般禁止的活动，是在一定条件下对一般禁止的解除，如果没有一般禁止，也就无所谓行政许可。

二、行政许可的学理分类

任何事物依据不同的分类标准，都会有不同的分类结果。在学理上，一般把行政许可分为以下几类：

(一)行为许可和资格许可

根据许可的性质，行政许可可分为行为许可和资格许可。行为许可是指行政主体根据行政相对方的申请，允许符合法定条件的相对方从事某种活动、实施某种行为和行政许可。这类许可在内容上仅允许被许可人从事某种特定活动或行为，不涉及资格能力的证明，因此，也无须对申请人在特定的资格能力方面进行考核。

资格许可是指行政主体应行政相对方的申请，通过一定的考试、考核程序，核发一定的证明文件，允许证照持有人享有从事某种职业或进行某种活动的资格的行政许可。例如，律师证、注册会计师证等。

(二)一般许可和特别许可

以许可的范围为标准，行政许可可分为一般许可和特别许可。一般许可是指没有特殊条件的限制，行政相对方只要符合法定条件，即可向行政主体提出申请，行政主体对符合法定条件的申请人直接予以的许可。如驾驶许可、产品生产的许可等。

特别许可是指申请人除应符合一般许可的条件外，还必须遵守特别限制的许可。例如，烟草专卖许可、持枪许可等。

一般许可针对法律的一般禁止，而特别许可不仅是对一般禁止的解除，还赋予了相对方可以与第三人抗衡的权利和资格。随着经济的发展，二者的区别也日趋减小。

(三)权利性许可和附义务的许可

以许可是否附加义务为标准，行政许可分为权利性许可和附义务的许可。权利许可是指行政相对方获得许可后，可以按照自己的意志决定是否行使该行政许可所赋予的权利和资格的行政许可。例如，驾驶许可、持枪许可等。

附义务的许可是指行政相对人获得许可的同时，必须承担在一定期限内从事该活动的法律义务，否则，将承担一定的法律责任的行政许可。例如，商标许可、建设用地许可等。《中华人民共和国商标法》第49条规定："注册商标成为其核定使用的商品的通用名称或者没有正当理由连续三年不使用的，任何单位或者个人可以向商标局申请撤销该注册商标。"因此，商标权人在获得商标许可的同时，也该承担了不得连续 3 年停止使用该商标的法律上的义务，否则，该商标就可能被商标局予以撤销。

(四) 排他性许可和非排他性许可

以许可享有的程度为标准，行政许可分为排他性许可和非排他性许可。排他性许可又称独占许可，是指行政相对方获得该许可后其他任何人或者组织均不能再获得的许可。例如，专利许可、商标许可等。《中华人民共和国商标法》第 3 条第 1 款规定："经商标局核准注册的商标为注册商标，包括商品商标、服务商标和集体商标、证明商标；商标注册人享有商标专用权，受法律保护。"

非排他性许可又称共存许可，是指所有具备法定条件的行政相对方经申请后均可获得的许可。在非排他性许可的情形下，一人获得许可并不排除其他人获得该项许可。大部分行政许可属于非排他性许可。当然，在一定的条件下，出于社会公共利益等方面的考虑，对某一领域中的许可将采取数量限制时，非排他性也会转化为排他性许可。

第二节　行政许可的基本原则

行政许可的基本原则是指设定、实施行政许可的内在要求和基本准则。根据《行政许可法》的相关规定，行政许可的基本原则有：

一、合法性原则

合法性原则，也称为行政许可法定原则，是指设定和实施行政许可，应当依照法定的权限、范围、条件和程序。《行政许可法》第 4 条对此作了明确规定。

合法性原则在设定行政许可时，其基本含义是：(1)应当严格按照行政许可法规定的权限范围设定行政许可。根据《行政许可法》第 14 条、第 15 条、第 17 条的规定，法律可以设定行政许可；尚未制定法律的，行政法规可以设定行政许可，必要时，国务院可以采取发布决定的方式设定行政许可；尚未制定法律、行政法规的，地方性法规可以设定行政许可；尚未制定法律、行政法规和地方性法规的，因行政管理的需要，确需立即实施行政许可的，省级人民政府的规章可以设定临时性(1 年)的行政许可；除此之外的其他规范性文件一律不得设定行政许可。违反这些规定，超越权限的行政许可一律无效。(2)应当严格按照行政许可法规定的设定行政许可的范围设立行政许可。有权设定行政许可机关，不是对任何事项都可以设定行政许可，设定行政许可有范围限制，主要规定于《行政许可法》第 12 条。(3)应当按照行政许可法确定的条件设定行政许可。按照行政许可法的规定，不少设定行政许可的行为都是附条件的。比如，地方性法规和省级人民政府规章不得设定有关资格、资质的行政许可，不得设定企业登记及其前置性行政许可等。(4)应当按照行政许可法和其他有关法律、行政法规的程序设定行政许可。《行政许可法》规定的设定行政许可的程序有：起草法律草案、法规草案和规章草案，拟设定行政许可的，起草单位应当通过听证会、论证会等形式广泛听取意见，并向制定机关说明设定该行政许可的必要性、对经济和社会可能产生的影响以及听取和采纳意见的情况；行政许可的设定机关应当定期地对其设定的行政许可进行评价。其他有法律、行政法规主要是指立法法、行政法规制定程序条例、规章制定程序条例。这些法律、行政法规规定的立法程序，在设定行政许可时，也应当遵循。

合法性原则在实施行政许可时，其基本含义是：(1)实施行政许可的主体及权限应当合法。实施行政许可应当严格依照法律、法规规定的权限范围，不得越权，不得滥用权力。(2)实施行政许可应当依照行政许可法和其他有法律、法规和规章规定的条件。严格按照这些条件实施行政许可，是确保行政许可合法、高效的关键。违反法定条件实施行政许可，构成实体上违法。(3)实施行政许可应当严格依照行政许可法和其他法律、法规、规章规定的程序。行政许可法主要内容是行政许可程序，从行政许可的申请、受理、审查、决定，到行政许可的期限、变更、延续，都作了较详细的规定。单行法律、法规、规章也往往针对某一些领域行政许可的特点规定了一些程序。所有这些程序性规定，都是实施行政许可必须遵循的法律规范。违反这些法律规范，就构成程序违法。

行政许可规定的行政许可法定原则，对确保行政许可合法、高效，实现行政许可的立法目的，具有重要意义。严格贯彻这一原则，是设定和实施行政许可的关键所在。

二、公开、公平、公正原则

《行政许可法》第 5 条第 1 款规定："设定和实施行政许可，应当遵循公开、公平、公正、非歧视原则。"

行政法律制度上的公开，通常是指国家行政机关某种活动或者行为过程和结果的公开，其本质是对公众知情权、参与权和监督权的保护。设定行政许可遵循公开原则的基本要求：(1)设定行政许可的过程应当是开放的，从设定行政许可的必要性、可行政性，到行政许可可能产生效果的评估，都要广泛听取意见，允许并鼓励公众评论，真正做到集中民意。(2)凡是行政许可的规定都必须公布，未经公布的，不得作为实施行政许可的依据。实施行政许可遵循公开原则的基本要求：(1)行政许可实施的主体要公开，谁有权实施哪些行政许可，应当让公众周知。(2)行政许可实施的条件应该是规范的、明确的、公开的，不允许在行政许可的实施条件上搞"模糊战术"。(3)行政许可实施的程序，包括申请、受理、审查、听证、决定、检查等程序都应当是具体、明确和公开的。(4)行政许可的实施期限是公开的。(5)行政机关作出的准予行政许可的决定，应当予以公开，公众有权查阅（涉及国家秘密、商业秘密和个人隐私的情况除外）。

行政法律制度上的公正、公平原则是合法原则的必要补充，它们的基本要求是指行政机关在履行职责、行政权力时，不仅在实体和程序上都合法，而且还要合乎常理。设定和实施行政许可遵循公平、公正原则，要求行政许可机关平等地对待所有个人和组织，禁止搞身份上的不平等。根据《行政许可法》的规定，在设定行政许可时，不能对个人和组织因为地位(规模)、经济条件、来自地区不同而规定不同的条件。在实施行政许可时不能对符合法定条件或者标准的个人和组织实行歧视待遇，要做到一视同仁：(1)行政机关在对行政许可申请进行审查时，发现行政许可事项直接关系他人重大利益的，应当告知该利害关系人，申请人、利害人进行陈述和申辩，行政机关应当听取其意见。在作出行政许可决定前，应当告知申请人、利害关系人享有要求听证的权利，申请人、利害关系人依法提出听证申请的，行政机关应当组织听证。(2)有数量限制的行政许可。两个或者两个以上申请人的申请均符合法定条件和标准诉讼，行政机关原则上应当根据受理行政申请的先后顺序作出准予行政许可的决定；对于特许事项，原则上应当通过招标、拍卖等公平竞争方式作出决定。(3)公民特定资格的许可依法需要通过国家考试的，行政机关应当依据国家考试的结果和其他法定条件作出行政许可决定；赋予法人或者其他组织特定资格、资质的，原则上，行政机关应当根据申请人的专业人员构成、技术条件、经营业绩和管理水平等考核结果作出行政许可决定；对于核准事项，原则上，行政机关应根据检验、检测、检疫的结果作出行政许可决定。

三、便民原则

便民，就是公民、法人和其他组织在行政许可过程中能够廉价、便捷、迅速地申请并获得行政许可。便民是我国法律制度的重要价值取向，也是行政机关履行行政职责、行使行政权力应当恪守的基本准则。

根据便民原则，行政机关实施行政许可，应当做到：(1)行政许可依法需要行政机关内设的多个机构办理的，该行政机关应当确立一个机构统一受理行政许可申请，统一送达行政许可决定；行政许可依法由地方人民政府两个以上部门分别实施的，本级人民政府可以确定一个部门受理行政许可申请并转告有关部门分别提出意见统一办理，或者组织有关部门联合办理、集中办理；省级人民政府依法应积极决定一个行政机关行使有关行政机关的行政许可权。(2)公民、法人或者其他组织申请行政许可，应当尽量提供方便，如提供符合法定要求的申请书格式文本，允许并鼓励申请人中通过信函、传真、电子数据交换等方式提出申请，将行政许可的申请、依据、条件、数量、程序、期限及需要提交的全部材料的目录等在办公场所公示，当场更正申请材料中的错误，应当创造条件在网站上公布行政许可事项等。(3)对符合法定形式、材料齐全的申请，应当尽量当场受理，不得拖延。(4)应当严格在法定期限内作出行政许可决定或者办完有关事项。按照提高办事效率的要求，行政机关实施行政许可应当尽量往前赶，无论是发现问题，还是处理问题，都要及时，都必须讲究效率。(5)提供优质服务。凡事都要从方便公民、法人和其他组织角度考虑，对自己能办到的事，或者能帮助申请人改正的一些文字错误，就不要自己嫌麻烦，更不要刁难申请人。总之，要处处、事事、时时为老百姓、为申请人着想，这样，才符合便民原则，也有助于提高行政效率。

四、救济原则

救济，是指公民、法人或者其他组织认为行政机关实施行政许可致使其合法权益受到损害时，请求国家予以补救的制度。《行政许可法》第7条规定："公民、法人或者其他组织对行政机关实施行政许可，享有陈述权、申辩权；有权依法申请行政复议或者提起行政诉讼；其合法权益因行政机关违法实施行政许可受到损害的，有权依法要求赔偿。"

根据行政许可的规定，(1)行政机关实施行政许可的各个环节，都应当保护公民、法人和其他组织的陈述权、申辩权。也就是说，无论是在申请的提出，申请受理或申请审查，还是在决定的作出或者在监督检查过程中，只要是公民、法人和其他组织有话要说，行政机关都要允许并认真听取意见。(2)对依法需要听证的事项，必须依法告之申请人、利害关系人申辩和质证。(3)公民、法人和其他组织对行政许可不服，申请行政复议或者提起行政诉讼的，行政机关应当积极参加行政复议或者行政诉讼；因违法实施行政许可，造成公民、法人和其他组织损害的，应当依法承担赔偿责任。

需要指出，行政许可所指的公民、法人或其他组织，既包括申请人、被许可人，也包括利害关系人。

五、信赖保护原则

信赖保护原则是"二战"后在联邦德国首先得到发展，现已成为许多国家行政法的一项重要原则，其基本含义是：行政管理相对人对行政权力的正当合理信赖应当予以保护，行政机关不得擅自改变已生效的行政行为，确需改变行政行为的，对于由此给相对人造成的损失应当给予补偿。这项原则最先适用于因受益性行政行为的撤销造成相对人既得利益受损时，行政机关应当予以补偿。此后，这项原则经该国宪法法院不断引用，逐步成为宪法层次的法则，不仅约束行政机关，对立法机关、司法机关亦有拘束力。

借鉴国外经验，我国行政许可法确定了信赖保护原则，该法第8条规定："公民、法人或者其他组织依法取得的行政许可受法律保护，行政机关不得擅自改变已经生效的行政许可。行政许可所依据的法律、法规、规章修改或者废止，或者准予行政许可所依据的客观情况发生重大变化的，为了公共利益的需要，行政机关可以依法变更或者撤回已经生效的行政许可。由此给公民、法人或者其他组织造成财产损失的，行政机关应当依法给予补偿。"

行政许可法确立的信赖保护原则的基本内涵是：(1)公民、法人或者其他组织依法取得的行政许可，是正当的合理信赖，应当受到法律保护，除非法律、法规有明确规定的外，行政机关不得撤销或者变更已生效的行政许可。否则，行政机关撤销、变更已生效行政许可，就是违法。法律、法规规定可以撤销、变更已生效行政许可主要是因行政机关违法实施行政许可或者申请人以违法手段获取行政许可的情形，包括滥用职权、玩忽职守或者超越职权作出准予行政许可决定的，对不具备申请资格或者不符合法定条件的申请人准予以行政许可的，被许可人以欺骗、贿赂等不正当手段取得行政许可的。但是，撤销行政许可可能对公共利益有重大损害的，不得撤销；确需撤销的，被许可人由此造成的损失、行政机关应当依法予以赔偿。(2)行政机关和申请人、被许可人都没有过错，而是因客观原因，行政机关为了公共利益的需要，可以依法变更或者撤回已经生效的行政许可。这种客观原因主要有两种情形：第一，行政许可所依据的法律、法规、规章修改或者废止，使行政许可事项不再被允许。比如，在某些保护区，建房依法需要事先取得许可，后来通过修改法律规范扩大了保护区的范围，那么原来依法取得的行政许可就可以变更或者撤回。第二，行政许可所依据的客观情况发生重大变化。比如，陈某经批准在某处建房，后经地质调查，此处是地质灾害易发地带，行政机关为了公共安全，也为了保护陈某的利益，就可以依法撤回或者变更原行政许可，并拆除陈某的房屋。(3)行政机关依法变更或者撤回已经生效的行政许可造成公民、法人或者其他组织财产损失的，应当依法予以补偿。这种补偿是对损失的弥补，不是惩罚性的。目前，我国对因这种情况造成老百姓损失的，通常政府要给予补偿，有些行政法规对此也作了规定。比如，《大中型水利水电工程建设行征地补偿和移民安置条例》对土地的补偿缺乏法律规定，需要抓紧完善有关规定，真正使本条的规定落到实处。

第三节　行政许可的设定

行政许可的设定主要包括设定事项，设定权分配和设定程序三大部分。

一、行政许可的设定事项

在我国，行政许可的设定事项规定于《行政许可法》第12条。借鉴国外通行做法，根据性质、功能、适用事项的不同，行政许可法将行政许可分为：普通许可、特许、认可、核准、登记和法律、行政法规规定可以设定行政许可的其他事项六大类。

(一)普通许可

这类许可属于"直接涉及国家安全、公共安全、经济宏观调控、生态环境保护以及直接关系人身健康、生命财产安全等特定活动，需要按照法定条件予以批准的事项"，即由行政机关确认自然人、法人或其他组织是否具备从事特定活动的条件。如《集会游行示威法》规定的集会游行示威许可、《药品管理法》规定的药品经营许可、《商业银行法》规定的商业银行设立许可等。这类许可主要有三个特征：一是对相对方行使法定权利或者从事法律没有禁止但附有条件的活动的准许；二是在数量上一般没有限制；三是行政机关实施这类许可一般没有自由裁量权,符合条件者即应当给予许可。

(二)特许

这类许可属于"有限自然资源开发利用,公共资源配置以及直接关系公共利益的特定行业的市场准入等,需要赋予特定权利的事项",即由行政机关代表国家向被许可人授予某种权利。如《海域使用管理法》规定的海域使用许可、《无线电管理条例》规定的无线电频率许可、《水污染防治法》规定的排污许可等。这类许可主要有四个特征:一是相对方取得特许权一般要支付一定费用;二是在数量上一般有所限制;三是行政机关实施这类许可有很大的自由裁量权;四是申请人获得这类许可要承担一定的公益义务,如提供普遍性服务的义务,一般不得擅自停止活动等。

(三)认可

这类许可属于"提供公众服务并且直接关系公共利益的职业、行业,需要具备特殊信誉、特殊条件或者特殊技能等资格、《建筑法》规定的建筑施工企业资质等。这类许可主要有四个特征:一是一般都需要通过考试方式并根据考试结果决定是否认可;二是这类许可往往与人的身份、能力有关;三是没有数量上的限制;四是行政机关实施这类许可一般没有自由裁量权"。

(四)核准

这类许可属于"直接关系公共安全、人身健康、生命财产安全的重要设备、设施、产品、物品,需要按照技术标准、技术规范,通过检验、检测、检疫等方式进行审定的事项",即由行政机关对某些事项是否达到特定技术标准和经济技术规范的判断、审核和确定。如《消防法》规定的消防验收、《国境卫生检疫法》规定的动植物进出境检疫等。这类许可主要有四个特征:一是其核准的主要依据是技术标准、技术规范,具有非常强的专业性、技术性和客观性;二是一般需要实地检验、检测、检疫;三是没有数量上的限制,凡是符合技术标准、技术规范的,都要予以核准;四是行政机关实施这类行政许可一般没有自由裁量权。

(五)登记

这类许可属于"企业或者其他组织的设立等,需要确定主体资格的事项",即由行政机关确立个人、企业或者其他组织是否具备特定主体资格。如《公司法》规定的公司设立时的注册登记等。登记的主要功能是通过使用相对方获得某种能力,从而向公众提供某种证明、信息和信誉。这类许可主要有四个特征:一是登记是从事活动的前提,未经合法登记取得特定主体资格或身份,其社会活动是非法的;二是没有数量上的限制,凡是符合条件、标准的许可申请才能得到登记;三是对申请材料一般只作形式审查,通常情况上,可以当场作出是否准予登记的决定；四是行政机关实施这类许可一般没有自由裁量权。

（六）法律、行政法规规定可以设定行政许可的其他事项

这一规定，一方面是出于立法技术的考虑，另一方面也是针对现实中行政许可种类的复杂性而设定的。其规定主要有三个目的：一是现行法律、行政法规对其他行政许可事项的规定仍然保留、有效；二是以后的法律、行政法规还可以根据实际情况在行政许可法明确规定上述五类行政许可事项外设定其他行政许可事项；三是国务院决定、地方性法规、地方性规章都不得设定上述五类行政许可事项以外的行政许可，已经设定的，在行政许可法实施之前，应该予以清理。

行政许可设定的权限

	创设经常性许可	创设非经常性许可	制定具体规定	禁止设定许可
法律	✓	✕	无此情况	中央立法无特殊禁止
行政法规	✓	必要时国务院可以决定方式设定；实施后除临时性许可外，应及时提请全国人大及其常委会立法或自行制定行政法规	行政法规、地方性法规、行政规章可在上位法范围内作出具体规定，但不得增设许可，不得增设违反上位法的其他条件	
地方法规	✓	✕		①必须由国家统一确定资格资质的许可②企业或其他组织的设立登记及其前置性许可③限制外地生产、经营、服务、商品进入的许可
省级地方规章	✕	上位法未创设许可的，必要时省级政府规章可以创设临时性许可；该许可实施满1年需继续实施的，应当提请本级人大及其常委会制定地方性法规		

二、行政许可的设定权分配

行政许可的设定权分配是指各种主要法律渊源形式在设定行政许可上的权力配置。

（一）法律的行政许可设定权

法律由全国人大及其常务委员会制定，在我国法律体系中，其效力仅次于宪法。根据《立法法》的规定，全国人大及其常务委员会行使国家立法权和专属立法权。行政许可作为一项重要的行政权力，与公民、法人和其他组织的合法权益关系密切。这就要求，一方面，设定行政许可，包括法律设定行政许可，要有必要的限制，以维护公民、法人和其他组织的合法利益；另一方面，社会关系的复杂多变，又要求最主要的法律规范(即法律)适应实际需要设定其他行政许可的事项范围。

(二)行政法规的行政许可设定权

行政法规是由国务院制定的法律规范，在我国法律体系中占有重要地位。《行政许可法》对行政法规在设定行政许可方面的规定，体现了宪法和立法法规定的精神，一方面，行政法规设定行政许可的权限比法律以外的其他法律规范大；另一方面，它又受一定限制，即法律已经设定行政许可的，行政法规只能作出具体规定，不能增设行政许可。

(三)国务院决定

国务院决定是指国务院制定的管理经济、文化、社会事务的行政法规以外的规范性文件。国务院发布决定的权力来源于《宪法》的有关规定。《行政许可法》在第 14 条第 2 款中规定，"必要时，国务院可以采用发布决定的方式设定行政许可法"。但是，实施后，除临时性行政许可因条件、情况发生变化废止以外，国务院决定设定的其他行政许可在条件成熟时，国务院应当适时提请全国人大及其常委会制定法律加以设定，或者自行制定行政法规加以设定。

(四)地方性法规的行政许可设定权

地方性法规是省级人大及其常务委员会制定或者批准的法律规范。行政许可法规定地方性法规可以设定行政许可，但是，法律、行政法规已经对有关事项设定行政许可的，地方性法规只能作出具体规定，不得增设行政许可。《行政许可法》第 15 条第 1 款中规定，尚未制定法律、行政法规的，地方性法规可以设定行政许可。第 16 条第 2 款中规定："地方性法规可以在法律、行政法规设定的行政许可事项范围内，对实施行政许可作出具体规定。"

(五)省级政府规章的行政许可设定权

根据《立法法》规定，省级政府可以根据法律、法规制定政府规章，还可以依职权制定规章。《行政许可法》第 15 条第 1 款中规定，"……尚未制定法律、行政法规和地方性法规的，因行政管理的需要，确需立即实施行政许可的，省、自治区、直辖市人民政府规章可以设定临时性的行政许可。临时性的行政许可实施满一年需要继续实施的，应当提请本级人民代表大会及其常务委员会制定地方性法规"。据此，省级政府需要对设定了行政许可的现行政府规章进行及时清理，凡是不需保留的行政许可要予以废止；对需要长期实施的行政许可要及时提请省级地方人大及其常委会制定地方性法规。

(六)地方性法规和省级政府规章不得设定行政许可的事项

《行政许可法》第 15 条第 2 款规定，"地方性法规和省、自治区、直辖市人民政府规章，不得设定应当由国家统一确定的公民、法人或者其他组织的资格、资质的行政许可。其设定的行政许可，不得限制其他地区的个人或者企业到本地区从事生产经营和提供服务，不得限制其他地区的商品进入本地区市场"。

(七)其他规范性文件一律不得设定行政许可

这里所说的其他规范性文件主要包括："全国人大及其常委会、省级人大及其常委会以外的国家权力机关制定的规范性文件，国务院、省级地方人民政府以外的行政机关制定的具有普遍约束力的决定、命令、军事机关、审判机关、检察机关制定的规范性文件，行政机关内设机构制定的规范性文件等。"《行政许可法》第 17 条规定："除本法第十四、第十五条规定的外，其他规范性文件一律不得设定行政许可。"行政许可法的这一条规定，对纠正滥设、乱设许可，具有指导性作用。

关于国务院部门规章的行政许可设定权问题，在行政许可法立法中各方面意见不一致。经过认真研究，行政许可法最后取消了国务院部门规章的行政许可设定权。至于各部门已经设定的确需继续实施的行政许可，在本法施行后，可以提请国务院制定行政法规予以确认，有的甚至可以上升为法律加以规定。

三、行政许可的设定程序

《行政许可法》第 18 条规定："设定行政许可，应当规定行政许可的实施机关、条件、程序、期限。"法律、法规和特定规章设定行政许可，有关行政许可的实施机关、条件、程序、期限的规定，应当具体、明确。只有这样，才能有利于保护和监督行政机关严格依法办事，规范行政机关实施行政许可的行为。

行政许可的设定程序，在行政许可法中没有作细节规定，就制度而言，具体包括设定行政许可的听取意见和说明理由制度。《行政许可法》第 19 条规定："起草法律草案、法规草案和省、自治区、直辖市人民政府规章草案，拟设定行政许可的，起草单位应当采取听证会、论证会等形式听取意见，并向制定机关说明设定该行政许可的必要性、对经济和社会可能产生的影响以及听取和采纳意见的情况。"

设定行政许可的听取意见，是指为了保护行政许可立法的质量，协调中央与地方、国家、集体和个人、长远与眼前等利益关系，起草单位拟设定行政许可，应当听取意见。听取意见的具体形式可以是多样的，既可以采取行政许可法列明的论证会、听证会形式，也可以采取其他形式，如将法律、法规、规章草案发送有关机关、组织和专家征求意见；对重要的行政许可事项，还可以将法律、法规、规章草案予以公布，广泛听取社会各方面意见。

设定行政许可的说明理由制度，是指在行政许可立法过程中，由起草单位向制定机关说明设定行政许可的必要性、可行性及其他有关情况的制度，有助于制定机关判断设定行政许可的必要性、可行性，从而减少不必要的行政许可。《行政许可法》规定，起草法律草案、法规草案和省、自治区、直辖市人民政府规章草案，拟设定行政许可的，起草单位应当向制定机关说明设定该行政许可的必要性、对经济和社会可能产生的影响以及听取和采纳意见的情况。

第四节　行政许可的实施主体

一、行政许可实施主体的概念

行政许可实施主体是指行使行政许可权并承担相应责任的行政机关和法律、法规授权的具有管理公共事务职能的组织。

行政许可作为现代行政管理领域必不可少的一种手段，它代表的是一种公权力，其根本宗旨是为了维护公共利益和社会秩序，因此，行政许可的主体应当是公法人，而行政机关就是公法人，它享有公法人的权力，也承担公法人的责任。在我国，大部分的行政机关有可能成为行政许可的实施主体。除此之外，法律、法规授权的某些具有管理公共事务职能的组织实施部分行政许可，可以使其成为行政许可的实施主体。

二、行政许可实施主体的种类

行政许可实施主体的种类是指行政许可实施主体的具体表现形式。其种类主要有三种：法定和行政机关、被授权的具有管公共事务职能的组织和被委托的行政机关。

（一）法定的行政机关

《行政许可法》第 22 条规定："行政许可由具有行政许可权的行政机关在其法定职权范围内实施。"这既是对行政机关实施行政许可的基本要求，也是对行政许可实施主体的一般性规定。

在我国，作为行政许可实施主体的行政机关主要有三个层次的行政机关：第一，国务院及其各部委。其实施一些直接关系国家重大利益、事关全局不宜下放地方的行政许可。比如，特定矿种采矿许可证、该设施安全许可证等。第二，省级人民政府及其主管部门。其实施一些事关重大、但又不宜全部由中央行政机关实施的行政许可。比如，一定海域内的捕捞许可等。第三，县级以上人民政府及其主管部门。其实施那些数量多、范围广、与公民生活密切相关的行政许可。

(二) 被授权的具有管理公共事务职能的组织

《行政许可法》第23条规定："法律、法规授权的具有管理公共事务职能的组织，在法定授权范围内，以自己的名义实施行政许可。被授权的组织适用本法有关行政机关的规定。"可见，具有管理公共事务职能的组织之所以能够成为行政许可的实施主体，是基于法律、法规的授权。

授权实施行政许可，是指被授权的组织在授权的范围内，以自己的名义实施行政许可。一般认为，被授权实施行政许可的具有管理公共事务职能的组织应当具备下列条件：第一，该组织必须是依法成立的；第二，被授权实施的行政许可事项应当与该组织管理公共事务的职能相关联；第三，该组织应当具有熟悉与被授权实施的行政许可有关的法律、法规和专业的正式工作人员；第四，该组织应当具备实施被授权实施的行政许可所必需的技术、装备条件等；第五，该组织能对实施被授权实施的行政许可引起的法律后果独立地承担责任。针对上述情形，《行政许可法》第28条规定："对直接关系公共安全、人身健康、生命财产安全的设备、设施、产品、物品的检验、检测、检疫，除法律、行政法规规定由行政机关实施的外，应当逐步由符合法定条件的专业技术组织实施。专业技术组织及其有关人员对所实施的检验、检测、检疫结论承担法律责任。"

(三) 被委托的行政机关

《行政许可法》第24条规定："行政机关在其法定职权范围内，依照法律、法规、规章的规定，可以委托其他行政机关实施行政许可。委托机关应当将受委托行政机关和受托实施行政许可的内容予以公告。委托行政机关对受委托行政机关实施行政许可的行为应当负责监督，并对该行为的后果承担法律责任。受委托行政机关在委托范围内，以委托行政机关名义实施行政许可；不得再委托其他组织或者个人实施行政许可。"

行政许可权作一种公权力，其具有不可随意转让性和处置性，如确因实际工作需要，将部分行政许可实施权委托给其他行政机关，必须要遵循严格的规则。根据《行政许可法》的上述规定，委托实施行政许可必须遵循以下规则：

(1)委托主体只能在其法定职权范围内委托实施行政许可。委托主体既不能将其无权行使的行政许可实施权委托其他行政机关实施行政许可。

(2)委托实施行政许可的依据是法律、法规和规章。非依法律、法规和规章的规定，行政机关无权委托其他行政机关实施行政许可。

(3)委托机关应当对被委托行政机关实施行政许可的行为负责监督，并对被委托机关的行政许可行为的后果承担法律责任。委托机关的监督责任和法律责任是相互统一的，符合委托的一般性质。

(4)被委托实施行政许可的行政机关不得将行政许可实施权再转委托给其他组织或者个人。

(5)委托行政机关应当将被委托行政机关和被委托实施行政许可的内容予以公告。这和《行政许可法》第5条中所规定的内容，即"设定和实施行政许可，应当遵循公开、公平、公正的原则，有关行政许可的规定应当公布；未经公布的，不得作为实施行政许可的依据。行政许可的实施和结果，除涉及国家秘密、商业秘密或者个人隐私的外，应当公开"相一致。

三、行政许可实施主体制度中的创新

《行政许可法》在行政许可实施主体制度方面作了大胆的探索，通过立法的方式将改革的成果规定下来，主要有两大方面，值得密切关注。

(一)相对集中行政许可

《行政许可法》第二十五条规定："经国务院批准，省、自治区、直辖市人民政府根据精简、统一、效能的原则，可以决定一个行政机关行使有关行政机关的行政许可权。"这意味着，经过国务院的批准，省、自治区、直辖市人民政府可以决定一个行政机关行使有关行政机关的行政许可权，实际上是对行政许可权的集中。

相对集中行政许可权的优点有：(1)有助于从源头上消除多头许可的各种弊端。在一个部门负责的许可制度下，许可事项原来涉及的相关部门不再享有实质性的许可权，而仅有建议权和知情权，原来由多个部门行使的许可权也只归于一个部门行使，避免多头许可。(2)提高许可效率，降低许可成本。由一部门统一实施行政许可，可以避免多部门许可可能产生的各种矛盾，提高行政机关的许可效率。(3)方便行政许可申请人。由一个部门统一实施行政许可后，行政许可申请人就不需要周旋于多个机关，只需要向固定部门申请即可，这样，大大便利了行政许可的申请人。

(二)一个窗口对外、统一办理、集中办理或者联合办理

《行政许可法》第26条规定："行政许可需要行政机关内设的多个机构办理的，该行政机关应当确定一个机构统一受理行政许可申请，统一送达行政许可决定。行政许可依法由地方人民政府两个以上部门分别实施的，本级人民政府可以确定一个部门受理行政许可申请并转告有关部门分别提出意见后统一办理，或者组织有关部门联合办理、集中办理。"

所谓一个窗口对外，是指行政许可需要行政机关内设的多个机构办理的，该行政机关应当确定一个机构统一受理行政许可申请，统一送达行政许可决定。这样，就避免了申请人为办理一项行政许可而奔波于多个内设机构，降低申请人的申请成本。

所谓统一办理、集中办理或者联合办理，是指为了克服申请人需要由两个以上部门分别实施行政许可的事项中所面临的程序复杂、时限过长等弊端，行政许可法提供了三种可供选择的方案：(1)本级人民政府可以确定一个部门受理行政许可申请并转告有关部门分别提出意见后统一办理；(2)本级人民政府可以组织有关部门联合办理；(3)本级人民政

府可以组织有关部门集中办理。这一规定是引导性的，各有关地方人民政府可以根据自己本地的实际情况决定采用何种方式。

第五节　行政许可的实施程序

行政许可的实施程序，是指行政许可的实施机关从受理行政许可申请到作出准予、拒绝、中止、收回、撤销行政许可等决定的步骤、方式和时限的总称。行政许可的实施程序包括一般程序和特别程序。行政许可的实施程序是规范行政许可行为，防止行政机关滥用权、保证行政机关正确行使权力的重要环节。

一、行政许可实施的一般程序

(一) 申请程序

1. 行政许可申请的概念

行政许可申请是指公民、法人或者其他组织向行政机关提出拟从事依法需要取得行政许可的活动的意思表示。申请行政许可的公民、法人或者其他组织为行政许可申请人。

2. 行政许可的申请方式

申请人表达其拟从事需要取得行政许可事项的活动，可以有多种方式，较为常见的是书面提出申请。根据《行政许可法》第29条的规定，行政许可申请可以通过信函、电报、电信、传真、电子数据交换和电子邮件提出，也可以由申请人委托代理人提出，不必都要由申请人到行政机关办公场所提出行政许可申请。凡法律、法规、规章没有明确规定申请人必须到行政机关办公场所提出行政许可申请的，行政机关一般不得拒绝接受申请人委托代理人或者通过邮寄、数据电文等方式提出行政许可。

公民、法人或者其他组织可否口头提出行政许可申请，行政许可法未作明确规定。一般情况下，作为行政机关与行政管理相对人之间的行为，宜通过书面方式进行。

3. 申请人应当如实反映有关情况、提供有关材料

公民、法人或者其他组织是否符合规定的条件、能否取得行政许可，必须由其自己举证，而举证主要是由申请人提交申请材料完成的。通过将申请人提出符合法律规定形式、数量和种类的申请材料及其提供的情况与法定条件相比较，行政机关才能判断申请人是否应当取得行政许可。

申请人提供申请材料、反映情况，不仅其申请材料形式本身要真实，其所反映的实质内容也要真实，而且应当对申请材料实质内容的真实性负责。申请人提供不正确的材料、情况的，轻则引起其行政许可申请不予受理、不予行政许可的结果，重则会受到行政处罚甚至刑事制裁。根据《行政许可法》第78条的规定，行政许可申请人隐瞒有关情况或者提

供虚假材料申请行政许可的，行政机关不予受理或者不予行政许可，并给予警告；行政许可申请属于直接关系公共安全、人身健康、生命财产安全事项的，申请人在1年内不得再次申请该行政许可。根据《行政许可法》第79条的规定，被许可人以欺骗、贿赂等不正当手段取得行政许可的，行政机关应当依法给予行政处罚；取得的行政许可属于直接关系公共安全、人身健康、生命财产安全事项的，申请人在3年内不得再申请该行政许可；构成犯罪的，依法追究刑事责任。

4. 行政机关应当公开有关规定、提供申请书格式文本

《行政许可法》第30条规定："行政机关应当将法律、法规、规章规定的有关行政许可的事项、依据、条件、数量、程序、期限以及需要提交的全部材料的目录和申请书示范文本等在办公场所公示。申请人要求行政机关对公示的内容予以说明、解释的，行政机关应当说明、解释，提供准确、可靠的信息。"

首先，行政机关应当公示有关行政许可事项的规定。为了便于申请人提出行政许可申请，提高行政机关工作效率，同时，也为了解决因有关行政许可规定不够公开、透明而带来的行政机关实施许可"暗箱操作"的问题，行政机关应当公示有关实施行政许可的规定。其次，行政机关应当答复行政许可人的疑惑。行政机关应当给予说明和解释，必须提供准确和可靠的信息。再者，行政机关出于规范和效率的考虑，可以提供申请书格式文本，不得收费，并应当示范如何填写。最后，行政机关不得要求申请人提交与申请的行政许可事项无关的材料。

（二）受理程序

1. 行政许可受理的概念

行政许可受理是指行政机关经对公民、法人或者其他组织提出的申请进行形式审查后，认为行政许可申请事项依法属于本机关职责范围，申请材料齐全，符合法定形式的，对其申请予以接受的行为。

2. 决定是否受理的审查

在确定是否受理行政许可申请时，行政机关不审查行政许可申请材料的实质内容，也不审查申请人是否具备取得行政许可的条件，而是审查下列内容：(1)申请事项是否属于本行政机关管辖范围；(2)申请事项是否属于依法需要取得行政许可的事项；(3)申请人是否按照法律、法规和规章的规定提交了符合规定数量、种类的申请材料；(4)申请人提供的行政许可申请材料是否符合规定的格式；(5)其他事项，如申请人是否有明显的计算、书面错误以及类似错误等，申请人是否在法定期限内提出集中处理的行政许可申请等。

3. 对行政许可申请的处理

《行政许可法》第32条区别不同情况，规定了行政机关收到行政许可申请后的审查义务及作出相应处理的义务。行政机关经审查，对于公民、法人或者其他组织提出的申请，应当区别不同情况作出如下相应处理：

（1）申请事项依法不需要取得行政许可的，行政机关应当及时书面告知申请人不受理。

（2）对于不属于本行政机关处理的事项，应当作出不予受理的决定。当然，从便民的原则出发，对行政许可申请事项，尽管不属于特定行政机关的职责范围，但该行政许可的实施机关知道有权受理该行政机关申请行政许可申请的行政机关的，应当告知申请人向相应的有权行政机关申请行政许可或者径送有权行政机关处理。

（3）对依法属于本行政机关职权范围内的事项，且申请事项依法需要取得行政许可的，如果申请人提交的材料存在可以当场更正的错误的，行政机关应当允许申请人当场更正。可以当场更正，不得仅仅以此为由拒绝受理行政许可申请。

（4）对依法属于本行政机关职权范围内的事项，且申请事项依法需要取得行政许可的，如果申请人提交的申请材料不齐全或者不符合法定形式的，行政机关应当或者在 5 日内一次告知申请人补正后提出申请。行政机关逾期不告知的，自收到材料之日起视为受理；申请人按照行政的要求一次补正相应材料后，行政机关也应当受理。

（5）申请事项依法属于本行政机关职权范围，申请材料齐全、符合法定形式的，行政机关应当予以受理。

（三）审查与决定程序

1. 行政许可的审查与决定的概念

行政许可的审查与决定，是指行政机关对已经受理的行政许可申请材料的实质内容进行核查并作出决定的过程。行政许可的审查程序是行政机关作出行政许可决定的必经环节，审查的过程将直接影响行政许可的决定。

2. 审查的方式

根据《行政许可法》第 34 条和第 36 条的相关规定，行政机关审查行政许可申请的方式主要有书面审查、实地核查、听取利害关系人意见等其他审查方式。

（1）书面审查。行政机关审查行政许可申请材料最主要的方式是书面审查，即只审查申请人材料反映的内容。《行政许可法》第 34 条第 1 款规定："行政机关应对申请人提交的申请材料进行审查。"

（2）实地审查。有些行政许可，特别是对物的行政许可，行政机关必须去现场核实申请材料所反映的内容是否与实际情况相一致。由此，《行政许可法》第 34 条第 3 款规定："根据法定条件和程序，需要对申请材料的实质内容进行核实的，行政机关应当指派两名以上的工作人员进行审查。"

（3）听取利害关系人意见。《行政许可法》第 36 条规定："行政机关对行政许可申请进行审查时，发现行政许可事项直接关系他人重大利益的，应当告知该利害关系人。申请人、利害关系人有权进行陈述和申辩。行政机关应当听取申请人、利害关系人的意见。"

为了保护第三人的合法权益和社会公共利益，行政机关在对行政许可申请进行审查后，发现行政许可事项直接关系申请人以外的第三人重大利益以及重大社会公共利益的，如规划许可、建筑许可、消防许可等，行政机关在作出准予行政许可决定前，应当告知利害关系人并听取其意见。同时，在有数量限制的行政许可中，多人同时提出行政许可申请的，行政机关拟对其中一部分申请人作准予行政许可决定前，应当告知其他申请人，并听取其意见。

（4）其他审查方式。在具体的行政许可实践中，行政机关还可能通过听证（后将专门阐述）、招标、拍卖、检验、检测、检疫、鉴定、考试、考核等方式作出行政许可。

3. 决定程序的规则要求

行政许可的决定程序是指行政机关根据审查行政许可申请材料结果，作出是否准予行政许可决定的过程。行政许可决定是根据审查认定的事实作出的，是行政许可审查程序发展的必然结果，需要遵循一些规则。

（1）行政机关行政许可申请有作出决定的义务。

行政机关对行政许可申请并进行审查后，应当依法作出行政许可决定。行政机关作出行政许可决定应当遵循以下三点要求：第一，应当在法定期限内作出决定。能够当场作出决定的，行政机关应当当场作出决定；不能当场作出决定的，行政机关应当在法定期限内作出决定（后文将论及）。第二，行政机关应当按照法定程序作出行政许可决定。行政机关实施行政许可，既要在实体上守法，也要在程序上守法。实施行政许可必经的法定环节、步骤、方式、行政机关应当遵照执行。第三，行政机关审查行政许可申请后，应当根据审查结果作出相应的决定。行政许可申请符合法定条件、标准的，行政机关应当依法作出准予行政许可的决定；行政许可申请不符合法定条件、标准的，行政机关应当依法作出不予行政许可的决定。除法律另有规定外，无论是否准予行政许可，行政机关均得作出决定，不得对行政许可申请不予答复。

（2）行政机关应当根据申请人是否符合法定条件、标准作出行政许可决定。

申请人的申请符合法定条件、标准的，行政机关应当依法作出准予行政许可的决定；申请人的申请不符合法定条件、标准的，行政机关应当作出不予行政许可的决定。申请人的申请是否符合法定的行政许可条件、标准，是由其自身条件与法律规定决定的，不由行政机关工作人员的个人好恶决定。原则上，只要申请人符合法定的行政许可条件和标准的，申请人就有权取得行政许可，行政机关也就有义务依法作出准予行政许可的书面决定。

（3）作出准予行政许可决定依法需要颁发有关行政许可证件的，行政机关应当在法定期限内颁发、送达行政许可证件。如何判断公民、法人或者其他组织取得行政许可，如何监督未取得行政许可但从事了依法需要取得行政许可的公民、法人或者其他组织的活动？一个有效的办法就是行政机关对被许可人颁发行政许可证件，被许可人从事有关活动时展示有关行政许可证件，其他公民、法人或者其他组织在与被许可人打交道时可以要求其出示有关行政许可证件。行政许可证件既可使被许可人的行为有了明确、稳定的法律保护，也便于对被许可人的行为进行监督，同时，还有助于区别被许可人与未取得许可的人，提高行政管理效率。因此，行政许可法专门规定了行政机关向申请人颁发行政许可证件的内容。

(4)行政机关作出的准予行政许可决定，应当予以公开，公众有权查阅。公开原则是现代行政程序制度的一项基本原则。《行政许可法》第5条第2款专门规定了行政许可机关的实施和结果应当公开，同时，《行政许可法》第40条规定："行政机关作出准予行政许可决定，应当予以公开，公民有权查阅。"

对准予行政许可决定的公开方式，行政许可未作出具体要求。行政机关可以根据行政许可事项的性质和本机关的实际情况，选择适当的方式公开行政许可的决定。

行政机关公开的准予行政许可的决定，社会公众均有权查阅。行政机关应当创造条件，保障公众的查阅权，而不得设置限制性条件阻挠公众行使查阅权。当然，涉及国家秘密、商业秘密和个人隐私的内容除外。

(5)行政机关作出不予行政许可的决定应当说明理由，告知救济权。

行政机关拒绝申请人的行政许可申请，应该有些规则要求：首先，不予行政许可必须作出书面决定，加盖本行政机关印章、注明日期。其次，不予行政许可必须说明理由。《行政许可法》第38条第2款规定，行政机关依法作出不予行政许可的书面决定的，应当说明理由。再者，行政机关作出不予行政许可的决定，应当告知申请人享有申请行政复议、提起行政诉讼的权利。行政许可直接影响申请人的生产、生活，有的还涉及较大的财产利益，行政机关不予行政许可的，申请人有权依法申请行政复议、提起行政诉讼。

(四)期限制度

1. 期限制度的概念

行政许可的期限制度是指为了保证行政机关实施行政许可活动的高效，而对行政许可的实施程序整体及各个环节提出的时间上的分配和限制。规定期限制度，可以促进行政机关提高办事效率，也是为了防止行政机关以拖延时间的方式损害公民、法人或者其他组织的合法权益。行政许可法按照规范行政行为、提高办事效率的原则，对行政机关实施行政许可的期限作了如下规定：(1)明确了行政机关实施行政许可的期限。除非法律、法规另有规定，行政许可的实施机关应在本法规定的期限范围内作出行政许可决定、颁发送达行政许可证件。(2)对一般情况下行政机关办理行政许可规定了20日的较短期限，以督促其提高办事效率。(3)考虑到各种行政许可以及各种行政许可审查方式的不同特点，规定了可延长期限的两种情况(法律、法规另有规定或者经行政机关负责人批准)，以及办理有关事项的时间不计算在行政机关作出行政许可决定期限内的八种情况。

2. 一般期限规定

(1)一个行政机关实施行政许可的一般期限。行政许可法规定，一个行政机关实施行政许可的，该行政机关作出行政许可决定的一般期限为20日。行政许可法关于行政机关作出行政许可决定期限的计算，自行政机关受理行政许可申请之日起计算；行政机关对申请人申请材料不齐全或者不符合法定形式，未依法履行告知义务的，自行政机关收到申请人提交的申请材料之日起计算。

（2）多个行政机关实施行政许可的一般期限。实践中，行政许可事项可能涉及多个行政机关，需要实行统一办理或者联合办理、集中办理。针对这种情况，根据《行政许可法》第 42 条第 2 款的规定，办理此类行政许可的时间一般不得超过 45 日。这里的 45 日，是指在实行统一办理或者联合办理、集中办理的行政许可事项中，从第一个行政机关受理行政许可申请起至最后一个行政机关作出行政许可决定止，其期限跨度不得超过 45 日。

（3）多层级行政机关实施行政许可时下级行政机关审查期限。《行政许可法》第 43 条规定了一个行政许可事项依法需要上下级多个行政机关进行审查，决定时下级机关审查行政许可申请的期限。下级行政机关应当自受理行政许可申请之日起 20 日内完成审查工作。规定 20 日的期限，同样是为了督促行政机关履行职责、提高办事效率。考虑到实际生活中有的行政许可事项比较复杂，如果法律、法规对下级行政机关审查行政许可材料的期限长于 20 日或者短于 20 日的，均按照有关法律、法规的执行，而不适用有关 20 日的规定。

（4）颁发、送达行政许可证件的期限。《行政许可法》第 44 条规定，行政机关应当在自作出准予行政许可决定之日起 10 日内完成颁发、送达行政许可证件或者加贴标签、加盖检验、检测、检疫印章的工作。根据这一规定，行政机关作出行政许可决定，依法需要颁发行政许可证件或者加贴标签、加盖检验、检测、检疫印章必须在作出行政许可决定后的 10 日内完成。

3. 期限的延长

各种行政许可事项情况不同，不宜统一规定一个办理许可决定的一般期限。为此，行政许可法规定了延长行政许可期限的两种情形。

（1）法律、法规可以规定更长的审查期限。对情况复杂的行政许可，在 20 日内不能办结的，法律、法规还可以对行政机关作出是否准予行政许可决定的期限另行规定。除法律、法规外，规章和其他规范性文件不得规定长于 20 日的审查期限。

（2）行政机关负责人可以批准延长期限。对因出现比较合理的客观原因，致使行政机关负责无法在法定期限内办结的行政许可事项，经行政机关负责人批准，可以相应延长期限。

行政机关延长行政许可的审查期限，应当符合以下几点要求：一是其延长期限的理由必须是正当的，并且，行政机关应当将延长期限的理由告知申请人。二是要履行严格的内部报批手续。行政机关在 20 日内不能作为行政许可决定的，应当经本行政机关负责人批准；一个事项需要多个部门实施行政许可的，在 45 日内不能办结的，应当报经本级人民政府负责批准。三是延长期限应当短于作出行政许可决定的一般期限。行政机关在 20 日内不能作出行政许可决定的，经批准后，可以延长 10 日；一个事项需要多个部门实施行政许可的，在 45 日内不能办结的，经批准后可以延长 15 日。行政机关延长作出行政许可决定的期限以一次为宜，防止久拖不决。

4. 期限的扣除

《行政许可法》第45条规定了若干情况下的时间不计算在行政机关作出行政许可决定的期限内。

根据《行政许可法》第45条的规定，行政机关作出行政许可决定期限中的除外事项主要是依法需要听证、招标、拍卖、检验、检测、检疫、鉴定和专家评审的事项，这些活动所需要的时间不计算在行政机关作出行政许可决定的期限内。对依法不计算在行政机关实施行政许可的期限内的听证、招标、拍卖、检验、检测、检疫鉴定和专家评审时间，行政机关应当将所需时间书面告知申请人。告知申请人，一方面，为了便于其安排自己的生产、生活，另一方面，也便于申请人监督行政机关的行为是否合法。

5. 违反期限规定的法律后果

行政机关实施行政许可，超过规定期限的，构成程序违法，可能产生以下后果：一是根据法律规定，可以视为准予行政许可或者不予行政许可；二是申请人可以对行政机关的不作为申请行政复议、提起行政诉讼；三是行政许可申请人因行政机关不作为受到损害的，行政机关还要依法承担赔偿责任。同时，对违反期限规定实施行政许可的有关行政机关人员，可以依法给予行政处分。

（五）听证程序

1. 听证的概念

听证是行政机关在作出影响公民、法人或者其他组织合法权益的决定前，向其告知决定理由和听证权利，公民、法人或者其他组织随之向行政机关表达意见、提供证据、申辩、质证以及行政机关听取意见、接纳其证据的程序所构成的一种法律制度。听证制度是现代行政程序法基本制度核心，在美国、英国、德国、日本、法国等许多国家行政管理中被广泛运用。

2. 听证的适用事项

关于听证的适用事项，行政许可法规定，其包括行政机关主动举行听证的事项和行政机关应申请举行听证的事项两种。

（1）行政机关主动举行听证的行政许可事项。根据《行政许可法》第46条的规定，行政机关应当主动举行听证的事项限于两类：一是法律、法规、规章规定实施行政许可应当听证的事项；二是行政机关认为需要听证的事项。根据这一规定，法律、法规、规章没有规定应当听证的，行政机关就没有主动听证的义务。

（2）行政机关应申请举行听证的事项。根据《行政许可法》第47条规定，行政许可直接涉及申请人与他人之间重大利益关系的，申请人提出听证申请时，行政机关即有组织听证的义务。这一条实际上规定了行政机关应申请举行听证的制度，与《行政许可法》第46条规定在程序的启动机制上是不同的，由此也导致了其适用范围及程序义务上的差别。

3. 听证的程序规则

（1）行政机关应当举行听证的7日前通知申请人和已知的利害关系人听证的时间、地点，必要时予以公告。对主动举行的听证，行政机关应当公告有关事项；对应申请举行的听证，行政机关在作出行政许可决定前，应当告知申请人、利害关系人享有要求听证的权利。

（2）听证应当公开举行。公开是行政活动的基本原则，但是涉及国家机密、商业秘密和个人隐私的事项，听证可以不公开进行。

（3）行政机关应当指定审查该行政许可申请的工作人员以外的人员为听证主持人，申请人或者利害关系人认为主持人与该行政许可事项有直接利害关系的，有权申请回避。

（4）举行听证时，审查该行政许可申请的工作人员应当提供审查意见的证据、理由，申请人、利害关系人可以提出证据，并进行申辩和质证。

（5）听证应当制作笔录，听证笔录应当交听证参加人确认无误后签字或者盖章。听证笔录一般应以书面形式作出，应当包括听证参加人的基本情况、听证的时间和地点、行政机关审查行政许可申请材料后的意见及证据与理由、申请人与利害关系人提出的证据与理由等。

（六）变更与延续程序

1. 变更的概念及规则

行政许可的变更是指被许可人在取得行政许可后，因其拟从事的活动的部分内容超出准予行政许可决定或者行政许可证件规定的活动范围，而向行政机关申请对原行政许可准予其从事的活动的相应内容予以改变。

变更许可是对被许可人已经取得的行政许可的内容进行变更。根据《行政许可法》的有关规定，申请人应当在其取得的行政许可失效前提出，并且应当向作出准予行政许可的决定的行政机关提出申请。

2. 延续的概念及规则

行政许可的延续是指在行政许可的有效期届满后，延长行政许可的有效期间。对于需要延续行政许可的事项，被许可人才有必要提出延续行政许可的申请。对于一次有效的行政许可，如特区通行证、爆破作业许可等，不能申请延续；没有有效期限的行政许可，如律师资格等，不需要提出延续申请。只有对有有效期的行政许可，有效期满后，被许可人准备继续从事依法需要取得行政许可的该项活动的，才需要申请延续行政许可。

被许可人提出延续行政许可有效期的，应当在行政许可有效期届满前一定期间提出。根据《行政许可法》第50条的规定，被许可人应在有效期届满30日前向作出行政许可决定的行政机关提出申请，但是，法律、法规、规章另有规定的，从其规定。

3. 变更与延续的决定

根据《行政许可法》第49条和第50条第2款规定，行政机关经审查，认为申请人提出变更的请求符合法定条件、标准的，行政机关应当依法办理变更手续，认为申请人提出延续的请求符合法定条件、标准的，行政机关应当依法在该行政许可有效期届满前作出是否准予延续的决定；逾期未作决定的，视为准予延续。当然，行政机关经审查，认为申请人不再具备取得行政许可条件的，可以作出不予延续的理由、法律依据，并告知其依法申请行政复议、提起行政诉讼的权利。

行政许可实施的一般程序表

	申请与受理，审查与决定	变更与延续	听证
重要制度	①委托申请：可委托他人代为申请，但人身性许可除外 ②电子政务：行政机关有推行电子政务的义务，当事人可通过多种灵活方式（主要是电信电子方式）申请许可 ③正当程序：需核实申请材料实质内容应有 2 人以上进行 ④跨级上报：须跨级上报的许可，下级机关应将有关材料直接上报，上级机关不得要求申请人重复提供材料 ⑤陈述申辩：许可事项直接关系他人重大利益的，申请人、利害关系人有权陈述申辩 ⑥政务公开：准予许可的决定应公开，公众有权查阅	当事人要求变更或延续的应当申请，符合法定条件的，行政机关应当依法准予变更或者延续	①启动方式：行政机关对法定事项或其认为涉及公共利益的事项可决定听证（依职权启动）；对直接涉及申请人与他人重大利益的事项应告知听证权（依申请启动） ②公务回避：申请人、利害关系人有权申请听证主持人回避（实体回避）；行政机关应指定审查工作人员以外的人员主持听证（程序回避） ③案卷排他：行政机关应当根据听证笔录作出决定
重要期限	①补正告知期限：补正告知应在 5 日内 1 次做出，否则视为受理申请 ②决定期限：一机关决定（20 日内决定，经本机关负责人批准可延长 10 日）；平级多机关决定（统一、联合、集中办理的 45 日内决定，经本级政府负责人批准可延长 15 日）；跨级多机关决定（下级机关应在 20 日内审查完毕） ③颁证期限：准予许可的，应当自决定之日起 10 日内颁发送达许可证或加贴、加盖标志物 ④听证、招标、拍卖、检验、检测、检疫等时间另计	①需延续的应在许可有效期届满 30 日前申请 ②行政机关应在许可有效期届满前决定，逾期视为准予延续	①申请期限：权利人应在被告知听证权利之日起 5 日内申请听证 ②组织期限：行政机关应当在 20 日内组织听证 ③告知期限：行政机关应于举行听证 7 日前告知听证时间与地点，必要时予以公告

二、行政许可的特别程序

(一)行政许可特别程序和一般程序的关系

《行政许可法》第51条规定："实施行政许可的程序，本节有规定的，适用本节规定；本节没有规定的，适用本章其他有关规定。"这说明了行政许可特别程序和一般程序的关系。特别程序是关于行政许可实施程序的特别的规定，是对行政许可实施一般程序的补充。行政机关实施行政许可时，有特别程序的，适用特别程序，没有特别程序的，适用一般程序。事实上，特别程序上主要是对作出行政许可决定环节的规范，至于实施行政许可的其他环节，还需适用行政许可法规的一般程序。

(二)特别程序的具体种类

根据《行政许可法》第57条的规定，有数量限制的行政许可，如果两个或者两个以上申请人的申请均符合法定条件、标准的，行政机关应当根据受理行政许可申请的先后顺序作出准予行政许可的决定。但是，法律、行政法规另有规定的，依照其规定。

1. 特许程序

特许程序，即实施有限自然资源开发利用、公共资源配置以及直接关系公共利益的特定行业的市场准入等行政许可应遵循的特别程序。

根据《行政许可法》第53条的规定，在特许程序中，行政机关应当通过招标、拍卖等公平竞争的方式作出决定。但是，法律、行政法规另有规定的，依照其规定。行政机关通过招标、拍卖等方式作出行政许可决定的具体程序，依照有关法律、行政法规的规定。行政机关按照招标、拍卖程序确定中标人、买受人后，应当作出准予行政许可的决定，并依法向中标人、买受人颁发行政许可证件。行政机关违反上述规定，不采用招标、拍卖方式，或者违反招标、拍卖程序，损害申请人合法权益的，申请人可以依法申请行政复议或者提起行政诉讼。

2. 认可程序

认可程序，即实施赋予公民特定资格，赋予法人、其他组织特定资格和资质等行政许可应遵循的特别程序。

根据《行政许可法》第54条的规定，在认可程序中赋予公民特定资格，依法应当举行国家考试的，行政机关根据考试成绩和其他法定条件作出行政许可决定。公民特定资格的考试依法由行政机关或者行业组织实施，公开举行。行政机关或者行业组织应当事先公布资格考试的报名条件、报考办法、考试科目以及考试大纲。但是，不得组织强制性的资格考试的考前培训，不得指定教材或者其他助考材料。在认可程序中赋予法人或者其他组织特定资格、资质的，行政机关根据申请人的专业人员构成、技术条件、经营业绩和管理水平等的考核结果作出行政许可决定。但是，法律、行政法规另有规定的，依照其规定。

3. 核准程序

核准程序，即实施对特定的设备、设施、产品、物品是否符合技术、技术规范进行审定等行政许可应遵循的特别程序。

根据《行政许可法》第 55 条的规定，在核准程序中，行政机关应当按照技术标准、技术规范依法进行检验、检测、检疫，根据检验、检测、检疫的结果作出行政许可决定。行政机关实施检验、检测、检疫，应当自受理申请之日起 5 日内指派两名以上工作人员按照技术标准、技术规范进行检验、检测、检疫。不需要对检验、检测、检疫结果作进一步技术分析即可以认定设备、设施、产品、物品是否符合技术标准、技术规范的，行政机关应当当场作出行政许可决定。行政机关根据检验、检测、检疫结果，作出不予行政许可决定的。应当书面说明不予行政许可所依据的技术标准、技术规范。

4. 登记程序

登记程序，即实施确立企业或者其他组织的主体资格等行政许可应遵循的特别程序。

根据《行政许可法》第 56 条的规定，在登记程序中，申请人提交的申请材料齐全、符合法定形式的，行政机关应当当场予以行政登记。需要对申请材料的实质内容进行核实的，行政机关依照《行政许可法》第 34 条第 3 款的规定办理，即"行政机关应当指派两名以上工作人员进行核查"。

第六节　行政许可的费用

行政机关利用行政许可乱收费是行政许可实践中存在的主要问题之一。有的行政机关明明是履行正常的行政管理职能也要收费，有的行政机关利用手中的权力进行"搭车收费"，还有的行政机关越权设定收费项目。为从根本上解决这些问题，行政许可法专门就行政许可中的收费原则以及收费规则作了比较明确的规定。

一、行政许可法收费的性质和特点

根据我国行政许可法的规定，行政许可收费是指行政机关实施行政许可和对行政许可事项进行监督检查所收取的费用，包括从行政许可的申请与受理，一直到审查与决定的全过程，以及准予许可后的监督过程中，行政许可实施机关以及监督机关所收取的费用。当然，法律、法规授权的组织以及受委托行政机关实施行政许可和对行政许可事项进行监督检查所收取的费用亦属于行政许可收费的范畴。

实践中，行政许可收费的名称很多，主要有以下几类：（1）排污费类，如超标排污费、危险废物排污费等；（2）资源补偿费类，包括特许权使用费、临时使用土地补偿费、土地使用权出让费等；（3）检验费类，包括卫生检疫费、检查费、进口检验费、检验鉴定费等；

(4)工本费类,包括证照工本费等;(5)手续费类,如申请手续费等。

很显然,行政许可收费是一种行政收费。所谓行政收费,通常是指行政主体或者受行政主体委托的公务主体,对在国家行政活动中特定受益人的特定受益,依法强制收取相应对价的一种具体行政行为。行政收费具有以下几个特点:(1)行政收费是行政主体向公民、法人和其他组织实施的一种单方具体行政行为。(2)行政收费具有强制性。收费主体实施收费行为时,只要收费对象在法律、法规规定的收费范围内,行政管理相对人都必须如数缴费,不得以各种理由拒绝,否则,将受到法律的追究和制裁。(3)行政收费具有非营利性。这是由行政机关具有的公共服务职能的性质所决定的。行政许可收费作为行政收费的一种,具有上述同样的特征。

二、行政许可收费的原则

(一)实施行政许可不收费为一般原则

如前所述,由于权力与部门利益、地方利益,甚至个人利益挂钩,利用行政许可乱收费现象非常严重。面对行政许可收费法律控制上的缺失,迫切需要严格的规则对其进行规范。为此,行政许可法将实施行政许可不收费作为一项原则确定了下来,同时,又为行政许可实施机关实施行政许可的经费提供了制度保障。

《行政许可法》第58条第1款规定,"行政机关实施行政许可和对行政许可事项进行监督检查,不得收取任何费用。但是,法律、行政法规另有规定的,依照其规定"。这就是说,行政机关实施行政许可以及依法履行法定职责对被许可人从事行政许可事项活动情况进行监督检查,以免费为原则,其无权收取任何费用。免费这个原则的例外是法律、行政法规对行政机关收取某些费用作了明确规定。

当然,对《行政许可法》第12条第(二)项中规定的对"有限自然资源开发利用、公共资源配置以及直接关系公共利益的特定行业的市场准入等,需要赋予特定权利的事项",即所谓的特许可事项,是可以收费的,如自然资源补偿费、有限公共资源使用费等。但这些收费同样需要由法律、行政法规来设定。

行政机关提供行政许可申请格式文本,不得收费。《行政许可法》第29条第1款中规定:"公民、法人或者其他其他组织从事特定活动,依法需要取得行政许可的,应当向行政机关提出申请。申请书需要采用格式文本的,行政机关应当向申请人提供行政许可申请格式文本。"《行政许可法》第58条第2款规定:"行政机关提供行政许可申请书格式文本,不得收费。"

行政机关实施行政许可所需的经费应当列入本行政机关的预算,由本级财政予以保障,按照批准的预算以核拨。《行政许可法》第58条第3款规定:"行政机关实施行政许可所需经费应当列入本行政机关的预算予以核拨。"

(二)特定行政许可收费的法定原则

行政许可收费法定原则包含以下几层含义：

(1)只有法律、行政法规明文规定实施某一行政许可可以收费的，才能收费，而且该收费也只能以法律、行政法规规定的行政许可为限，不得超出法定的行政许可事项收取费用。

(2)只有法律、行政法规明文规定对某一行政许可事项进行监督检查可以收费的，才能收费，而且该收费也只能以法律、行政法规规定的行政许可事项为限，不得超出法定的行政许可事项收取费用。

(3)《行政许可法》第59条规定："行政机关实施行政许可，依照法律、行政法规收取费用的，应当按照公布的法定项目和标准收费。"依照法律、行政法规的规定，行政机关实施行政许可以及对行政许可事项进行监督检查可以收取费用的，只能按照公布的法定项目和标准收取，不能在公布的法定项目范围以外，巧立名目，擅自增加或者修改收费项目，也不能在公布的标准以外，擅自提高收费标准。收费项目和收费标准应当向社会公布，未公布的收费项目和收费标准不能作为行政许可实施机关收费的依据。这是行政公开原则的必然要求。

第七节　行政许可的监督检查

一段时间以来，行政许可领域存在着严重的重许可、轻监管，甚至只许可、不监管等缺乏监督制约的现象，就是在现有的监督检查上也存在着广泛的程序和手段等诸多问题。针对这种状况，行政许可法加大了对行政许可监督检查的各方面规定，强化行政机关的监管责任，规范行政机关的监督程序和手段，强调许可与监督检查的高度统一。

一、行政许可监督检查的概念及本质

行政许可的监督检查，是指行政机关对实施行政许可和被许可从事行政许可事项的活动进行监督检查，查处许可领域内的各种违法行为。

行政许可在本质上是对公民、法人或者其他组织是否符合法律、法规规定的条件的审查与核实。对于行政机关而言，行政许可既是一项职权，同时也是一项职责。行政机关的职权与职责是统一的，行政机关掌握着行政许可权，也应该承担由此产生的监管责任。

二、行政许可监督检查的种类

《行政许可法》第60条和第61条的规定，现行行政许可监督检查主要包括行政机关内部的层级监督检查和行政机关对被许可人的监督检查两种。

(一)行政机关内部的层级监督检查

政府内部监督检查是指政府凭借自身的行政权力建立的一种内部控制机制，是行政系统内的各级政府及其工作部门依照法定权限、程序和方式，对自身或者其他行政机关及其工作人员，以及法定授权、委托的组织是否严格执行法律、法规和有关决定、命令等所实施的监督活动。政府内部监督是行政监督的重要组成部分，包括政府、监察机关、审计机关和信访部门等实施的监督。

《行政许可法》第60条规定："上级行政机关应当加强对下级行政机关实施行政许可的监督检查，及时纠正行政许可实施中的违法行为。"

(二)行政机关对被许可人的监督检查

为了改变行政机关重许可、轻监管或者只许可、不监管的状况，并为行政机关提供必要的监督手段，方便其履行监督检查职责，行政许可法按照便民、高效的原则，为行政机关对被许可人从事被许可事项的活动规定了一套比较完备的监管机制。

1. 书面检查

行政许可法规定了行政许可机关对被许可人从事行政许可事项活动进行书面检查的原则和相关要求。《行政许可法》第61条第2和第3款规定："行政机关依法对被许可人从事行政许可事项的活动进行监督检查时，应当将监督检查的情况和处理结果予以记录，由监督检查人员签字后归档。公众有权查阅行政机关监督检查记录。行政机关应当创造条件，实现与被许可人、其他有关行政机关的计算机档案系统互联，核查被许可人从事行政许可事项活动情况。"根据这一规定，行政机关在对被许可人的监督，原则上应当通过书面检查的方式进行，凡是能够书面检查的，要优先使用书面检查方式。这一规定主要是为了避免对被许可人的干扰，防止执法扰民。同时，行政机关可以要求被许可人报送有关书面材料，通过对这些材料的审查，监督被许可人是否按照被许可的条件、范围、程序等从事被许可事项的活动。

2. 抽样检查、检验、检测与实地检查

尽管行政机关原则上应当通过书面方式监督检查被许可人的活动，但在某些特定情况下，通过书面检查的方式难以达到监督效果。例如，电梯的运行状况是否符合要求、是否能够确保安全，就必须进行现场检查，而不能只依据被许可人的书面材料。基于此，《行政许可法》第62条第1款规定："行政机关可以被许可人生产经营的产品依法进行抽样检查、检验、检测，对其生产经营场所依法进行实地检查。检查时，行政机关可以依法查阅或者要求被许可人报送有关材料；被许可人应当如实提供有关情况和材料。"行政许可法授权行政机关在必要时可以依法进行抽样检查、检验、检测和实地检查、定期检验权适用的情形及程序作了相应的规定。

需要强调的是，一方面，行政许可法规定行政机关可以采取抽样检查、检验、检测和实地检查等方式对被许可人从事被许可事项的活动进行监督检查；另一方面，行政许可法的相关规定实际上也是对行政机关进行实地检查等方式的限制，只有在必要的情况下，行政机关才能依法采取实地检查等方式。这样规定的主要目的是防止执法扰民，不合理地增加企业和个人的负担。

3. 被许可人的自检制度

《行政许可法》第68条第1款规定了行政机关督促有关单位建立自检制度的义务，"对直接关系公共安全、人身健康、生命财产安全的重要设备、设施、行政机关应当督促设计、建造、安装和使用单位建立相应的自检制度。"根据行政许可法的这一规定，行政机关应当督促重要设备、设施的设计、建造、安装和使用单位建立自检制度，并对监督检查中民现的安全隐患及时采取措施。行政机关应当将更多的精力放在督促这些单位建立自检制度，检查其是否按照规定进行自检。

4. 对取得特许权的被许可人的监督检查

对于有限自然资源的开发利用及公共资源的配置，都是有数量限制的，行政机关只能将有关这些事项的许可授予有限的申请人。比如，海域使用许可、无线电频率许可、排污许可等。对于这些事项的许可，其主要功能是分配稀缺资源，以提高资源利用效率，被许可人取得行政许可往往负有依法开展有关活动，以充分利用自然资源或者公共资源的义务。为此，行政许可法规定了行政机关监督被许可人依法履行开发利用有限自然资源、公共资源的义务。

《行政许可法》第66条规定："被许可人未依法履行开发利用自然资源义务或者未依法履行利用公共资源义务的，行政机关应当责令限期改正；被许可人在规定期限内不改正的，行政机关应当依照有关的法律、行政法规的规定予以处理。"根据行政许可法的这一规定，行政机关加强监督检查的重点之一是监督被许可人履行开发利用资源的义务。被许可人未履行义务的，行政机关应当督促其在规定的期限内履行义务；如果被许可人在规定期限内不改正的，行政机关应当依照有关法律、行政法规的规定予以处理。根据法律、行政法规的规定，依法需要收回行政许可的，收回行政许可；依法不能收回的，行政机关应当依法采取其他有效措施确保被许可人履行义务。

行政许可法还规定，对于取得直接关系公共利益的特定行业市场准入许可的被许可人，行政机关应当监督其履行其义务。直接关系公共利益的特定行业，就是通常所称的自然垄断行业，如铁路交通、民航、电信、邮政、电力以及城市供水、供气等行业。这些行业都是关系国计民生的基础行业，直接影响到经济发展和人民群众的生产、生活。因此，对于这类行业，《行政许可法》第67条作了明确的规定："取得直接关系公共利益的特定行业的市场准入行政许可的被许可人，应当按照国家规定的服务标准、资费标准和行政机关依法规定的条件，向用户提供安全、方便、稳定和价格合理的服务，并履行普遍服务的义务；未经作出行政许可决定的行政机关批准，不得擅自停业、歇业。被许可人不履行前款规定的义务的，行政机关应当责令限期改正，或者依法采取有效措施督促其履行义务。"

三、行政许可的撤销与注销

(一)行政许可的撤销

按照依法行政、有错必纠的原则,行政机关违法作出行政许可决定,应当撤销其作出的行政许可决定。针对实践中存在的行政机关撤销行政许可的条件不清,责任不明、随意性较大等问题,按照既保护被许可人合法权益、又督促行政机关履行监督职责的原则,借鉴国外的通行做法,《行政许可法》第69条从两个方面规范行政机关行使撤销权的行为:一是明确了撤销权行使的条件与程序。对违法的行政许可事项,基于保护公共利益的需要,该撤销的,行政机关应当予以撤销;撤销可能对公共利益造成重大损害的,不予撤销;可以撤销可以不撤销的,行政机关应当衡量各种利益后决定是否行使撤销权。二是因行政机关的原因导致行政许可决定被撤销时,规定行政机关应当赔偿被许可人因此受到的损害。

为了防止行政机关随意撤销行政许可,规范行政许可撤销权的行使,《行政许可法》第69条明确了可以撤销行政许可的五种情形。

(1)行政机关工作人员滥用职权、玩忽职守作出的准予行政许可决定。行政机关工作人员滥用职权,玩忽职守作出的行政许可决定,是其在没有按照法定程序,根据法定条件对被许可人的材料和情况进行审查的情况下作出的行政许可决定,一方面构成违法,另一方面,其决定的正确性和合理性也很难保障。

(2)超越法定职权作出的准予的行政许可决定。行政机关实施行政许可行为,必须遵守职权法定和不得越权的原则。行政机关只能在自己的法定权限范围内实施行政许可行为,对于不属于自己职权范围内的行政许可事项不得实施行政许可行为。行政机关是否超越法定职权,其标准只能是法律、法规以及符合法律、法规的规章。超越法定职权主要有三种情况:超越法定的事项管理权、超越法定的地域管理权、超越法定的级别管理权。

(3)违反法定程序作出的准予行政许可决定,是指违反法律规定要件实施行政许可,包括违反法定形式、省略或者颠倒行政步骤等。违反法定程序的认定也得以法律、法规、规章为据,包括行政许可法和有关规定行政机关实施行政许可应当遵守的程序性的法律、法规、规章。

(4)对不具备申请资格或者不符合法定条件的申请人准予行政许可。行政机关只能对符合法定条件、标准的申请人作出准予行政许可的决定。申请人的申请资格是申请人是否具备提出行政许可申请的条件,申请人不具备申请资格的,行政机关不得受理其行政许可申请,自然谈不上是否符合取得行政许可的条件了。申请人不符合法定条件的,依法不应取得行政许可,行政机关准予行政许可,当属违法。但是,需要注意的是,申请人是否符合法定条件,其认定依据也只能是法律、法规和符合法律、法规的规章,行政机关在无法定授权的情况下自行规定的条件不能用来作为认定申请人是否应当取得行政许可的条件。

(5)依法可以撤销的其他情形。基于行政许可种类繁多，事项各异，为避免列举不全，从立法技术上考虑，《行政许可法》第69条第1款在列举了4项可以撤销行政许可的情形外，规定了一项兜底条款。当然，按照依法行政的要求，可以撤销行政许可的其他情形，也只能由法律、法规和符合法律、法规的规章作出的规定，而不能由行政许可的实施机关自行决定。

当然，根据行政机关实施行政许可的基本原则要求，行政机关在作出撤销行政许可前，应当听取被许可人意见；决定撤销行政许可的，应当作出书面决定，并说明理由、告知诉权。同时，根据《行政许可法》第69条第3款的规定，行政机关撤销行政许可损害被许可人的合法权益的，应当依法予以赔偿。这一规定主要是为了保护公民、法人或者其他组织对行政行为合法性的信赖。信赖保护原则要求行政主体遵守和履行承诺，不得随意改变其已作出的决定，出尔反尔。行政机关作出行政许可决定后，发现行政许可决定违法需要撤销时，被许可人可能已经基于信赖行政许可决定的合法而投入了大量的人力、物力、财力。因此，即使行政机关撤销行政许可可以维护公共利益，但对被许可人产生的损害，也应当予以赔偿，赔偿应以被许可人因此受到的实际损害为限。

(二)行政许可的注销

注销行政许可是指基于特定事实的出现，由行政机关依据法定程序收回行政许可证件或者公告行政许可失去效力。在实践中，经常出现行政机关随意注销行政许可，对行政许可尚未失去效力的也予以注销，有的注销行政许可后不收回行政许可证件，或者只通知被许可人、不向社会公示，导致注销行政许可后被许可人仍然可以从事有关相应取得行政许可的活动。为此，《行政许可法》第70条规定了注销行政许可适用的情形和行政机关应当依法办理有关行政许可注销手续的义务。

行政许可法总结实践经验，规定了应当注销行政许可的六种情形。

(1)行政许可有效期届满未延续的。行政许可有效期届满后，被许可人拟继续从事有关活动的，应当依法向作出行政许可决定的行政机关提出延续行政许可的申请。行政机关应当根据《行政许可法》第50条的规定，结合有关法律、法规，对被许可人的申请作出处理。被许可人未申请延续行政许可的，或者其延续行政许可的申请未被行政机关核准或者不属于依法被视为准予延续的，其已经取得的行政许可自有效期届满之日起失去效力。出现这种情形时，行政机关应当依法注销其行政许可。

(2)赋予公民特定资格的行政许可，该公民死亡或者丧失行为能力的。赋予公民特定资格的行政许可，即对人的行政许可，是基于被许可人的自身条件而作出的。有关这类资格的行政许可，只能证明被许可人本人是否具备取得行政许可的条件。该行政许可既不能转让，也不能继承，是与该公民的人身联系在一起的。公民取得特定资格，都是为了从事一定的活动的，既然公民死亡或者丧失了行为能力，他(她)就无法从事与该特定资格有关的行为，其取得的行政许可也不再具有效力，应予注销。

(3)法人或者其他组织依法终止的。法人或者其他组织终止后，其取得的行政许可也相应失去效力。

(4)行政许可依法被撤销、撤回，或者行政许可证件依法被吊销的。不具备取得行政许可条件而取得行政许可的，应当依法由有关行政机关予以撤销；具备取得行政许可的条件，但因行政许可所依据的法律、法规、规章修改或者废止，或者准予行政许可所依据的客观情况发生重大变化，基于公共利益的需要，行政机关可以依法撤回行政许可；被许可人取得行政许可后从事违法活动，依法需要吊销行政许可证件的，行政机关应当吊销行政许可。在这三种情况下，被许可人取得的行政许可不再有法律效力。

(5)因不可抗力导致行政许可事项无法实施。不可抗力，是指不可预见、不能避免、不能克服的客观情况。如行政机关赋予企业取水许可，因当年天气干旱，没有充分的水资源供被许可人取水。在这种情况下，被许可人不可能再实施该行政许可，维持该行政许可的效力已经毫无意义。

(6)法律、法规规定的应当注销行政许可的其他情形。如基于政府机构改革中政府职能事项的调整，行政许可的主管机关可能发生变化，行政许可的实施机关发生改变可能需要换证的。换证后，被许可人取得的由先前行政机关颁发的行政许可决定就不再有法律效力。

出现依法应当注销的行政许可的情形的，行政机关应当依法办理有关行政许可的注销手续，如收回颁发的行政许可证件，或者在行政许可证件上加注发还；对找不到被许可人的或者注销行政许可事项需要公示的，行政许可还应当公告注销行政许可。当然，为了保护被许可人的合法权益，规范行政机关注销行政许可的行为，行政机关注销行政许可，应当作出书面决定，并告知申请人注销行政许可的理由、依据。

第六章　行政强制法律制度

第一节　行政强制概述

一、行政强制的界定

通常认为，行政强制是指为了实施行政管理或达成行政管理目的，对公民、法人或者其他组织的人身、财产、行为等采取强制性措施的制度。行政强制是行政强制措施和行政强制执行两项制度的合称，二者虽有区别，但有着内在的关联。

(一)行政强制措施的概念和特征

行政强制措施是指行政机关在行政管理过程中，为制止违法行为、防止证据损毁、避免危害发生、控制危险扩大等情形，依法对公民的人身自由实施暂时性限制，或者对公民、法人或者其他组织的财物实施暂时性控制的行为。

行政强制措施有以下特征：第一，预防性和制止性。行政强制措施的目的在于预防、制止或控制危害社会行为的发生或扩大；第二，临时性和中间性。行政强制措施常常是行政机关作出最终处理决定的前奏和准备；第三，主体只能是行政机关和经授权的组织。

(二)行政强制执行的概念和特征

行政强制执行是行政机关或由行政机关申请法院对不履行行政机关依法作出的行政处理决定中规定的义务，采取强制手段，强迫其履行义务，或达到与履行义务相同状态的行为。

行政强制执行有以下特征：

第一，行政强制执行的执行主体包括行政机关和人民法院。与实施行政强制措施的主体只能是行政机关和经授权的组织不同，行政强制执行的主体除行政机关和经授权的组织外，还包括法院。

第二，行政强制执行以公民、法人或者其他组织不履行具体行政行为所确定的义务为前提。公民、法人或者其他组织所负义务是生效具体行政行为确定的义务，如果公民、法人或者其他组织自动履行义务，则不产生强制执行问题。行政强制执行只能在公民、法人或者其他组织不履行义务时才能进行。

第三，行政强制执行目的在于以强制的方式迫使当事人履行义务，或达到与履行义务相同的状态，即实现具体行政行为所确定的义务内容。

二、行政强制的性质、意义和立法

为应对多样的社会活动，行政机关拥有多种处理手段和管理方式，行政强制即为其中一种管理手段，它是行政机关排除来自公民、法人或者其他组织阻力的一种工具，是行政机关权力行使的最后手段。缺少这一手段的保障，行政机关可能无法进行有效管理。

无论是行政强制措施还是行政强制执行，都是行政机关行使权力中表现最为激烈，对公民、法人或者其他组织影响巨大的行为方式，它可以使公民、法人或者其他组织的人身或财产直接受损。

从行政执法的运作过程看，一旦行政机关动用行政强制，事实上即意味着行政机关与公民、法人或者其他组织双方的友好合作宣告结束，行政机关的权力和公民、法人或者其他组织的人身或财产权利进入了直接交锋。因此，行政强制制度的正确运用，能够保证令行禁止，实现良好的法治秩序；反之，行使不当或一旦滥用，必然会给公民、法人或者其他组织带来巨大损害。正因为如此，行政强制立法在行政机关与公民权益保护之间的导向选择，就至关重要。

鉴于行政强制的性质，自改革开放以来我国开始重视行政强制的立法，逐步形成了一套行政强制制度。不过，一直以来对行政强制的立法基本采用的是分散立法，由单行法律、法规对行政强制作出规定。虽然分散立法对规范行政强制起到了积极作用，但这一立法模式也给行政强制制度带来了一定的问题，例如设定权不明确、规定缺乏统一、程序规定欠缺，同时实践中滥用强制权的现象突出，当然也存在强制执行难的问题。基于此，全国人大于1999年着手起草行政强制法。行政强制法于2011年6月30日经第十一届全国人民代表大会常务委员会第二十一次会议通过，并自2012年1月1日起施行。

根据行政强制法的规定，除应对突发事件时行政机关采取应急措施或者临时措施，以及行政机关采取金融业审慎监管措施、进出境货物强制性技术监控措施外，所有的行政强制的设定和实施均应适用行政强制法。行政强制法共有71条，分为7章。下文对该法的主要内容作一分析。

三、行政强制的基本原则

行政强制的基本原则指贯穿于行政强制制度之中，体现行政法治的内在精神和理念，要求行政机关、公务员及相关主体从事行政强制活动时必须坚持和遵循的基本要求。《行政强制法》第4条至第8条则分别确立了五项行政强制的基本原则，具体为：行政强制法定原则、适当原则或非强制优先原则、教育与强制相结合原则、不得谋利原则和权利保障原则。

（一）行政强制法定原则

《行政强制法》第 4 条规定："行政强制的设定和实施，应当依照法定的权限、范围、条件和程序。"该规定确立了行政强制法定原则，指行政强制权的设定及其行使必须依法进行，不得违反法律规定。没有法律规定或授权，不得设定行政强制；对于依法享有强制权的行政机关及其他机关，必须严格按照法律行使行政强制权。

根据《行政强制法》第 4 条规定，行政强制法定原则包括设定法定和实施法定两个方面：

1. 设定法定

设定法定，是指行政强制的设定权由法律规定，它涉及行政机关限制、剥夺或其他影响公民、法人或者其他组织权利的正当性和权限问题。行政强制作为激烈的行政管理手段，其设定至关重要。根据行政强制法的规定，行政强制原则上只有全国人民代表大会及其常委会制定的法律才有权设定，行政法规和地方性法规能否具有或具有什么样的设定权，有赖于法律的明确授权。除法律、行政法规和地方性法规外，其他任何规范不得设定对公民、法人或者其他组织不利的行政强制行为。

2. 实施法定

对由立法机关依法设定的行政强制，享有行政强制权的机关必须依照法律规定的权限、范围、条件和程序行使该权力。（1）权限法定。行政机关及相关主体实施行政强制必须遵循权限法定的要求，没有行政强制权的机关和组织不得实施行政强制。（2）范围法定。对享有行政强制权的行政机关及相关主体，应严格按照法律事先规定的权限范围，不得逾越权限范围。（3）条件法定。行政强制权的行使皆需要具有一定的条件，行政强制法及相关单行法均会对行政机关及相关主体行使行政强制权的条件、情况作出明示或默示规定。行政机关及相关主体只有在满足或符合法律规定的条件时，方能行使行政强制权，采取行政强制，否则构成违法。（4）程序法定。行政强制合法不仅包括结果合法，而且包括程序合法，二者缺一不可。行政强制法亦对程序十分重视，使用大量条文对行政强制程序作出规定。

（二）行政强制适当原则

《行政强制法》第 5 条规定："行政强制的设定和实施，应当适当。采用非强制手段可以达到行政管理目的的，不得设定和实施行政强制。"该规定所确立的行政强制适当原则，是行政强制至关重要的原则，对其理解直接关系到行政强制法的适用。

所谓行政强制适当原则，指行政强制的设定和实施应当保证行政强制手段与行政强制目的关系的恰当与适中，即设定和实施的行政强制应当出于行政管理所必需，在有多种行政强制手段可采用时应使用损害最小的手段。

根据《行政强制法》第 5 条规定，适当原则包括以下三方面的要求：

（1）行政强制手段适当。即行政机关所采取的行政强制手段必须为达到的结果相适当，手段与结果之间要匹配。

（2）非强制手段优先。即采用非强制手段可以达到行政管理目的的，不得设定和实施行政强制。这是行政强制适当原则的核心。非强制手段优先原则的确立，明确限定了行政强制在行政管理中的定位，行政强制既不是行政管理的第一位选择，也不是能够频繁使用的手段，除非不得已，行政机关不得动用行政强制，立法机关也不能为行政机关创设行政强制手段。

（3）此原则既适用于行政强制的实施，也适用于行政强制的设定。根据行政强制法第5条规定，适当原则不仅对行政机关具体实施行政强制行为有约束力，而且对立法机关为行政机关设定行政强制行为也有约束力。

（三）教育与强制相结合原则

《行政强制法》第6条规定："实施行政强制，应当坚持教育与强制相结合。"该规定确立了教育与强制相结合原则。

教育与强制相结合原则指行政机关在实施行政强制时，不能一味强调强制，而应当与说服教育相结合，通过说服教育工作尽可能促使当事人自觉履行义务，在说服教育无效的情况下应及时通过强制实现法律目的。具体有以下要求：在实施行政强制时应树立教育与强制并举的观念；先教育后强制；运用多种手段进行宣传教育。

（四）不得谋利原则

不得谋利原则指行政机关及其工作人员应当始终坚持行政强制权的行使为公共利益的要求，不得利用行政强制权为单位或个人谋取利益。行政强制法第7条规定："行政机关及其工作人员不得利用行政强制权为单位或者个人谋取利益。"

结合行政强制法的其他规定和行政实践，不得谋利原则包含两方面的要求：

1. 不得谋利的主体不限于行政机关工作人员，行政机关本身也包括其中

在现实中，虽然多数情况下滥用行政强制权或行政权力的主体主要表现为行政机关工作人员，但行政机关同样可以构成谋利的主体。

2. 不得谋利的对象包括单位和个人

根据《行政强制法》第7条规定，不得谋利包括不得为单位谋取利益和不得为个人谋取利益，而结合行政强制法的规定，不得谋利原则中的"单位"和"个人"不限于行政机关及其工作人员本身，运用行政强制权为任何单位和任何个人谋取利益均在被禁止之列。

（五）权利保障原则

《行政强制法》第8条规定："公民、法人或者其他组织对行政机关实施行政强制，享有陈述权、申辩权；有权依法申请行政复议或者提起行政诉讼；因行政机关违法实施行政

强制受到损害的，有权依法要求赔偿。公民、法人或者其他组织因人民法院在强制执行中有违法行为或者扩大强制执行范围受到损害的，有权依法要求赔偿。"该条规定确立了行政强制权利保障原则。

第二节　行政强制的种类和设定

行政强制的设定是由立法创设行政强制，本质是国家对行政强制的立法规定，涉及哪些法律规范可以对哪一(些)种类的行政强制作出规定。行政强制包括行政强制措施和行政强制执行，二者的种类不同，设定也有很大差异。

一、行政强制措施的种类和设定

(一)种类

行政强制措施可以划分为不同的类别，行政强制法第9条对此作出明确规定，内容为"行政强制措施的种类：(一)限制公民人身自由；(二)查封场所、设施或者财物；(三)扣押财物；(四)冻结存款、汇款；(五)其他行政强制措施"。

限制公民人身自由的强制措施，指为制止违法行为、避免危害发生、控制危险扩大等情形，行政机关依法对公民的人身自由实施暂时性限制。例如，强制驱散游行示威者。

查封场所、设施或者财物，扣押财物，冻结存款、汇款，上述三类行政强制措施属于对物采用的强制措施。查封是行政机关对公民、法人或者其他组织的场所或物品进行封存，不准转移和处理的措施，可以适用于财物，也可适用于场所和设施；扣押指行政机关将公民、法人或者其他组织的财物移至另外场所加以扣留，不准被执行人占有、使用和处分的措施；冻结指限制金融资产流动的行政强制措施，包括冻结存款和冻结汇款。

除以上述四类之外的行政强制措施，行政强制法未沿用行政处罚法的做法作出限定，仅用"其他行政强制措施"作概括。

(二)设定

与行政处罚、行政许可的设定相比，行政强制法对包括行政强制措施在内的行政强制设定采取了从严的思路。

1. 法律的设定权

法律可以对所有的行政强制措施进行设定，但下列行政强制措施的设定由法律保留：限制公民人身自由的行政强制措施、冻结存款、汇款，以及其他应由法律设定的事项，这些措施只能由法律作出设定。

2. 行政法规的设定权

行政法规对行政强制措施的设定相对复杂，包括两种情形：第一种情形是某一领域或事项尚未制定法律。在此情形下，如相关事项属于国务院行政管理职权事项的，行政法规可以设定由法律保留的行政强制措施之外的措施，即限制公民人身自由的行政强制措施、冻结存款、汇款，以及其他应由法律设定的行政强制措施以外的其他行政强制措施。第二种情形是某一领域或事项已出台法律。在此情形下，如已制定的法律设定了行政强制措施，且对行政强制措施的对象、条件、种类作了规定的，行政法规只能对已创设的行政强制措施作出细化规定，不得作出扩大规定；如已制定的法律未设定行政强制措施，行政法规原则上不得设定行政强制措施。不过，在符合特定条件时行政法规可以设定行政强制措施，即单行法律规定特定事项由行政法规规定具体管理措施，那么，行政法规可以设定由法律保留设定的行政强制措施之外的其他行政强制措施。

3. 地方性法规的设定权

根据行政强制法的规定，地方性法规对行政强制措施的设定权为，尚未制定法律、行政法规，且属于地方性事务的，可以设定的行政强制措施有两类，即查封场所、设施或者财物和扣押财物。

对法律已设定的行政强制措施，地方性法规只能对法律所规定的行政强制措施的对象、条件、种类作出细化规定，加以具体化，扩大规定无效。如法律中未设定行政强制措施的，地方性法规不得设定行政强制措施。

除法律、法规以外的其他规范性文件，均不得设定行政强制措施。

二、行政强制执行的方式和设定

(一)行政强制执行方式

行政强制执行的方式因执行主体不同而不同。如果行政机关的具体行政行为需要申请法院执行，则由法院主要使用相应的强制方式强制当事人履行；如果行政机关有自行强制执行权，则由行政机关依法律规定的方式强制执行。

应当说，不同的行政机关可以采取的行政强制执行方式应依法律规定。概括而言，可以分为三类：

一是代履行。也可称为代执行，指如当事人拒不履行的义务为可由他人代替履行的义务时，行政机关请他人代为履行，并要求当事人承担相应费用的执行方式。代履行有两个特征：第一，当事人应履行的义务为可替代义务，即此义务可以当事人亲自履行，也可以由他人履行，如排除妨碍、恢复原状属于此种义务。如某项义务必须当事人亲自履行，不能适用代履行。第二，代履行的费用应由当事人承担。

二是执行罚。指在当事人逾期不履行义务时，行政机关要求当事人承担一定的金钱给付义务，促使其履行义务的执行方式。如当事人不缴纳罚款，行政机关依法加处罚款或者滞纳金。值得注意的是，这里虽用的是罚款，但不是行政处罚，而是一种行政强制执行方式。

三是直接强制。指行政机关直接对当事人人身或财产实施强制，迫使其履行义务或实现与履行义务相同状态的执行方法。一般包括划拨存款、汇款，拍卖或者依法处理查封、扣押的场所、设施或者财物等。

《行政强制法》第12条规定的行政强制执行方式有：加处罚款或者滞纳金；划拨存款、汇款；拍卖或者依法处理查封、扣押的场所、设施或者财物；排除妨碍、恢复原状；代履行；其他强制执行方式。

(二)设定

《行政强制法》第13条规定："行政强制执行由法律设定。法律没有规定行政机关强制执行的，作出行政决定的行政机关应当申请人民法院强制执行。"此规定要求行政机关的自行强制执行必须由法律设定，包括行政法规、地方性法规不得设定行政机关强制执行，因此此规定限缩了行政强制法实施前授权行政机关能够自行强制执行的范围。

三、设定的论证和评价

根据行政强制法的规定，无论是对行政强制措施的设定还是对行政强制执行的设定，在设定前必须进行论证，设定后必须进行评价。在起草法律草案、法规草案，拟设定行政强制的，起草单位应当采取听证会、论证会等形式听取意见，并向制定机关说明设定该行政强制的必要性、可能产生的影响以及听取和采纳意见的情况。

行政强制设定后应进行评价。行政强制的设定机关应当定期对其设定的行政强制进行评价，并对不适当的行政强制及时予以修改或者废止；行政强制的实施机关可以对已设定的行政强制的实施情况及存在的必要性适时进行评价，并将意见报告该行政强制的设定机关；公民、法人或者其他组织可以向行政强制的设定机关和实施机关就行政强制的设定和实施提出意见和建议。有关机关应当认真研究论证，并以适当方式予以反馈。

第三节　行政强制措施实施程序

行政强制法用了相当大的笔墨对行政强制措施程序作出规定，意在增加操作性和规范性。

一、实施行政强制措施的主体

行政强制措施由法律、法规规定的行政机关在法定职权范围内实施。特别值得注意的是，《行政强制法》第17条第2款授予行使相对集中行政处罚权的行政机关采取行政强制措施的权力，即依据行政处罚法的规定行使相对集中行政处罚权的行政机关，可以实施法律、法规规定的与行政处罚权有关的行政强制措施。

行政强制法明确规定行政强制措施权不得委托，同时规定行政强制措施应当由行政机关具备资格的行政执法人员实施，其他人员不得实施。

二、一般程序要求

实施行政强制措施的一般程序，指行政机关实施各类行政强制措施均需要遵守的程序环节和要求。

（1）报告和批准。实施前须向行政机关负责人报告并经批准。情况紧急，需要当场实施行政强制措施的，行政执法人员应当在24小时内向行政机关负责人报告，并补办批准手续。行政机关负责人认为不应当采取行政强制措施的，应当立即解除。

（2）表明身份。实施行政强制措施时，应由两名以上行政执法人员实施。实施时，执法人员应出示执法身份证件，表明身份。

（3）通知当事人到场。当事人不到场的，邀请见证人到场，由见证人和行政执法人员在现场笔录上签名或者盖章。

（4）告知和说明理由。执法人员应当场告知当事人采取行政强制措施的理由、依据以及当事人依法享有的权利、救济途径。

（5）听取当事人的陈述和申辩。

（6）制作现场笔录。现场笔录由当事人和行政执法人员签名或者盖章，当事人拒绝的，在笔录中予以注明。

三、特别程序要求

除一般程序要求外，行政机关实施限制公民人身自由、查封扣押、冻结等行政强制措施的，还须遵循特别程序要求。

（一）实施限制公民人身自由的强制措施

当场告知或者实施行政强制措施后立即通知当事人家属实施行政强制措施的行政机关、地点和期限。在紧急情况下当场实施行政强制措施的，在返回行政机关后，立即向行政机关负责人报告并补办批准手续。如法律规定对此类措施的其他程序作出规定，应从其规定。行政机关实施限制人身自由的行政强制措施不得超过法定期限。实施行政强制措施的目的已经达到或者条件已经消失，应当立即解除。

（二）查封、扣押

1. 对象要求

限于涉案的场所、设施或者财物，不得查封、扣押与违法行为无关的场所、设施或者财物，不得查封、扣押公民个人及其所扶养家属的生活必需品，对当事人的场所、设施或者财物已被其他国家机关依法查封的，不得重复查封。

2. 形式要求

行政机关决定实施查封、扣押的，应当制作并当场交付查封、扣押决定书和清单。查封、扣押决定书应当载明的事项有：当事人的姓名或者名称、地址；查封、扣押的理由、依据和期限；查封、扣押场所、设施或者财物的名称、数量等；申请行政复议或者提起行政诉讼的途径和期限；行政机关的名称、印章和日期。查封、扣押清单一式二份，由当事人和行政机关分别保存。

3. 期限

查封、扣押的期限不得超过 30 日，如法律、行政法规另有规定的，从其规定。情况复杂的，经行政机关负责人批准，可以延长，但是延长期限不得超过 30 日。延长查封、扣押的决定应当及时书面告知当事人，并说明理由。

对物品需要进行检测、检验、检疫或者技术鉴定的，查封、扣押的期间不包括检测、检验、检疫或者技术鉴定的期间。检测、检验、检疫或者技术鉴定的期间应当明确，并书面告知当事人。检测、检验、检疫或者技术鉴定的费用由行政机关承担。

4. 保管及费用

对查封、扣押的场所、设施或者财物，行政机关应当妥善保管，不得使用或者损毁；造成损失的，应当承担赔偿责任。对查封的场所、设施或者财物，行政机关可以委托第三人保管，第三人不得损毁或者擅自转移、处置。因第三人的原因造成的损失，行政机关先行赔付后，有权向第三人追偿。

因查封、扣押发生的保管费用由行政机关承担。

5. 处置

行政机关采取查封、扣押措施后，应当及时查清事实，在法定期限内作出处理决定。行政机关有三种处置方式：

第一，没收。对违法事实清楚，依法应当没收的非法财物予以没收。

第二，销毁。法律、行政法规规定应当销毁的，依法销毁。

第三，解除查封、扣押。有下列情形之一的，行政机关应当及时作出解除查封、扣押决定：当事人没有违法行为；查封、扣押的场所、设施或者财物与违法行为无关；行政机关对违法行为已经作出处理决定，不再需要查封、扣押；查封、扣押期限已经届满；其他不再需要采取查封、扣押措施的情形。

(三) 冻结

1. 只能由法律规定的行政机关实施

冻结这一强制措施的实施主体只能由法律规定的行政机关实施，其他任何行政机关或者组织不得冻结存款、汇款。

2. 对象要求

冻结存款、汇款的数额应当与违法行为涉及的金额相当；已被其他国家机关依法冻结的，不得重复冻结。

3. 冻结通知书

行政机关依照法律规定决定实施冻结存款、汇款时，在遵守一般程序要求的同时，还应当向金融机构交付冻结通知书。金融机构接到行政机关依法作出的冻结通知书后，应当立即予以冻结，不得拖延，不得在冻结前向当事人泄露信息。

4. 冻结决定书

作出决定的行政机关应当在 3 日内向当事人交付冻结决定书。冻结决定书应当载明下列事项：当事人的姓名或者名称、地址；冻结的理由、依据和期限；冻结的账号和数额；申请行政复议或者提起行政诉讼的途径和期限；行政机关的名称、印章和日期。

5. 期限

除法律另有规定的，冻结的期限为 30 日。自冻结存款、汇款之日起 30 日内，行政机关应当作出处理决定或者作出解除冻结决定；情况复杂的，经行政机关负责人批准，可以延长，但是延长期限不得超过 30 日。延长冻结的决定应当及时书面告知当事人，并说明理由。

6. 冻结决定的解除

有下列情形之一的，行政机关应当及时作出解除冻结决定：当事人没有违法行为；冻结的存款、汇款与违法行为无关；行政机关对违法行为已经作出处理决定，不再需要冻结；冻结期限已经届满；其他不再需要采取冻结措施的情形。行政机关作出解除冻结决定的，应当及时通知金融机构和当事人。金融机构接到通知后，应当立即解除冻结。行政机关逾期未作出处理决定或者解除冻结决定的，金融机构应当自冻结期满之日起解除冻结。

第四节　行政机关强制执行程序

一、行政机关自行强制执行权限

我国行政强制执行实行由行政机关和法院共享强制执行权的模式，二者各自的权限涉及行政强制执行的运行。行政强制法对此前行政机关和法院各自的强制执行权进行了一定的调整，规定"法律没有规定行政机关强制执行的，作出行政决定的行政机关应当申请人民法院强制执行"。根据此规定，行政机关自行强制执行权的取得需要由全国人大及其常委会制定的法律授权。

不过，行政强制法在规定单行法律可以授权行政机关自行强制执行时，也给予行政机关可以自行强制执行的两项授权。一是对违法建筑物、构筑物、设施等强制拆除。根据《行政强制法》第 44 条的规定，行政机关进行强制拆除的条件是，当事人在法定期限内不申请行政复议或者提起行政诉讼，又不拆除。同时，在程序上，行政机关应予以公告，限期当事人自行拆除。二是符合特定条件时对金钱给付义务的直接强制执行。对行政机关依法作出金钱给付义务的行政决定，当事人逾期不履行的，行政机关可以依法采取加处罚款或者滞纳金进行间接强制执行。如当事人仍不履行，法律授予自行强制执行权的行政机关自然可以直接强制执行；没有授予的，原则上要申请法院执行。不过，若当事人在法定期限内不申请行政复议或者提起行政诉讼，经催告仍不履行的，且行政机关在实施行政管理过程中已经采取查封、扣押措施时，该行政机关即取得强制执行权，可以将查封、扣押的财物依法拍卖抵缴罚款。

二、一般程序及要求

对行政机关自行强制执行程序，无论采取何种措施均应遵循下列程序环节：

一是督促催告。在进行强制执行前，行政机关应利用催告的方式，作最后一次的督促，让当事人自觉履行义务。行政机关在作出强制执行决定前，应当事先催告当事人履行义务。催告应当以书面形式作出，并载明下列事项：履行义务的期限；履行义务的方式；涉及金钱给付的，应当有明确的金额和给付方式；当事人依法享有的陈述权和申辩权。

二是陈述与申辩。当事人收到催告书后有权进行陈述和申辩。行政机关应当充分听取当事人的意见，对当事人提出的事实、理由和证据，应当进行记录、复核。当事人提出的事实、理由或者证据成立的，行政机关应当采纳。

三是作出强制执行决定和送达。经催告，当事人逾期仍不履行行政决定，且无正当理由的，行政机关可以作出强制执行决定。强制执行决定应当以书面形式作出，并载明下列事项：当事人的姓名或者名称、地址；强制执行的理由和依据；强制执行的方式和时间；申请行政复议或者提起行政诉讼的途径和期限；行政机关的名称、印章和日期。在催告期间，对有证据证明有转移或者隐匿财物迹象的，行政机关可以作出立即强制执行决定。催告书、行政强制执行决定书应当直接送达当事人。当事人拒绝接收或者无法直接送达当事人的，应当依照民事诉讼法的有关规定送达。

四是采取强制执行措施。文书经送达后，行政机关根据执行内容、标的等不同，分别采取不同的强制执行方式，并遵循不同的程序规定。行政机关不得在夜间或者法定节假日实施行政强制执行。但是，情况紧急的除外。行政机关不得对居民生活采取停止供水、供电、供热、供燃气等方式迫使当事人履行相关行政决定。

三、特别程序及要求

除一般程序要求外，针对具体强制执行措施，行政机关还应遵循特别程序要求。

(一) 金钱给付义务的执行

1. 先采取间接强制措施

行政机关依法作出金钱给付义务的行政决定，当事人逾期不履行的，行政机关可以依法加处罚款或者滞纳金。加处罚款或者滞纳金的标准应当告知当事人。加处罚款或者滞纳金的数额不得超出金钱给付义务的数额。

2. 自行强制执行或申请法院执行

行政机关实施加处罚款或者滞纳金超过 30 日，经催告当事人仍不履行的，具有行政强制执行权的行政机关可以强制执行，没有行政强制执行权的行政机关应当申请人民法院强制执行。

3. 执行的程序要求

划拨存款、汇款应当由法律规定的行政机关决定，并书面通知金融机构。金融机构接到行政机关依法作出划拨存款、汇款的决定后，应当立即划拨。依法拍卖财物，由行政机关委托拍卖机构依照拍卖法的规定办理。划拨的存款、汇款以及拍卖和依法处理所得的款项应当上缴国库或者划入财政专户。任何行政机关或者个人不得以任何形式截留、私分或者变相私分。

(二) 代履行

1. 适用范围

行政机关依法作出要求当事人履行排除妨碍、恢复原状等义务的行政决定，当事人逾期不履行，经催告仍不履行，其后果已经或者将危害交通安全、造成环境污染或破坏自然资源的，行政机关可以代履行，或者委托没有利害关系的第三人代履行。

2. 程序

原则上，代履行应当遵守下列规定：第一，代履行前送达决定书。代履行决定书应当载明当事人的姓名或者名称、地址，代履行的理由和依据、方式和时间、标的、费用预算以及代履行人。第二，催告履行。代履行 3 日前，催告当事人履行，当事人履行的，停止代履行。第三，代履行。代履行时，作出决定的行政机关应当派员到场监督，代履行完毕，行政机关到场监督的工作人员、代履行人和当事人或者见证人应当在执行文书上签名或者盖章。代履行不得采用暴力、胁迫以及其他非法方式。

对需要立即清除道路、河道、航道或者公共场所的遗洒物、障碍物或者污染物，当事人不能清除的，行政机关可以决定立即实施代履行；当事人不在场的，行政机关应当在事后立即通知当事人，并依法作出处理。

3. 费用

代履行的费用按照成本合理确定，由当事人承担。但是，法律另有规定的除外。

四、中止执行、终结执行和执行和解

(一) 中止执行

有下列情形之一的，中止执行：当事人履行行政决定确有困难或者暂无履行能力的；第三人对执行标的主张权利，确有理由的；执行可能造成难以弥补的损失，且中止执行不损害公共利益的；行政机关认为需要中止执行的其他情形。

中止执行的情形消失后，行政机关应当恢复执行。对没有明显社会危害，当事人确无能力履行，中止执行满 3 年未恢复执行的，行政机关不再执行。

(二)终结执行

有下列情形之一的，终结执行：公民死亡，无遗产可供执行，又无义务承受人的；法人或者其他组织终止，无财产可供执行，又无义务承受人的；执行标的灭失的；据以执行的行政决定被撤销的；行政机关认为需要终结执行的其他情形。

在执行中或者执行完毕后，据以执行的行政决定被撤销、变更，或者执行错误的，应当恢复原状或者退还财物；不能恢复原状或者退还财物的，依法给予赔偿。

(三)执行和解

实施行政强制执行，行政机关可以在不损害公共利益和他人合法权益的情况下，与当事人达成执行协议。执行协议可以约定分阶段履行；当事人采取补救措施的，可以减免加处的罚款或者滞纳金，执行协议应当履行。当事人不履行执行协议的，行政机关应当恢复强制执行。

第五节　申请法院强制执行

一、适用条件

《行政强制法》第 53 条规定："当事人在法定期限内不申请行政复议或者提起行政诉讼，又不履行行政决定的，没有行政强制执行权的行政机关可以自期限届满之日起 3 个月内，依照本章规定申请人民法院强制执行。"因此，行政机关申请法院强制执行需要具备两个条件：

一是行政机关无强制执行权。如法律明确授予行政机关自行强制执行权的，作出行政决定的行政机关不必申请法院强制执行。

二是当事人既不寻求救济也不履行行政决定。当事人在法定期限内不申请行政复议或者提起行政诉讼，又不履行行政决定。

申请期限为自期限届满之日起 3 个月内。

二、行政机关提出申请

(一)申请前的催告

行政机关申请人民法院强制执行前，应当催告当事人履行义务。催告书送达 10 日后当事人仍未履行义务的，行政机关可以申请法院强制执行。

(二) 管辖法院

行政机关可以向所在地有管辖权的人民法院申请强制执行；执行对象是不动产的，向不动产所在地有管辖权的人民法院申请强制执行。

(三) 申请材料

行政机关向人民法院申请强制执行，应当提供下列材料：强制执行申请书；行政决定书及作出决定的事实、理由和依据；当事人的意见及行政机关催告情况；申请强制执行标的情况；法律、行政法规规定的其他材料。

强制执行申请书应当由行政机关负责人签名，加盖行政机关的印章，并注明日期。

三、法院的受理、审理和裁定

(一) 受理

法院接到行政机关强制执行的申请，应当在5日内受理。行政机关对人民法院不予受理的裁定有异议的，可以在15日内向上一级人民法院申请复议，上一级人民法院应当自收到复议申请之日起15日内作出是否受理的裁定。

(二) 审查

1. 审查方式

法院对行政机关强制执行的申请进行书面审查，即通过审阅书面材料方式进行审查。不过，根据行政强制法的规定，法院在作出裁定前也可以采用其他方式进行审查。《行政强制法》第58条规定："人民法院发现有下列情形之一的，在作出裁定前可以听取被执行人和行政机关的意见：（一）明显缺乏事实根据的；（二）明显缺乏法律、法规依据的；（三）其他明显违法并损害被执行人合法权益的。"

2. 审查期限与案件处理

对一般的强制执行案件，法院的审查期限为7日。经审查，如行政机关提交的申请材料齐全，且行政决定具备法定执行效力的，法院应当自受理之日起7日内作出执行裁定。

对出现行政强制法第58条规定情形的案件，法院的审查期限为30日。法院应当自受理之日起30日内作出是否执行的裁定。裁定不予执行的，应当说明理由，并在5日内将不予执行的裁定送达行政机关。行政机关对人民法院不予执行的裁定有异议的，可以自收到裁定之日起15日内向上一级人民法院申请复议，上一级人民法院应当自收到复议申请之日起30日内作出是否执行的裁定。

不过，因情况紧急，为保障公共安全，行政机关可以申请人民法院立即执行。经人民法院院长批准，人民法院应当自作出执行裁定之日起 5 日内执行。

3. 费用

行政机关申请人民法院强制执行，不缴纳申请费。强制执行的费用由被执行人承担。法院以划拨、拍卖方式强制执行的，可以在划拨、拍卖后将强制执行的费用扣除；依法拍卖财物，由人民法院委托拍卖机构依照拍卖法的规定办理。

划拨的存款、汇款以及拍卖和依法处理所得的款项应当上缴国库或者划入财政专户，不得以任何形式截留、私分或者变相私分。

本章主要法律：行政强制法

与行政处罚、行政许可的设定相比，行政强制的设定更为严格和复杂。

1. 对行政强制措施，法律、行政法规和地方性法规享有设定权。

2. 限制公民人身自由的行政强制措施、冻结存款、汇款，以及其他应由法律设定的行政强制措施，均属于法律保留事项。

3. 对行政强制执行只有法律有设定权，法律没有规定行政机关强制执行的，应申请法院强制执行。

第七章　行政处罚法律制度

第八届全国人大第四次会议于 1996 年 3 月通过了《中华人民共和国行政处罚法》（后经 2007 年 8 月 27 日、2017 年 9 月 1 日、2021 年 1 月 22 日三次修改，以下简称《行政处罚法》），以法律的形式规定了行政处罚基本的和现实中迫切需要解决的问题，从而为规范行政权力，保障相对方的合法权益和更好地维护公共利益和社会管理秩序提供了基本法律依据。本章的内容围绕《行政处罚法》，并结合行政管理实践中的一些具体问题，依次介绍行政处罚的概念、特征和一些相关概念的区别，行政处罚的基本原则，行政处罚的种类与形式，行政处罚的管辖与适用，行政处罚的程序和行政处罚的执行等。

第一节　行政处罚概述

一、行政处罚的概念和特征

行政处罚是行政主体或法律、法规授权的组织依照法定权限和程序对违反行政法律规范尚未构成犯罪的相对方给予行政制裁的具体行政行为。

行政处罚的特征主要表现在以下方面：

1. 主体方面

行政处罚的适用主体绝大部分是行政机关或少量法律、法规授权的其他行政主体。行政主体的条件：（1）某一特定行政机关是否拥有处罚权和拥有何种、多大范围的处罚权，都必须由法律、法规予以明确的规定，处罚主体和内容必须是法定的；（2）虽然行政处罚权主要是由行政机关行使，但在现实生活中特定的组织经过依法授权或行政机关的委托，也享有一定的行政处罚权；（3）个人在任何意义上都不能成为行政处罚的主体，行政处罚必须以组织名义行使。

2. 对象方面

行政处罚的对象是作为相对方的公民、法人或其他组织，它属于外部行政行为。这一点使之区别于行政处分。行政处分是行政机关基于内部管理关系或监察机关依法定职权对其所属公务员作出的一种行政内部行为。被处分的对象只能是行政机关的工作人员或其他由行政机关任命或管理的人员。一般公民、法人或其他组织不能成为行政处分的对象。

3. 前提方面

行政处罚的前提的相对方实施了违反行政法律规范的行为。首先，相对方实施了违反行政法律规范的行为，才能给予行政处罚；其次，相对方的行为在主观上必须有故意或过失；再次，相对方必须有行政责任能力，如达到法定年龄和有行为能力；最后，必须有法律、法规的明确规定，法无明文规定者不处罚。

4. 性质方面

行政处罚的性质是一种以惩戒违法为目的、具有制裁性的具体行政行为。这种制裁性体现在：对违法相对人方人身权或财产权的限制、剥夺，或对其科以新的义务。这一点使之明显区别于授益性的行政奖励行为或赋权性的行政许可行为。

二、行政处罚与相关概念的区别

比较行政处罚与行政处分、行政处罚与刑罚、行政处罚与行政强制执行、行政处罚与执行处罚之间的区别，有助于进一步准确地把握行政处罚的概念与特征。

(一) 行政处罚与行政处分的区别

行政处分是指国家行政机关对其系统内部违法失职的公务员实施的一种惩戒措施。行政处罚与行政处分虽然都是国家行政机关作出的制裁行为，同属于行政制裁，但两者有着明显的区别。

1. 作出决定的主体范围不同

行政处罚是由享有行政处罚权的行政主体作出的，这些行政主体具有对外行政管理职能，其行政处罚权已为法律、法规明确规定。如公安机关有权根据《治安管理处罚法》，对那些违反社会管理秩序、尚未构成犯罪的行为实施治安管理处罚。而行政处分是行政机关对其所属的公务员或法定的行政监察机关对其所辖的公务员作出的。可见，行政机关对其工作人员都享有行政处分权，但不一定享有对外处罚权。

2. 制裁的对象不同

行政处罚制裁的对象是违反了行政法律规范的公民、法人或者其他组织；而行政处分的对象仅限于有行政隶属关系的行政机关系统内部的公务员。

3. 采取的形式不同

行政处罚的形式、种类很多，有警告、罚款、行政拘留、吊销许可证执照、责令停产停业、没收财物等；而行政处分的形式一般只有警告、记过、记大过、降级、撤职和开除等六种形式。

4. 行为的性质不同

行政处罚属于外部行政行为，是行政机关对外行使行政权的表现，以行政管辖关系为基础；而行政处分属于内部行政行为，是行政机关对其本系统内的公务员作出的行政行为，以行政隶属关系为前提。

5. 两者的救济途径不同

相对方对行政处罚不服的，除法律、法规另有规定排除外，相对方可申请复议或提起行政诉讼，通过复议或提起诉讼获得救济；而对行政处分不服的，被处分的公务员只能向作出处分决定的机关的上一级机关或法定的行政监察部门申诉。

(二)行政处罚与刑罚的区别

行政处罚与刑罚都是具有强制力的制裁方式，但两者有显著区别：

1. 行政的权力归属不同

行政处罚权属于行政权的一部分；而刑罚的权力则属于司法权中的审判权的范畴。

2. 适用的主体不同

行政处罚是由有外部管理权限的行政机关或法律、法规授权的组织实施；而刑罚的实施主体只能是人民法院，其他任何国家机关、社会团体、企事业单位和个人都无权行使。

3. 适用的对象不同

行政处罚的对象是违反行政法律规定的公民、法人或其他组织，当公民、法人或其他组织既违反行政法律规范，又违反了刑事法律规范的情况下，也可能对其实施两种竞合处罚；而刑罚只能对违反刑事法律规范的犯罪分子实施，不能对只违反行政法律规范而未犯罪的人实施。刑罚的惩罚程度要明显重于行政处罚的惩罚程度。

4. 适用的程序不同

行政处罚是按照行政程序作出的；而刑罚必须根据刑事诉讼法的程序作出，这是由刑罚在法律制裁中具有最严厉的性质所决定的。刑罚的种类统一由刑法典规定，有两类十种，即五种主刑和五种附加刑。主刑是：管制、拘役、有期徒刑、无期徒刑、死刑。附加刑是：罚金、剥夺政治权利、没收财产、驱逐出境(只适用于外国人)以及剥夺奖章、勋章和荣誉称号(只适用于军人)。

(三)行政处罚与行政强制执行的区别

行政强制执行是指国家行政主体为了保证行政管理活动的顺利进行，对不履行行政法义务的相对方或有现实危险的相对方的人身或财产采取紧急性、即时性强制措施的具体行政行为的总称。行政处罚与行政强制执行都是具体行政行为，都是有关国家行政机关对违反行政法律规范的行为采取的经国家强制力为后盾的行政行为，而且二者有着某种承接关系，但二者仍有明显的区别：

1. 性质不同

行政处罚是对违反行政法律规范行为的一种制裁，即对行政违法行为的事后制裁，它依法限制相对方的权益，为其设定某种义务，处罚决定不因相对方停止实施违法行为而解除、失效且罚款或没收不能返还。而行政强制执行不是一种制裁，它不设定某种新的义务，本质上属于执行行为，在相对方开始履行行政处理决定或义务时，强制执行措施即应停止，如冻结的存款要解冻，扣留的物品要返还，拘留行为要解除等。

2. 目的不同

行政强制执行是为了促使被强制人履行法定义务，而行政处罚是为了惩戒相对方的行政违法行为。

3. 实施的对象不同

行政处罚的对象是实施了某种违反行政法律规范行为的个人或组织；而行政强制措施的对象则是不履行行政法义务或对社会有某种即时危险性的个人或组织，其本身不一定实施了行政违法行为。

(四)行政处罚与执行罚的区别

执行罚是属于间接行政强制执行的一种方法，它是以处罚的形式(如要求相对方缴纳滞纳金)促使当事人履行义务。虽然行政处罚与执行罚都有着处罚的外在形式，但二者之间仍有明显区别：

1. 性质方面

引起执行罚的行为不具有严格意义上的违法性，执行罚是防止违法行为发生的惩戒措施。法律设定执行罚的目的在于促使相对方履行法定义务。例如，税收管理中，税务机关对超过法定期限不纳税的公民或组织，就在按日交纳滞纳金。但纳税义务人一旦履行了纳税义务，滞纳金就随即停止累计。而行政处罚则是以相对方的违反行政法律规范行为作为前提的，没有相对方的违法行为，就不能给予行政处罚。

2. 目的不同

行政处罚的目的是惩罚和教育行政违法行为的相对方，制止和预防行政违法行为。该行为一旦处罚和实施，即告结束。而执行罚与其他强制执行方式一样，是为了促使相对方在法定期限内履行法定义务。处以执行罚以后，相对方仍要继续履行义务。可见，执行罚可以反复多次适用，直至相对方完全履行义务为止。

第二节　行政处罚的基本原则

行政处罚的基本原则是指对行政处罚的设定和实施所必要遵循的具有普遍指导意义的一般准则。根据《行政处罚法》的规定和行政管理的实践，行政处罚应遵循的基本原则有：

一、处罚法定原则

处罚法定原则，指行政处罚必须依法进行。它是依法行政在行政处罚中的具体体现和要求。处罚法定原则包含以下内容：(1)实施处罚的主体必须是法定的行政主体。《行政处罚法》第 17 条规定，行政处罚由具有行政处罚权的行政机关在法定职权范围内实施。可见，不具有法定职权的行政机关，也就不能实施特定的行政处罚。当然，法律、法规授权的具有管理公共事务职能的组织，可在其法定职权范围内依法实施行政处罚。(2)处罚依据是法定的。即实施处罚必须有法律、法规、规章的明确规定，但是它们又是分层次的，效力有高低之分。《行政处罚法》确定行政处罚设定权的总的原则是：行政处罚基本由中央设定，即由法律、行政法规设定，地方性法规和规章作为补充。在地方，以地方性法规设定为主，地方政府的规章作补充。具体言之，法律可以设定各种类型的行政处罚。行政法规、地方性法规和规章在设定行政处罚时受到不同程序的限制。(3)行政处罚的程序合法。处罚法定原则不仅要求实体合法，也要求程序合法，即应遵循法定程序。

二、公正、公开原则

公正原则是处罚法定原则的必要补充，是指在实施行政处罚时，不仅要求形式是合法的，是在自由裁量的法定幅度的范围内实施的，而且要求在内容上合法，符合立法目的。所谓公开，就是处罚过程要公开，要有相对方的参与和了解，以提高公民对行政机关实施的行政处罚的信任度，同时监督行政机关及其公务员依法、公正地行使职权，保障相对方的合法权益。坚持处罚公开、公正原则，必须做到：(1)实施处罚的动因符合行政目的；(2)处罚决定要建立在正当考虑不相关的因素；(3)处罚的轻重程度应与违法事实、性质、情节及危害大小相适应；(4)行政处罚行为还必须合乎理性，不能违背常理、常规，不能违背共同的道德。坚持处罚公开原则，最主要的是实施行政处罚的过程和结果要公开。《行政处罚法》规定了一系列保证行政处罚的公开的制度，如表明身份制度(第55条)，告知制度(第41、44条)，听取意见制度(第45条)，听证制度(第63条)。

三、处罚与教育相结合的原则

处罚与教育相结合的原则，是指行政处罚不仅是制裁行政违法行为的手段，同时也是教育人们遵守法律的一种形式。行政处罚的目的不仅是"惩"已然的违法行为，而且是"戒"未然的违法行为。通过惩罚与教育，使人们认识到违法行为的危害，从而培养自觉守法的意识。当然，对于已然的行政违法行为，教育必须以处罚为后盾，不能以教育代替处罚。对应受行政处罚的违法者，在给予处罚的同时，还应予以鞭策、教育，二者不可偏废，从而达到制止、预防违法的目的。《行政处罚法》第6条规定："实施行政处罚，纠正违法行为，应当坚持处罚与教育相结合，教育公民、法人或者其他组织自觉守法。"此外，《行政处罚法》关于"警告"的处罚形式和第30条、第32条对不满18周岁的人违法，或者主动消除或减轻危害后果，或有立功表现的违法行为人从轻、减轻甚至不予处罚的规定，均反映了这一原则的精神。

四、处罚救济原则

处罚救济原则又称法律救济原则，是指行政主体对相对方实施行政处罚时，必须保证相对方取得救济途径，否则不能实施行政处罚。处罚救济原则间保证行政处罚合法、公正行使的事后补救措施。《行政处罚法》所规定的救济是行政救济，是指因行政机关的违法或不当行政处罚行为而使相对方的合法权益受到损害时，相对方请求国家予以救济的制度。广义的行政救济除行政复议与行政诉讼外，还包括相对方请求行政机关改正错误、声明异议、陈述和申辩、要求听证等。《行政处罚法》第 7 条规定："公民、法人或者其他组织对行政机关所给予的行政处罚，享有陈述权、申辩权；对行政处罚不服的，有权依法申请行政复议或者提起行政诉讼。公民、法人或者其他组织因行政机关违法给予行政处罚受到损害的，有权依法提出赔偿要求。"

五、一事不再罚原则

这是指行政主体对相对方的某一个违法行为，不得给予两次以上的同类处罚。《行政处罚法》第 29 条规定："对当事人的同一个违法行为，不得给予两次以上罚款的行政处罚。"一事不再罚原则解决和避免了行政处罚实践中多次与重复处罚的问题。正确理解这一原则应当注意：(1)行为人的一个行为，同时违反了两个以上法律、法规的规定，可以给予两次以上的处罚，但如果处罚是罚款，则只能是一次，另一次处罚可以是依法吊销营业执照或许可证，也可以是责令其停产停业，还可以是没收财产等，只是不能再罚款。(2)行为人的一个行为违反一个法律、法规规定，该法律、法规同时规定施罚机关可以并处两种处罚，如可以没收财产并处罚款，罚款并处吊销营业执照等，这种并处不违背一事不再罚原则。(3)违法行为性质严重已构成犯罪的，依法追究其刑事责任的同时，依法应予行政处罚的当然适用。

六、职能分离原则

这是行政处罚的裁决权和执行权应该是分离的。处罚的裁决权由直接行使大量国家行政管理活动的行政机关行使，而处罚的执行权则交给相对专门化的机构或机关行使。如在对行政处罚决定的执行上，《行政处罚法》第 67 条第 1 款明确规定了决定罚款与收缴罚款相分离的制度："作出罚款决定的行政机关应当与收缴罚款的机构分离。"

七、过罚相当原则

过罚相当原则是指行政主体对违法行为人适用行政处罚，所科罚种和处罚幅度要与违法行为人的违法过错程度相适应，避免畸轻畸重的不合理和不公正的情况。要做到过罚相当，首先，要全面了解掌握有关违法行为人的基本情况(是否成年、精神是否正常、身体是否健全或伤残等)；违法事实和违法行为的各种情节(如目的、动机、手段、危害后果、在共同违法中的作用等)；违法后的认错态度、表现等的所有材料、证据。然后要正确认定违法行为人相应违法行为的性质(如属殴打他人，还是结伙斗殴，是诈骗还是借款不还，是投机倒把还是抬高物价)。其次，要正确选择适用法律、法规的全面性，把握好法律、法规效力的层级性，内容的针对性，具体条文与相应行为的适应性等。最后，还要正确行使好自由裁量权，根据当时当地的形势及有关政策等，在法律、法规规定的范围内选择、确定最适当的处罚幅度。过罚相当原则，不仅是行政处罚适用或实施时所应遵循的原则，也是行政处罚设定时所遵循的原则。在设定处罚时，必须考虑其所要处罚的违法行为的特点，以及给社会造成危害的大小，根据这些预见和过罚相当原则而设定适当种类、幅度的处罚。

第三节　行政处罚的种类与形式

行政处罚可以根据不同的标准进行分类。若以行政处罚的性质为标准，行政处罚可分为限制或剥夺权利性的处罚、科以义务性处罚、影响声誉的处罚；以行政处罚的内容为标准，其可分为人身自由罚、声誉罚（申诫罚、精神罚）、财产罚、行为罚四类。每一类处罚中各有具体的处罚形式，下面着重就行政处罚的内容，介绍行政处罚的种类及其形式。

表 7-1 　　　　　　　　　　　　　　**行政处罚的种类**

大类型	人身自由罚	行为罚	财产罚	声誉罚	其他处罚
子类型	行政拘留；劳动教养	责令停产停业；暂扣或吊销许可证、执照	罚款；没收违法所得、非法财物	警告	可由法律、行政法规创设

一、人身自由罚

人身自由罚是指行政机关实施的、在短期内限制或剥夺公民人身自由的行政处罚。它是行政处罚中最严厉的处罚种类。目前，我国《行政处罚法》规定的人身自由罚有行政拘留形式，并在其第 10 条中明确规定了"限制人身自由的行政处罚，只能由法律设定"。

（一）行政拘留

行政拘留也称治安拘留，是对违反治安管理的人，依法在短期内限制其人身自由的一种处罚。根据《治安管理处罚法》的规定，行政拘留的决定由县市公安局、公安分局或相当于县一级的公安机关作出。行政拘留的期限一般为 1 日以上 15 日以下。

行政拘留不同于刑事拘留，后者是公安机关对罪该逮捕的现行犯或重大犯罪嫌疑人实施的一种强制措施。两者虽然都是由公安机关作出的，但有重大区别。行政拘留权属于行政权的范围，因而行政拘留为行政法所规定，遵循行政程序，期限为 1 日以上 15 日以下。行政拘留的目的是对违反治安管理的相对方进行制裁。而刑事拘留权是司法权的组成部分，因此刑事拘留为刑事诉讼法所规定，按司法程序进行。一般应于拘留后 3 日内提请检察院批准逮捕。刑事拘留是为了防止现行犯或犯罪嫌疑人对社会造成危害。

行政拘留也不同于司法拘留。司法拘留是人民法院对妨碍民事诉讼或行政诉讼程序的行为人采取的一种限制其人身自由的强制措施。

二、行为罚

行为罚又称为能力罚，是指行政主体限制和剥夺违法相对方某种行为能力或资格的处罚措施。行为罚不同于自由罚，前者既可以针对个人，又可以针对组织。而后者只能适用于个人。行为罚的主要表现形式有：吊销或暂时扣许可证或执照、责令停产停业、科以某种作为义务等。

(一) 吊销或暂扣许可证或执照

许可证或执照，是行政机关根据相对方的申请，核准其享有某种资格或从事某种特定活动的法律凭证。行政许可制度是重要的行政管理制度之一，它规定特定行业必须经过行政许可才能从事生产经营活动。吊销许可证或执照，是行政机关禁止相对方从事某种特许权利或资格的处罚。它是指行政主体依法收回或暂扣违法者已获得的、从事某种活动的权利或资格的证书，其目的在于取消被处罚人的一定资格和剥夺、限制某种特许权利。吊销与暂扣是有区别的。吊销许可证或执照是对违法者从事某种活动或者其享有的某种资格的取消；而暂扣许可证或执照，则是中止行为人从事某项活动的资格，待行为人改正以后或经过一定期限后，再发还许可证、有关证书或执照。

(二) 责令停产停业

停产停业区别于企业关闭，一般常附有限期整顿的要求。如果受罚人在限期内纠正了违法行为，可恢复生产和营业。而企业关闭是永久性的，企业因被勒令关闭而注销登记，该企业已不再存在，法人资格随之消失。

(三) 科以相对方某种作为义务

科以作为义务，如责令违法相对方限期治理、恢复植被等。例如，《森林法》规定的一种处罚"责令补种树木"就是一个例证。这类措施也是一种处罚措施，它不仅要求相对方作出某种特定行为，而且还对相对方的精神造成某种压力和损害，以达到制裁的目的。

三、财产罚

财产罚是指行政主体依法使违法行为人的财产利益受到损害的行政处罚。这种处罚要求违法者缴纳一定数额的金钱或者是没收其一定财物，但不影响违法者的人身自由。财产罚这种特性决定了财产罚所适用的范围非常广泛，为广大行政主体所适用。财产罚的具体形式主要有：罚款、没收财物(没收非法财物、没收违法所得)、责令金钱或物质赔偿。

(一) 罚款

罚款是指行政主体强制违法相对方承担金钱给付义务的处罚形式，要求违法相对方必须在一定期限内缴纳一定量的货币。这一处罚形式，既有经济内容，又具有强制性，在行政处罚中适用最为广泛。一般而言，罚款是针对以牟取非法利益为目的的行政违法行为。

(二) 没收财物 (没收非法所得、没收非法财物)

没收财物是由行政主体将实施行政违法行为的相对方的部分或全部违法收入、物品或其他非法占有的财物收归国家所有的处罚方式。可成为没收对象的是：违法者的违法所得及非法占有的利益，从事违法活动所使用的工具和违禁品等。因此，没收财物的行政处罚又可具体包括没收非法所得和非法财物。没收可以视情节轻重而决定部分或全部没收。没收的物品，除应予销毁及存档备查的以外，均应上交国库或交由法定专管机关处理。合法的收入和没有被用来从事违法活动的物品不应成为没收处罚的对象。

(三) 责令金钱或物质赔偿

这是指行政主体要求违法相对方就其违法行为给其他公民、组织或国家造成的损害进行赔偿的一种行政处罚措施。这里的赔偿虽含有救济的意义，但无论在财产上或是精神上都对违法相对人方有一定程序的损害，既为了恢复侵害前的状况，也体现了制裁违法相对方。

四、声誉罚

声誉罚是指行政主体对违法者的名誉、荣誉、信誉或精神上的利益造成一定损害以示警戒的行政处罚，故又称申诫或精神罚。声誉罚的特点是，其只是使违法者在精神上受到惩戒，目的在于引起违法者的警惕，使其停止违法行为并避免重新违法。声誉罚既适用于个人也适用于组织。其主要形式有警告、通报批评等。我国《行政处罚法》将警告作为处罚形式之一。

(一) 警告

它是指行政主体对违法者实施的一种书面形式的谴责或告诫。警告一般适用于情节轻微或未构成实际危害结果的违法行为。它既具有教育性质又具有制裁性质，目的是向违法者发出警戒，声明行为人的行为已经违法，避免其再犯。另外，它既可单处也可并处。当违法者的违法行为比较严重时，则可同时适用警告以外的其他处罚形式。

(二) 通报批评

所谓通报批评，是指行政主体以公开、公布的方式，使被处罚人的名誉权受到损害，既制裁、教育违法者，又可广泛地教育他人的一种行为。通报批评虽然和警告一样都是对违法者通过书面形式予以谴责和告诫，但它们也有区别：

1. 适用的范围不同

警告既可适用于自然人，也可适用于法人或其他组织；而通报批评只适用于法人或其他组织而不适用于自然人。

2. 处罚的内容不同

即损害的权益不同，警告主要是对被处罚人在精神上造成一定损害；而通报批评则是对被处罚人的荣誉或信誉造成损害。

3. 处罚方法不同

警告可单处亦可并处，直接下达被处罚人；而通报批评往往单独使用，主要通过报刊或政府文件在一定范围内公开，造成的社会影响更大。

第四节　行政处罚的管辖与适用

一、行政处罚的管辖

表 7-2 　　　　　　　　　　　　行政处罚的设定

	可创设	可规定	注意问题
法律	各种处罚	下位法应当在上位法规定给予处罚的行为、种类和幅度范围内对已有处罚做出规定	限制人身自由的处罚由法律保留
行政法规	限制人身自由除外		可设定吊销企业营业执照的处罚
地方性法规	限制人身自由、吊销企业营业执照除外		可设定暂扣企业营业执照的处罚
部门规章	警告；罚款		罚款限额由国务院规定
地方性规章			罚款限额由省级人大常委会规定

(一)行政处罚的主体

行政处罚必须由享有法定权限的行政机关或法律、法规授权的组织实施。依照法律规定，行政机关可以将某些行政处罚实施权委托给其他机关或组织。但对于行政拘留、劳动教养等涉及公民人身自由的行政处罚权则只能由法定行政机关行使，不得委托其他机关、组织代行。根据《行政处罚法》第20条、第21条的规定，行政主体委托其他组织时，受委托方必须具备以下条件：(1)依法成立并具有管理公共事务职能；(2)具有熟悉有关法律、法规、规章和相应业务的工作人员；(3)需要进行技术检查或者技术鉴定的，应当有条件组织进行相应的技术检查或者技术鉴定。受委托方行政主体的监督，不得再行委托。而委托方行政主体对受委托方实施处罚行为的后果承担法律责任。

(二)行政处罚的管辖规则

(1)行政处罚由违法行为发生地的县级以上地方人民政府具有行政处罚权的行政机关管辖。省、自治区、直辖市根据当地实际情况，可以决定将基层管理迫切需要的县级人民政府部门的行政处罚权交由能够有效承接的乡镇人民政府、街道办事处行使，并定期组织评估。决定应当公布。承接行政处罚权的乡镇人民政府、街道办事处应当加强执法能力建设，按照规定范围、依照法定程序实施行政处罚。有关地方人民政府及其部门应当加强组织协调、业务指导、执法监督，建立健全行政处罚协调配合机制，完善评议、考核制度。

(2)两个或两个以上行政主体对同一违法行为都有处罚管辖权的，或者违法行为地点难以查明的，由最先查处的行政主体管辖。

(3)两个或两个以上的行政主体对行政处罚权发生争执的，应协商解决，协商不成的，报请其共同的上级行政机关指定管辖。

(4)行政主体如认为违法行为人的行为已构成犯罪的，应及时将案件移送司法机关，依法追究刑事责任。

(5)行政处罚的级别管辖由具体法律规定。根据一般法理，上一级行政机关有权管辖下一级行政主体管辖的行政处罚案件；下级行政主体对所管辖的处罚案件，如认为确有必要，可以报请上一级行政机关管辖。

(6)行政主体实施行政处罚，如果违法行为人、证人或关系人不在其管辖的行政区域，可委托相关行政机关帮助讯问或调查取证，受托的行政机关有义务协助。

二、行政处罚的适用

(一)行政处罚适用的概念

行政处罚适用是行政主体在认定相对方行为违法的基础上，依法定权限和程序对相对方决定是否给予行政处罚和如何科以何种处罚的活动。也就是说，行政主体将行政法律规范规定的行政处罚的原则、形式或具体方法等运用到各种具体行政违法案件中的活动。

(二)行政处罚适用的条件

行政处罚适用必须具备法定的条件，否则，即为违法或无效的行政处罚。一般而言，行政处罚适用的条件主要包括前提条件、主体条件、对象条件和时效条件。

(1)前提条件。这是指公民、法人或其他组织的行政违法行为必须客观存在，不以人的意志为转移。一旦某行为人实施了违反行政法律规范的行为，即可认定为行政违法行为。

(2)主体条件。即行政处罚必须由享有法定的行政处罚权的合格主体实施。

（3）对象条件。这是指违反行政管理秩序的行政违法人必须具有一定的行政责任能力。需要注意的是，行为和财物不是行政处罚适用的对象。

（4）时效条件。这是指对违法行为人实施行政处罚，必须在法定的期限内，超过法定的有效期限，则不得对违法者再实施行政处罚。《行政处罚法》第36条第1款规定："违法行为二年内未被发现的，不再给予行政处罚。"这是行政处罚的一般时效。另外，个别法律、法规还规定了特别时效。如《治安管理处罚法》规定的时效是6个月。此外，《行政处罚法》第36条明确规定，此期限的计算，是从违法行为发生之日起计算；违法行为有连续或者继续状态的，则从该违法行为终了之日起计算。

（三）行政处罚适用的方法

行政处罚适用的方法，是指行政处罚运用于各种行政违法案件和违法者各种方法。行政机关在适用各种行政处罚时，应区别各种不同的情况，采取不同的处罚方法。一般而言，有以下六种情况：不予行政处罚，单处与并处、行政处罚与刑罚的竞合，法人或其他组织违法的两罚处罚。

1. 不予处罚与免予处罚

（1）不予处罚。不予处罚是指因为有法律法规的事由存在，行政机关对某些违法行为不适用行政处罚的情况。根据《行政处罚法》第30条、第31条、第33条的规定，对以下行为不予处罚：①不具有责任能力的人违法，不予处罚。法律规定的不具有责任能力的人包括未满14周岁的未成年人、不能辨认或控制自己行为的精神病人。②由于生理缺陷的原因而违法的，不予处罚。③行为属于正当防卫的，不予处罚。④行为属于紧急避险的，不予处罚。①②因意外事故而致使违法的，不予处罚。③④因行政机关的责任而造成违法行为，不予处罚。①②③违法行为轻微并及时纠正，没有造成危害结果。

（2）免予处罚。免予处罚是指行政机关依照法律、法规的规定，考虑有法定的特殊情况存在，对本应处罚的违法行为人免除其处罚。免予处罚与不予处罚是不同的。不予处罚是本不应该处罚，因而不进行处罚；而免予处罚则是本应该处罚的，只是考虑到有特殊情况存在，不需要科以行政处罚而免除处罚。免予处罚必须以法律、法规规定的免除情节为依据，在行为人不具备法定免予处罚条件的情况下，行政机关不得适用免予处罚。法定的应当免予处罚的情节主要有：①行为人的违法行为是因行政管理人员的过错造成的；②因国家法律、法规和政策影响及其他因素。

2. 应当处罚与可以处罚

（1）应当处罚。应当处罚，是指必然发生对违法者适用行政处罚或从轻、从重等的结果。应当处罚是对行政机关行使行政处罚权的明确规定，是羁束的具体表现。凡行为人有行政违法行为的，除法定事由外，都应当受到行政处罚，否则，即是有失公平。在应当处罚情形中，具体包括三个方面：一是应当对违法者适用行政处罚；二是应当从轻、减轻或免予处罚；三是应当从重处罚。可见，在对违法者适用行政处罚的过程中，在应当范围内行政机关仍有一定自由裁量权。

（2）可以处罚。它指对违法者或然适用行政处罚的情形，既可以给予处罚，也可以不予处罚，或者可以从重、从轻处罚，也可不予从轻、从重处罚。由此可见，行政机关在可以处罚中自由选择的权力较大，但也不能滥用，而必须在法定范围内，根据违法行为性质、各种情节等综合作出裁量，否则即是滥用自由裁量权。从现行法律、法规的规定来看，可以处罚具体表现在下列三个方面：一是在处罚与不处罚间予以选择；二是在处罚幅度内予以选择，即在是否从轻或从重上予以选择；三是在几种处罚方式上进行选择。

3. 从轻、减轻处罚与从重处罚

（1）从轻处罚。从轻处罚是指行政主体在法定的处罚方式和处罚幅度内，对行政违法行为人选择适用较轻的方式和幅度较低的处罚。从轻处罚并不是绝对要适用最轻的处罚方式和最低的处罚幅度，而是由行政机关在具体案件中，根据法定或酌定的从轻情节适当、合理地予以裁量。

（2）减轻处罚。减轻处罚是指行政主体对违法相对方在法定的处罚幅度最低限以下适用行政处罚。简而言之，就是科以违法者低于法定幅度内最低限的处罚。减轻处罚是相对加重处罚而言的。根据《行政处罚法》第 30 条、第 31 条、第 32 条的规定，行政机关对违法者应当从轻、减轻处罚的情形为：①主动消除或减轻违法行为危害后果的；②受他人胁迫、诱骗、教唆实施违法行为的；③配合行政机关查处违法行为，有立功表现的；④已满 14 周岁不满 18 周岁的人有违法行为的；①②法律、法规规定应当从轻、减轻处罚的其他情形。

（3）从重处罚。从重处罚是指行政主体在法定的处罚方式和幅度内，对违法相对方在数种处罚方式中适用较严厉的处罚方式，或者在某种处罚方式允许的幅度内适用接近于上限或上限的处罚。一般来说，违法相对方有下列情形之一的，行政机关应当从重处罚；①违法情节恶劣，造成严重后果的；②不听劝阻，继续实施违法行为的；③两人以上合伙实施违法行为中起主要作用的；④多次实施违法行为，屡教不改的；①②妨碍执法人员查处其违法行为的；③④隐匿、销毁违法证据的；①②③胁迫、诱骗他人或教唆未成年人实施违法行为的；①②④对举报人、证人打击报复的；①③④在发生自然灾害或其他非常情况下实施违法的；②③④法律、法规规定其他应当从重处罚的情形。必须强调的是，从重处罚必须是在法律、法规规定的范围进行，超出法定范围即成为加重处罚，是违反《行政处罚法》的原则和精神的。

4. 单处与并处

（1）单处。单处是指行政主体对违法相对方仅适用一种处罚方式。它是处罚适用的最简单的形式。单处可以是对法定的任何一种行政处罚方式的单独适用。在法律、法规没有明确规定可并处的情况下，行政主体一般应对违法相对方单独适用一项处罚，不能同时适用几项处罚。

（2）并处。并处是指行政主体对相对方的某一违法行为依法同时适用两种或两种以上的行政处罚形式。它是相对于单处而言的，往往针对情节较严重的情形，是对违法者的从重处罚。并处必须在具备法定的条件下才能采用。不仅要有法律、法规明确规定可以并处，而且还须具备法定情节，否则不能采用并处。目前，法律、法规对并处只是笼统的规定，如《食品安全法》第37条第3款规定，各项行政处罚可以单独或合并适用。这种规定赋予行政机关太大自由裁量权，不利于保护行政相对方的权利，应该修改或完善。

5. 行政处罚与刑罚的竞合适用

行为人的某一行为既违反了行政法中某法条的规定，同时又触犯刑律的某项规定，从而构成行政违法行为与犯罪竞合，如偷税漏税、走私、投机倒把等是行政违法行为，达到一定严重程度时又构成犯罪行为。与此相适应，两个不同的部门法又分别规定了对行为人的行政处罚和刑罚，从而产生了行政处罚与刑罚竞合。针对这种情况有三种适用方法：

(1)只由司法机关裁量刑罚处罚。对于给予刑罚处罚就足以达到惩处和预防行政违法、犯罪的目的，就没有必要再由行政机关予以行政刑罚处罚。例如，对阻碍国家工作人员依法执行职务的行为人已予刑罚处罚，就没有必要再依据《治安管理处罚法》第19、20条的规定给予行为人以治安处罚。再如，在剥夺或限制行为人的人身自由方面，人民法院已经适用了拘役或者有期徒刑的，不再适用行政拘留。

(2)刑罚与行政处罚双重适用。即对行为人除由人民法院判处刑罚外，有关行政机关还应予以行政处罚。在刑罚与行政处罚的双重适用中有两种情况：一是法律、法规明确规定应予适用双重处罚。如《刑法》规定：违反海关法规，进行走私，情节严重的，除按照海关法法规没收走私物品并且可以罚款外，处3年以下有期徒刑或者拘役，可以并处没收财产。二是法律、法规没有明文规定应予适用双重处罚，但实际上却需要适用双重处罚。例如，对有违法犯罪行为，实际上除适用刑罚处罚外，还适用责令停产停业和吊销营业执照等行政处罚，否则不足以消除和防止其犯罪行为给社会和国家造成的危害后果。对此，不能因为法无明文规定给予双重处罚就采取重罚吸收轻罚的办法，只予以刑罚而不予以相应的行政处罚。

(3)免刑后适用行政处罚。这是指在人民法院判处免除刑罚后，行政机关仍然依行政法律规范的规定给予犯罪人以相应的行政处罚。因为，根据一般法理，对实施一般行政违法行为的行为人尚且予以行政处罚，对实施严重的行政违法行为且已免刑的行为人更应予以行政处罚。否则，不符合罚当其罪和过罚相当的原则。《刑法》第37条规定了对免刑的人可以予以行政处罚。对免刑的犯罪人应适用与一般行政违法相同的行政处罚罚则，不能因为其有犯罪行为而突破行政法规定的幅度和范围加重处罚，对予以行政处罚的依据必须与对行政违法者进行处罚的规定相一致。但在具体的裁量上，可依据情节等对待行政犯罪人在法定范围内从重处罚。

6. 法人或其他组织违法的两罚处罚

(1)法人违法与两罚处罚。这种行政处罚适用于组成的集合体。法人违法同自然人一样，也应受到法律制裁，但由于其不同于自然人的特征，行政机关对其适用行政处罚时应当与自然人有所不同。法人的行政违法行为，是指法人或者其组织的法定代表人或经授权的人员以法人名义并为法人利益而实施的与职务或业务有关的违反行政法律规范的行为。凡以法人名义和为了法人利益，由法人的法定代表人、主管人员、直接责任人员实施的与其职务、业务有关的违法行为，都是法人违法行为。对法人违法的，原则上应适用两罚处罚，即既处罚法人整体，又处罚法人中负有责任的自然人（如主管人员或直接责任人员）。例如，《中华人民共和国海关法行政处罚实施细则》第24条规定：企事业单位、国家机关、社会团体违反海关法规，除处罚该单位外，海关还可对其主管人员和直接责任人分别处以人民1000元以下的罚款。

（2）两罚处罚适用时应注意的问题。适用两罚处罚时，应当正确认定和裁量法人的整体违法责任和法人成员的个人责任：

①对法人整体的行政处罚。对法人适用行政处罚，一般与自然人选用相同的处罚原则，但显然在限制人身自由权利方面的处罚除外。在确定法人法律责任方面，应首先确定法人的行政违法责任。因为法人违法首先是作为整体的违法而存在，只要法人的整体行为违法，就应对其适用行政处罚。

②对法人行政违法中的个人的行政处罚。在确定法人违法及其责任的基础上，还涉及追究法人成员的个人责任问题。即法定代表人、主管人员或直接责任人在法人违法活动中应承担的行政法律责任。

表 7-3　　　　　　　　　　　　　**行政处罚的实施规则**

处罚看能力	不满 14 周岁的不予处罚，已满 14 不满 18 周岁的从轻或减轻处罚；精神病人在不能辨认或控制自己行为时违法不予处罚，间歇性精神病人在精神正常时违法应予处罚。
过时不处罚	违法行为发生之日起，或连续、继续行为终了之日起 2 年后（治安处罚为 6 个月后）不再处罚。
一事不再罚	对一个行为，任何机关不得以同一事由（实施一个行为、违反一个规范）作出多次处罚；对一个行为，任何机关不得以多个事由（实施一个行为、违反多个规范）作出同一种类的多次处罚。
罚刑可相抵	拘留可以折抵刑期，罚款可以折抵罚金，但没收的处罚不能折抵没收的刑罚。

第五节　行政处罚的程序

一、行政处罚的简易程序

行政处罚的简易程序又称当场处罚程序，指在具备某些条件的情况下，由执法人员当场作出行政处罚的决定，并且当场执行的步骤、方式、时限、形式等过程。设定当场处罚程序的法律意义在于，基于行政管理效率的要求，对一些不需要立案调查且影响不大，在其被发现后即可认定事实的行政违法行为直接给予处罚，也并不影响受罚人的合法权益，从而确保行政管理的高效性。

（一）简易程序的适用条件

《行政处罚法》第51条中规定："违法事实确凿并有法定依据，对公民处以二百元以下、对法人或者其他组织处以三千元以下罚款或者警告的行政处罚的，可以当场作出行政处罚决定。法律另有规定的，从其规定。"可见适用程序的行政处罚案件，必须符合三个条件：(1)违法事实确凿。有充分的证据证明有违法事实存在。(2)处罚较为轻微，即对个人200元以下罚款或者警告，对法人或组织处以3000元以下的罚款或者警告。(3)有明确的法定依据。

（二）简易程序的具体过程

行政主体的行政执法人员在进行当场处罚时，也应遵循下列具体过程：(1)表明身份。它是表明处罚主体是否合法的必要手续，执法人员应向当事人出示执法身份证件或委托书。(2)说明处罚理由。执法人员应当向当事人说明其违法行为事实，说明其违反的法律规范和给予行政处罚的理由和依据。(3)给予当事人陈述和申辩的机会。当事人可以口头申辩，执法人员要予以正确、全面的口头答辩，使当事人心服口服，而不得因当事人的申辩而加重处罚。(4)制作笔录。执法人员对当事人的违法行为的客观状态当场制作笔录。(5)制作当场处罚决定书。当场处罚决定书应是由有管辖权的行政机关或组织统一制作的有格式、有编号的两联处罚决定书，由执法人员填写。当场处罚决定书应载明：被处罚人姓名或单位名称，违法事实，行政处罚的种类或处罚数额，处罚依据，时间地点，告知复议权利和诉讼权利及期限，处罚的机关或组织名称，执法人员的签名或盖章。当场处罚决定书制作后，应当场交付被处罚人。(6)备案。执法人员当场作出的行政处罚决定，必须向所属行政机关备案，以便接受监督和检查。(7)执行。当场处罚决定作出后，一般可对被处罚人当场执行。对当事人决定罚款的，可令其到指定的金融机构或其他专门机构缴纳，也可以由执法人员当场代收。被处罚人对处罚决定没有异议的，应在处罚决定书上签名或盖章，并表明没有异议。当事人对处罚持有异议或拒绝缴纳罚款的，执法人员应将当事人的违法行为告诉其有管辖权的行政主体，由行政主体按一般程序处理，由此即结束当场处罚程序而转入正常的一般程序。

二、行政处罚的一般程序

一般程序是行政处罚的最广泛的程序，又称为普通程序，是指除法律特别规定应当适用简易程序和听证程序的以外，行政处罚通常所应适用的程序。建立一般程序，有助于运用程序对抗行政机关，防止行政机关违法或滥用行政处罚权。

（一）一般程序的适用条件

一般程序适用于处罚较重的案件，即对个人处以警告和 200 元罚款以外的所有行政处罚，对组织处以警告和 3000 元以下罚款以外的所有行政处罚。情节复杂的，即需要经过调查才能查清的行政处罚案件。

（二）一般程序的具体过程

1. 立案

行政主体通过行政检查监督，发现行政相对方个人、组织实施了违法行为，或者通过受理公民的申诉、控告、举报，或由其他信息渠道知悉相对方实施了违法行为，应先予以立案。立案是行政处罚的启动程序，应通过一定的法律形式表现出来。一般说来，应当填写立案报告表，在经本机关主管负责人审查批准后即完成了法律上的立案程序。同时，应当落实办案人员，被指定办案人员如认为自己与本案有利害关系，可能影响公正处理，应当提出回避申请。行政机关认为不符合立案条件的，或者主管负责人对立案报告不予批准的，应当制作不予立案决定书送达利害关系人。利害关系人如不服此决定的，可依法申请复议或提起行政诉讼。

2. 调查取证

行政相对方的违法行为立案后，行政主体即应客观、全面、公正地调查收集有关证据。必要时，依照法律、法规的规定可以进行检查。行政机关在调查或者进行检查时，执法人员不得少于两人，并应当向当事人或者有关人员出示表明身份的证件。为了解违法情况和违法事实，行政主体有权传唤违法者，对其进行讯问。讯问应当制作笔录，被讯问人经核对认为无误后，应当在笔录上签名或盖章，讯问人也应当在笔录上签名。行政主体还有权同社会调查和收集证据。对此，被调查、取证的单位和个人有义务予以支持和协助。询问证人时，证人有义务如实反映情况。询问也应制作笔录，证人经核对认为无误后，应在其上签名或盖章，行政主体进行调查取证，还可依法暂扣违法行为嫌疑人的物证、书证。但在扣押时，必须出示行政主体的证件，并邀请有关组织、人员到场，查点清楚，开列单据一式两份，由执法人员、见证人员和物证、书证被扣押人签名或盖章后，一份由行政主体收存，一份交物证、书证被扣押人。此外，行政主体在调查取证过程中，根据需要还可以进行鉴定、勘验。鉴定可委托法定鉴定机构进行，勘验应邀请有关组织或人员参加，勘验时应出示证件。对勘验情况和结果应制作笔录，并由执法人员、见证人、当事人签名或盖章，执法人员与当事人有直接利害关系的，应当回避。

3. 作出处罚决定

《行政处罚法》第 57 条规定："调查终结，行政机关负责人应当对调查结果进行审查，根据不同情况，分别作出如下决定：（一）确有应受行政处罚的违法行为的，根据情节轻重及具体情况，作出行政处罚决定。（二）违法行为轻微，依法可以不予行政处罚的，不予行政处罚；（三）违法事实不能成立的，不得给予行政处罚；（四）违法行为已构成犯罪的，移送司法机关。"行政主体作出处罚决定时，应制作行政处罚决定书，并且应载明：（1）当事人的姓名或者名称、地址；（2）违反法律、法规或者规章的事实与证据；（3）行政处罚的种类和依据；（4）行政处罚的履行方式和期限；（5）不服处罚决定申请复议或者起诉的途径和期限；（6）作出行政处罚决定的行政机关的名称和作出决定的日期。此外，还必须加盖作出处罚决定的行政机关的印章。

4. 送达决定书

行政处罚决定书应当在宣告后，当场交付当事人；当事人不在场的，应当在 7 日内依照《民事诉讼法》的有关规定，将行政处罚决定书送达当事人。

三、行政处罚的听证程序

行政法上的听证，是指行政机关为了合理、有效地制作和实施行政决定，公开举行由全部利害关系人参加的听证会。听证的目的在于广泛听取各方面的意见，通过公开、合理的程序形式，将行政决定建立在合法适当的基础上，避免违法或不当的行政决定给行政相对人带来不利或不公正的影响。根据我国《行政处罚法》第 63 条的规定，在行政处罚程序中，行政机关为了查明案件事实，公正合理地实施行政处罚，在作出责令停产停业、吊销许可证或者执照、较大数额罚款等行政处罚决定之前，应当事人要求，须公开举行有利害关系人参加的听证会，在质证和辩论的基础上作出处罚决定。

(一)听证程序的特征

(1)听证是由行政机关主持，并由有关利害关系人参加的程序。听证程序在形式上类似于司法审判程序，而实质上存在着根本的区别。行政机关在听证程序中既是调查、主持者，又是行使处罚裁决或决定的主体(尽管调查人员和处罚人员通常分离)；而司法审判中的人民法院只能是案件的裁判者，而不能同时充当调查取证和追诉人。因此，在公正性上，听证程序依然无法与审判程序相比。

(2)听证公开进行。听证程序，不仅有行政机关和利害关系人参加，而且社会各界都可以旁听。质证和辩论程序的公开，有利于控制权力滥用。

(3)听证程序适用于行政处罚领域，但并非所谓的行政处罚案件都可以适用听证程序。目前，听证只适用于作出责令停产停业、吊销许可证或者执照、较大数额罚款等行政处罚决定案件；其他种类的处罚案件暂不适用听证。

(4)听证程序的适用以当事人申请为前提。当事人要求听证的，行政机关才组织听证。

(5)组织听证是行政机关的法定义务。当事人依法要求听证的，行政机关应当组织听证。

(二)听证程序的组织

根据《行政处罚法》第 64 条的规定，听证依照以下程序组织：

1. 听证的申请与决定

当事人对于符合法定听证种类的行政处罚案件，有权向行政机关提出听证的申请。当事人要求听证的，应当在行政机关告知后 5 日内提出。行政机关接到当事人的申请后，应决定举行听证的时间和地点，并根据案件是否涉及国家秘密、商业秘密或者个人隐私，决定听证是否公开举行。

2. 听证通知

行政机关作出有关组织听证的决定后，应当在听证的 7 日前，通知当事人举行听证的时间、地点和其他有关事项。

3. 听证形式

除涉及国家秘密、商业秘密或者个人稳私外，听证公开举行。

4. 听证的主持人与参与人

行政机关工作人员不得参与与自己有利害关系的案件，承担调查取证任务的执法人员不能主持听证，听证由行政机关指定的非本案调查人员主持。当事人认为主持人与本案有直接利害关系的，有权申请回避。

当事人可亲自参加听证，也可委托 1 到 2 人代理。举行听证时，首先由主持人宣布听证会开始、听证事项及其他有关事项。然后由调查人员提出当事人违法事实、证据和行政处罚建议。针对指控的事实及相关问题，当事人进行申辩和质证。经过调查取证人员与当事人相互辩论，由主持人宣布辩论结束后，当事人有最后陈述的权利。最后由主持人宣布听证会结束。

5. 听证笔录

对在听证会中出示的材料、当事人的陈述以及辩论等的过程，应当制作笔录，交付当事人、证人等有关参加人阅读或向他们宣读，有遗漏或差错的应予以补正或改正。确认没有错误后，由主持人、书记员和当事人及其他参加人分别签字或盖章。

6. 听证费用

行政机关组织听证，目的在于充分听取当事人的意见，全面、客观、公正地调查取证，从而保障行政处罚权的正确行使。据此，当事人不承担行政机关组织听证的费用。

(三) 行政处罚决定

听证程序只是一般程序中的一种特殊的调查处理程序，并不包含行政处罚程序的全过程。与一般程序中的调查取证程序相比较，只是对比较重大的处罚案件适用特殊方式的调查取证程序而已。听证程序完毕以后，只是完成了调查取证，仍应按照有关一般程序的规定作出处理决定。也就是说，适用听证程序的案件的最后决定权在行政机关而不在主持听证的工作人员。

表 7-4　　　　　　　　　　　　　　　　　行政处罚的实施程序

	简易程序	一般程序	听证程序
适用条件	对公民 200 元以下、对单位 3000 元以下罚款或警告	不适用简易或听证程序时	责令停产停业、吊销许可证或执照、大额罚款
重要制度	①可以一人执法 ②可以当场决定	①调查检查：至少 2 人执法 ②做出决定：由行政机关负责人(集体)作出决定	①公务回避：应由非本案调查人员主持听证；当事人有权申请听证主持人回避 ②委托听证：当事人可委托 1 至 2 人代理
重要时限	处罚决定书须当场交付	当事人不在场的应在 7 日内送达处罚决定	①申请期限：应在被告知后 5 日内要求听证 ②告知期限：行政机关应在听证 7 日前通知听证时间与地点

第六节　行政处罚的执行

行政处罚的执行，是指有关国家机关以违法者执行行政处罚决定的程序，是行政处罚决定的实现阶段。如果没有行政处罚决定的执行，则行政处罚决定的作出没有任何意义。行政处罚决定一经作出即产生法律效力，被处罚人应当负有履行行政处罚决定的义务。当事人即使对行政处罚决定不服，提起了复议或诉讼，除法律规定的情形外，行政处罚决定并不因此而停止执行。被处罚人在法定期限内拒不履行行政处罚决定的，行政机关则可依法采取强制措施强迫其履行或申请人民法院强制执行。行政处罚执行，能使行政处罚得以及时实现，有利于维护法律的权威与尊严。

一、行政处罚执行的概念与特征

行政处罚执行，既包括自觉执行也包括强制执行，从法律规定来看，主要是指行政处罚的强制执行。行政处罚的强制执行，是指行政机关或人民法院对依法作出的行政处罚决定，在当事人逾期不履行时，依法采取一定强制措施，从而使行政处罚决定得以实现的活动。其特征如下：

(一)执行主体是有权行政机关或人民法院

享有行政处罚决定权的行政机关，必须在依法享有行政强制执行权的情况下，才有权对逾期不履行行政处罚决定的当事人实施强制执行。除有行政强制执行权的行政机关有权作为执行主体外，其他不具有行政强制执行权的行政机关虽作出了行政处罚决定，也不能作为执行主体。不具有行政强制执行权的行政机关，只能申请人民法院强制执行。这时，接受申请的人民法院，即为行政处罚的执行主体。

(二)执行的根据是有关行政处罚的法律文书

行政处罚决定一经作出即具有拘束力，当事人应当在行政处罚决定的期限内履行处罚决定书上所载明的义务，如果拒不履行，则引起强制执行程序。强制执行的根据只能是行政机关依法作出的行政处罚决定书；如果经过诉讼程序阶段后，当事人拒不履行人民法院的判决、裁定的，则执行的根据是人民法院已经生效的裁判文书。

(三)执行的方式表现为强制性

执行以强制性为特征，它是在被处罚人不主动履行行政处罚决定的前提下所引发的程序上的法律后果。有权行政机关或人民法院有权采取强制措施迫使其履行行政处罚决定。

(四)执行的目的

强制执行是为了使行政处罚决定所确定的义务得以实现。执行本身不是为了处罚，而是促使当事人履行处罚决定所设定的义务。

二、行政处罚执行的原则

根据《行政处罚法》第66、73、67条规定，行政处罚的执行应当遵循以下原则：

(一)当事人自觉履行原则

《行政处罚法》第66条规定，行政处罚决定依法作出后，当事人应当在行政处罚决定的期限内，予以履行。

(二)行政复议和行政诉讼期间，行政处罚决定不停止执行原则

《行政处罚法》第73条规定，当事人对行政处罚决定不服申请行政复议或者提起行政诉讼的，行政处罚不停止执行，法律另有规定的除外。

(三)决定罚款与收缴罚款相分离原则

《行政处罚法》第67条规定，作出罚款决定的行政机关应当与收缴罚款的机构分离。同时，《行政处罚法》第67~71条规定，作出行政处罚决定的行政机关及其执法人员不得自行收缴罚款。当事人应当自收到行政处罚决定书之日起15日内，到指定的银行交纳罚款。银行应当收受罚款，并将罚款直接上缴国库。在当场处罚程序中，有下列情形之一

的，执法人员可以当场收缴罚款：(1)依法给予 100 元以下罚款的；(2)不当场收缴事后难以执行的。在边远、水上、交通不便地区，行政机关及其执法人员作出罚款决定后，当事人向指定的银行缴纳罚款确有困难，经当事人提出，行政机关执法人员可以当场收缴罚款。行政机关及其执法人员当场收缴罚款的，必须向当事人出具省、自治区、直辖市财政部门统一制发的罚款收据；不出具财政部门统一制发的罚款收据的，当事人有权拒绝缴纳罚款。执法人员当场收缴的罚款，应当自收之日起 2 日内，交到行政机关；在水上当场收缴的罚款，应当自抵岸之日起 2 日内交至行政机关；行政机关应当在 2 日内将罚款缴付指定的银行。

三、行政处罚执行的措施

根据《行政处罚法》第 72 条规定，当事人逾期不履行行政处罚决定的，作出行政处罚决定的行政机关可以采取下列措施：(1)对到期不缴纳罚款的，每日按罚款数额的 3% 加处罚款。(2)根据法律规定，将查封、扣押的财物拍卖或者将冻结的存款划拨缴罚款；(3)申请人民法院强制执行。

如果当事人确有经济困难，需要延期或者分期缴纳罚款的，经当事人申请和行政机关批准，可以暂缓或者分期缴纳。除依法应当予以销毁物品外，依法没收的非法财物必须按照国家规定公开拍卖或者按照国家有关规定处理。罚款、没收违法所得或者没收非法财物拍卖的款项，必须全部上缴国库，任何行政机关或者个人不得以任何形式截留、私分或者变相私分；财政部门不得以任何形式向作出行政处罚决定的行政机关返还罚款、没收的违法所得或者返还没收非法财物的拍卖款项。

表 7-5 　　　　　　　　　　　　　　**行政处罚的执行**

职权分离的原则	①决定者：行政机关 ②所有者：国库(处罚机关不得截留私分，财政部门不得返还处罚机关) ③收缴者：银行(当事人应自收到处罚决定书 15 日内到银行缴款)
当场收缴的例外	①适用简易程序处 100 元以下罚款(治安处罚为处 200 元以下罚款且被处罚人无异议)，或适用简易程序不当场收缴事后难以执行的可当场收缴，但当场收缴的罚款应当自收缴之日起 2 日内交至行政机关 ②在边远、水上或交通不便地区，当事人向银行缴款确有困难的经当事人提出可当场收缴，在水上、列车上当场收缴的罚款应自抵岸(到站)起 2 日内交至行政机关，行政机关应在 2 日内交至指定银行
强制执行的措施	①按日处罚款数额 3% 的执行罚 ②有权的机关可以直接强制 ③无权的机关只能申请法院强制执行

治安处罚

处罚种类	①警告：可以由派出所实施 ②罚款：500 元以下的可由派出所实施 ③拘留：15 日以下 ④吊销：仅限吊销公安机关发放的许可证 ⑤限期出境或驱逐出境：仅针对外国人 ⑥没收：违法所得应先退还受害人，没有受害人的才能没收
处罚时效	违法行为发生之日起，或连续、继续行为终了之日起 6 个月后不再处罚
一般程序	30 日内审结，重大复杂案件报上一级公安机关可再延 30 日
简易程序	警告或罚款 200 元以下可以当场处罚
听证程序	吊销许可证或罚款 2000 元以上的，当事人有权申请听证
调解程序	民间打架斗殴或毁损财物的，经调解达成协议的不予处罚，调解不成或不履行调解的给予处罚
执行制度	①有多种违法行为的应当分别处罚，但合并执行，合并执行的拘留不得超过 20 天 ②对拘留决定起诉或复议，并提供合格保证人或按每日拘留缴纳 200 元保证金的，可以暂缓执行

第八章　行政复议法律制度

行政复议是行政机关进行自我监督和对相对人予以救济的法律制度。在有关行政复议的基本理论部分，主要介绍了行政复议的概念和性质，行政复议和行政诉讼的区别和联系、行政复议的原则；在有关行政复议的实践部分，根据《行政复议法》的规定，主要介绍了行政复议的范围，行政复议的管辖，行政复议当事人以及行政复议程序。

第一节　行政复议概述

一、行政复议的概念

行政复议是指行政相对人认为行政主体作出的具体行政行为侵犯其合法权益，依法向行政复议机关提出复查该具体行政行为的申请，行政复议机关按照法定程序对被申请的具体行政行为进行合法性和适当性审查，并作出决定的法律制度。

可以从以下几个方面来理解行政复议的概念：

第一，行政复议是行政相对人享有的法定权利。这意味着行政复议只能由行政相对人提起，行政机关或者法律、法规授权的组织只能作为被申请人参加到行政复议中来。只要属于法律规定的行政复议范围内的事项，行政相对人都可以提起行政复议，任何机关或者个人都不得剥夺行政相对人的权利。

第二，行政复议是一种依申请的行政行为。没有行政相对人的申请行为，行政复议程序也是不能启动的，行政机关不能依职权按照行政复议程序复查下级行政机关的行政决定。

第三，行政复议的标的主要是具体行政行为也包括一部分抽象行政行为。一般来说，行政相对人不服行政机关作出的抽象行政行为，不能够直接申请行政复议予以审查，而只能在对相应具体行政行为申请行政复议的同时，一并提出对抽象行政行为的审查。

二、行政复议的性质

(一)行政复议是具有一定司法性行政法律制度

行政复议在形式和内容各方面都与人民法院的司法活动有很多相似之处。比如，行政复议机关在行政复议过程中，处于类似于法院的中立的第三人的地位，行政复议的申请人（行政相对人）和被申请人（行政主体）则处于诉讼中两造的地位，这样的格局保证行政复议决定的公正性。行政复议尽管主要采取书面审理的方式，但同样是根据申请人和被申请人双方提供的证据材料，依法作出决定。因此，可以说行政复议程序是介于司法程序和行政程序当中的"准司法程序"。但是，行政复议所具有的司法性并没有改变行政复议始终是一个行政活动的性质，对于复议机关来讲，其行政复议行为仍然属于行政行为的一种。

(二)行政复议是一种行政救济制度

行政相对人对行政机关的具体行政行为不服，认为行政机关侵犯了自己的合法权益，不仅可以向人民法院提起诉讼，而且还可以选择向有权机关申请对行政行为的复查。如果申请人的主张有法律和事实依据，行政复议机关依法确认具体行政行为或者具体行政行为所依据的抽象行政行为违法不当，通过对违法行为的撤销、变更等决定，纠正错误，恢复被损害的权利，具体行政行为给行政相对人造成人身和财产损害的，还可以通过行政复议获得赔偿。因此，行政复议是行政救济机制中的重要环节，而且与行政监察、行政诉讼等其他救济方式相比还具有自己独特的优越性。

(三)行政复议是行政机关自我监督的法律制度

行政复议是在行政相对人的申请下，由行政机关对下级或者所属的行政机关作出的具体行政行为予以审查，纠正其违法和不当之处，所有的程序都是在行政系统内部完成。通过纠正错误决定，督促下级行政机关严格执法。它是基于行政系统上下级或者部门之间的隶属关系，所进行的行政权力内部的监督和制约，在这一点上它不同于作为司法权对行政权进行监督的行政诉讼制度。但从行政复议是依行政相对人申请进行的角度来看，它又不同于由行政机关依职权主动进行的行政监察活动。

三、行政复议与行政诉讼的异同和联系

行政复议通常是作为与行政诉讼并列的监督行政和权利救济的制度加以研究的，因此，在这里，通过与行政诉讼的比较探讨行政复议的特征。

(一)行政复议与行政诉讼的相同之处

行政复议和行政诉讼存在的前提都是行政争议的存在。行政争议是指行政主体在行使国家职权的过程中，与行政相对人之间发生的争议。行政复议和行政诉讼就是两个解决行政争议的方式。

行政复议和行政诉讼客观上都起到了救济权利和监督行政的作用。无论是通过行政机关从内部还是通过人民法院从外部解决争议，都是由有权机关认定行政行为是否合法有效，撤销或者变更违法或者不当的行政行为，恢复被损害的合法权益。同时，在具体的案

件中为行政主体的行为划定界限，规范行政权的行使。

行政复议和行政诉讼在目标和性质上的共同性，使得在具体制度当中，二者也存在相似之处。比如，有类似的受案范围，都是由行政相对人提起，都要以行政法律规范为依据等，共同维护国家法律秩序。

(二)行政复议与行政诉讼的不同之处

行政复议在以下几个方面不同于行政诉讼

1. 性质不同

行政复议是由上级行政机关对下级行政机关作出的具体行政行为进行审查，是一种行政行为；行政诉讼是由人民法院对行政机关作出的具体行政行为进行司法监督，是一种司法行为。

2. 审查范围不同

根据行政诉讼法的规定，凡是能够提起行政诉讼的行政争议，行政相对人都可以向行政机关申请复议，而法律规定行政复议决定为终局决定的，相对人不得再提起行政诉讼。从而使得某些行政争议只能通过行政复议得以解决。行政复议以具体行政行为为审查对象，并可附带审查部分抽象行政行为，人民法院在审理行政案件过程中就没有审查抽象行政行为的权力。

3. 审查力度不同

行政复议机关不仅审查具体行政行为的合法性，还审查其适当性，人民法院则只能对具体行政行为进行合法性审查。

4. 审理依据不同

行政复议机关审理行政复议案件，以法律、法规、规章以及上级行政机关依法制定和发布的具有普遍约束力的决定、命令为依据；人民法院审理行政案件，以法律、法规为依据，参照规章。

5. 审理程序不同

行政复议以书面复议为主，基本上是一级复议；行政诉讼则以公开开庭为原则，实行两审终审。

总的说来，行政复议制度相比行政诉讼制度，更加注重效率性，力求能够提供一个方便快捷的解决行政争议的途径，因此，在制度设计上也更灵活。由于行政复议是在行政系统内部对行政行为进行审查，这种权力机关自我监督的制度在公正性上会稍逊于行政诉讼，所以国家也才有必要在行政复议之外建立行政诉讼制度，以行政诉讼相对独立的地位和公开的诉讼程序所保证的公正性，来弥补行政复议的不足。行政复议和行政诉讼的结合和补充，使得行政争议的解决更加符合现代法治国家的要求。

(三)行政复议与行政诉讼的联系

行政复议和行政诉讼的联系表现在发生行政争议时，行政相对人对解决争议途径的选择上。具体说来，它包括以下两种情况：

1. 一般情况

在一般情况下，行政复议和行政诉讼可以任择其一，由司法最终解决。

当发生行政争议时，行政相对人既可以向行政复议机关提起行政复议，又可以向人民法院提起行政诉讼。行政复议不是提起行政诉讼的必经程序，对行政复议机关作出的行政复议决定不服或者行政复议机关逾期没有作出行政复议决定的，仍然可以提起行政诉讼。但是如行政相对人一开始就选择行政诉讼的，不得再提起行政复议。

2. 例外规定

它又可分为两种情况：

（1）复议前置。行政相对人不服具体行政行为，必须先向行政复议机关申请行政复议，对复议决定仍不服时才能提起行政诉讼。如《行政复议法》第30条第1款规定："公民、法人或者其他组织认为行政机关的具体行政行为侵犯其已经依法取得的土地、矿藏、水流、森林、山岭、草原、荒地、滩涂、海域等自然资源的所有权或者使用权的，应当先申请行政复议；对行政复议决定不服的，可以依法向人民法院提起行政诉讼。"

（2）复议终局。这又分为两种情况：其一，行政相对人不服具体行政行为，可以选择行政复议或者诉讼，如果选择了行政复议，则由行政复议机关作出终局裁决，不能再向人民法院提起行政诉讼。其二，行政相对人对具体行政行为不服，只能先向行政复议机关申请复议，并且复议决定为终局决定。如《行政复议法》第30条第2款规定："根据国务院或者省、自治区、直辖市人民政府对行政区划的勘定、调整或者征用土地的决定，省、自治区、直辖市人民政府确认土地、滩涂、海域等自然资源的所有权或者使用权的行政复议决定为最终裁决。"

四、行政复议的原则

行政复议的原则，是指贯穿于行政复议全过程，对行政复议具有普遍意义的基本准则。《行政复议法》第4条规定："行政复议机关履行行政复议职责，应当遵循合法、公正、公开、及时、便民的原则，坚持有错必纠，保障法律、法规的正确实施。"根据这一规定，行政复议包括以下原则：

（一）合法原则

这一原则包括如下要求：

1. 主体合法

提起行政复议申请的，必须是被申请的具体行政行为所指向的行政相对人，被申请人必须是作出此具体行政行为的行政机关或者法律、法规授权的组织，受理行政复议申请的必须是法律、法规规定的行政复议机关。

2. 依据合法

无论是行政复议的受理、审查还是作出行政复议决定，都应当有法律和事实依据，即依据法律、行政法规、地方性法规、规章以及上级行政机关依法和发布的具有普遍约束力的决定、命令为依据，做到证据充分，事实清楚。

3. 程序合法

行政复议的受理、审查、决定等各个环节，都应当遵循相应的程序性规定，保护行政相对人的程序性权利，这样才能确保行政复议决定的合法有效。

(二) 公正原则

首先，公正原则要求行政复议机关能够平等地对待行政复议的申请人和被申请人，不因为被申请人是行政机关而偏听偏信，忽视行政相对人的实体和程序权利。行政复议机关要始终将自己作为一个中立的裁判者，一视同仁地对待双方提供的事实证据，依法裁判。

其次，公正原则还要求行政复议机关合理行使自由裁量权，不仅要审查具体行政行为是否合法，而且还要审查具体行政行为是否适当，准确地查明事实，认定行为性质，正确地适用法律，公正裁断。

(三) 公开原则

行政复议机关在行政复议过程中，除了涉及国家机密、商业秘密和个人隐私以外，整个过程和复议决定应当向行政复议申请人和社会公开。

《行政复议法》第 22 条规定："行政复议原则上采取书面审查的办法，但是申请人提出要求或者行政复议机关负责法制工作的机构认为有必要时，可以向有关组织和人员调查情况，听取申请人、被申请人和第三人的意见。"书面审查不等于秘密审查，行政复议机关要尽可能地听取相关当事人的意见，让他们更多地介入复议程序中来。

《行政复议法》第 23 条第 2 款规定："申请人、第三人可以查阅申请人提出的书面答复、作出具体行政行为的证据、依据和其他有关材料，除涉及国家秘密、商业秘密或者个人隐私外，行政复议机关不得拒绝。"对有关证据材料的查阅是实现行政相对人知情权的重要表现。

(四) 及时原则

及时原则是行政行为效率性要求，这一点也正是行政复议的优越性之一。

首先，受理复议申请应当及时。复议机关收到复议申请书以后，应当及时对复议申请进行审查，以明确是否符合法定条件，如果符合法定条件就应当立即受理。其次，审理复议案件的各项工作都应该抓紧进行。复议机关受理案件以后，应毫不拖延对各种证据材料进行审查，收集有关证据，了解有关情况。再次，作出复议决定应当及时。复议案件经过审理之后，各项事实清楚，复议机关直接负责的工作人员应迅速拟定复议决定书并报送复议机关法定代表人，尽快签发。最后，及时原则还包括在复议当事人不履行复议决定规定的义务时，复议机关应当及时处理。对公民、法人或者其他组织在法定期限内不起诉又不执行复议决定的，复议机关应依法强制执行或者申请人民法院强制执行；对行政机关不履行复议决定的，复议机关应责成其履行，并追究有关人员的行政责任。

(五) 便民原则

行政复议机关在行政复议过程中，应当尽可能地为行政复议当事人、尤其是为申请人提供必要的便利，从而确保当事人参加行政复议的目的得到实现。比如，对不能提供书面申请的相对人，允许以口头方式向行政复议机关提出复议申请，受理行政复议的机关工作人员应当予以记录，再请申请人签名或盖章，作为行政相对人正式提出申请的材料。又如考虑到各地的具体情况，为行政相对人提供语言方面的帮助，解答有关法律问题，等等。

第二节　行政复议的范围

行政复议的范围，是指行政机关可以受理行政复议案件的范围，也是行政相对人可以申请行政复议的案件的范围。从理论上来说，有权利就有救济，但是行政复议作为一项制度本身，不可能解决所有的行政争议，也不可能任何行政违法或者不当行为都能通过行政复议来解决，因此行政复议有一定的范围限制。当然，从保护相对人的角度来讲，尽可能地扩大行政复议的范围是发展的趋势。

《行政复议法》从肯定和排除两个方面规定了可以申请行政复议的事项的范围。

一、可以申请行政复议的行政行为

(一) 可以申请行政复议的具体行政行为

根据《行政复议法》第 6 条的规定，申请人在下列情况下，可以依法申请行政复议：

(1) 对行政机关作出的警告、罚款、没收违法所得、没收非法财物、责令停产停业、暂扣或者吊销许可证、暂扣或者吊销执照、行政拘留等行政处罚决定不服的。行政处罚是行政主体依法对违反行政规范、但尚未构成犯罪的行政相对人给予的行政制裁。除了条文中列举的这几种处罚形式外，行政相对人对行政主体实施的其他各种形式的处罚决定不服，都可以申请行政复议。

(2) 对行政机关作出的限制人身自由或者查封、扣押、冻结财产等行政强制措施决定不服的。行政强制措施是指行政主体为了实现一定的行政目的，对行政相对人的人身、财产加以限制的强制性手段，不限于条文当中列举的这几种形式，都属于可以申请复议的范围。

(3) 对行政机关作出的有关许可证、执照、资质证、资格证等证书变更、中止、撤销的决定不服的。这是指不服行政机关作出的行政许可行为的情形。行政许可是指行政主体根据行政相对人的申请，赋予行政相对人从事某些行为的资格和权利，对行政许可的变更、中止或者撤销，都将直接影响到行政相对人的权利，不能任意进行。

(4)对行政机关作出的关于确认土地、矿藏、水流、森林、山岭、草原、荒地、滩涂、海域等自然资源属于国家或者集体所有，按照所有权与使用权分开的原则，交由公民、法人或者其他组织合理利用，有关权属争议属于行政复议范围。

(5)认为行政机关侵犯合法的经营自主权的。经营自主权是公民、法人或者其他组织依法享有的，调配人力、物力，组织生产经营的权利。由于我国在转换政府职能的过程中，有关政企关系还未能完全明晰，行政机关干涉企业经营的情况时有发生，不利于市场主体的健康发展，应当通过行政复议予以纠正。

(6)认为行政机关变更或者废止农业承包合同，侵犯其合法权益的。农业承包合同是由农业集体经济组织(发包方)与集体经济组织成员或者其他个人、组织(承包方)关于承包集体所有或国家所有由农业集体经济组织成员或者其他个人使用的土地、山岭、草原、荒地、滩涂、水面从事农业生产依法订立的、约定双方权利义务的合同。将这些案件列入行政复议范围，有利于纠正行政机关滥用职权随意变更或者解除农业承包合同的行为，稳定农业生产。

(7)认为行政机关违法集资、征收财物、摊派费用或者违法要求履行其他义务的。行政机关没有法定依据，不得要求行政相对人履行义务，但现实生活中大量存在乱集资、乱收费、乱摊派等违法行为，严重侵犯了行政相对人的合法权益，损害了行政机关的威信，应当将这类行为纳入行政复议范围。

(8)认为符合法定条件，申请行政机关颁发许可证、执照、资质证、资格证等证书，或者申请行政机关审批、登记有关事项，行政机关没有依法办理的。

(9)申请行政机关履行保护人身权利、财产权利、受教育权利的法定职责，行政机关没有依法履行的。

(10)申请行政机关依法发放抚恤金、社会保险金或者最低生活保障费，行政机关没有依法发放的。第8~10项是针对行政机关没有正当理由，不履行或者拒绝履行的不作为案件。行政机关的职权是权力也是义务，不能怠于行使，所以通过行政复议，可以督促行政机关按照法律赋予职权，作出相应的行政决定。

(11)认为行政机关的其他具体行政行为侵犯其合法权益的。行政机关的具体行政行为涉及的范围非常广泛，以上的列举并不能完全容纳，所以《行政复议法》作出这一规定，只要行政机关的具体行为，无论是作为还是不作为，侵犯行政相对人的人身、财产权益以及其他法律所保护的权益的，都可以依法申请行政复议，扩大了对行政相对人的保护。

(二)对于抽象行政行为的附带审查

《行政复议法》第13条规定，公民、法人或者其他组织认为行政机关的行政行为所依据的下列规定不合法，在对具体行政行为申请行政复议时，可以一并向行政复议机关提出对该规定的审查申请：

(1)国务院部门的规范性文件；

(2)县级以上地方各级人民政府及其工作部门的规范性文件；

(3)乡、镇人民政府的规范性文件；

(4)法律、法规、规章的审查依照法律、行政法规办理。

前述所列规定不含规章。规章的审查依照法律、行政法规办理。

二、不可申请行政复议的行政行为

根据《行政复议法》第8条规定，在下列情况下，不能申请行政复议：

(1)不服行政机关作出的行政处分或者其他人事处理决定的。这是指行政主体对其所属公务员作出的内部行政行为，根据有关公务员管理的法律规定，公务员不服行政机关内部处理决定，可以依法提出申诉，但不能通过行政复议解决。

(2)不服行政机关对民事纠纷作出的调解或者其他处理的。行政机关对平等主体的民事纠纷居间调解或者仲裁，只有双方当事人自愿服从才有法律效力。如果仍然不服，可以通过提起民事诉讼由人民法院作出最后判决。

(3)行政相对人对国防、外交等国家行为不服，也不能申请行政复议。因为这一类行为往往涉及国家安全和利益，涉及国家主权和国际关系，政治性较强，不适于行政复议。

第三节　行政复议的管辖

一、行政复议管辖概述

行政复议管辖，是指不同行政复议机关之间受理复议案件的权限和分工，也即是指确定具体某个行政争议由哪个行政机关进行复议的规则。合理确定行政复议的管辖，不仅有助于方便行政相对人行使申请行政复议的权利，而且有助于解决行政系统内部在行政复议事项上的合理分工，提高行政管理效率，加强对行政机关依法行政的监督。

根据《行政复议法》和其他法律法规的规定，复议的管辖主要有以下几种情况：

(1)由作出被申请复议行政行为的行政主体管辖。这种管辖方式有利于方便、快捷地进行调查取证和审查工作，但由于是本机关自己审查自己作出的行政行为，因而它违背了"自己不得裁决自己案件"的公正原则，容易引起行政复议申请人对行政复议公正性的怀疑，因此，此种行政复议管辖方式应当严格限制适用范围。

(2)由作出被申请复议行政行为的行政主体的上一级行政机关管辖。此种管辖方式建基于行政系统内部的层级关系，有利于上级行政机关发挥对下级行政机关的领导和监督权，维护国家行政体系的整体权威。

(3)由作出被申请复议行政行为所属的各级人民政府管辖。此种方式适用于设立了不同行政职能部门的各级人民政府，在地域上便于行政相对人申请行政复议，也有利于各级政府监督检查各职能部门的工作。

二、行政复议管辖的具体规定

(一)对政府工作部门的具体行政行为不服

根据《行政复议法》第 12 条规定，对县级以上地方各级人民政府工作部门的具体行政行为不服的，由申请人选择，可以向该部门的本级人民政府申请行政复议，也可以向上一级主管部门申请行政复议。对海关、金融、国税、外汇管理等实行垂直领导的行政机关和国家安全机关的具体行政行为不服的，向上一级主管部门申请行政复议。

(二)对地方人民政府的具体行政行为不服

根据《行政复议法》第 13 条规定，对地方各级人民政府的具体行政行为不服的，向上一级地方人民政府申请行政复议。对省、自治区人民政府依法设立的派出机关所属的县级地方人民政府的具体行政行为不服的，向该派出机关申请行政复议。

(三)对国务院各部门或省级人民政府的具体行政行为不服

根据《行政复议法》第 14 条规定，对国务院部门或者省、自治区、直辖市人民政府的具体行政行为不服的，向作出该具体行政行为的国务院部门或者省、自治区、直辖市人民政府申请行政复议。对行政复议不服的，可以向人民法院提起行政诉讼；也可以向国务院申请裁决，国务院的裁决是最终裁决。

(四)对派出机构和派出机构的具体行政行为不服

根据《行政复议法》第 15 条第 1 款第 1 项、第 2 项的规定，对县级以上地方人民政府依法设立的派出机关作出的具体行政行为不服的，向设立该派出机关的人民政府申请行政复议。

对政府工作部门依法设立的派出机构根据法律、法规或者规章规定，以自己的名义作出的具体行政行为不服的，向设立该派出机构的部门或者该部门的本级人民政府申请复议。

(五)对法律、法规授权组织的具体行政行为不服

根据《行政复议法》第 15 条第 1 款第 3 项的规定，对法律、法规授权的组织作出的具体行政行为不服的，分别向直接管理该组织的地方人民政府、地方人民政府的工作部门或

者国务院部门申请行政复议。

(六)对行政机关共同作出的具体行政行为不服

根据《行政复议法》第 15 条第 1 款第 4 项的规定，对两个或者两个以上行政机关以共同名义作出的具体行政行为不服的，向其共同上一级人民政府或者共同上一级人民政府指定的行政机关申请行政复议。

(七)对被撤销的行政机关的具体行政行为不服

根据《行政复议法》第 15 条第 1 款第 5 项的规定，对被撤销的行政机关在撤销前所作出的具体行政行为不服的，向继续行使其职权的行政机关的上一级行政机关申请行政复议。

(八)有关移送管辖的特殊规定

除了上述通常情况下行政复议的管辖方式以外，按照《行政复议法》第 15 条第 2 款和第 18 条关于移送管辖的规定，对县级以上地方人民政府依法设立的派出机构、政府工作部门依法设立的派出机构、法律、法规授权的组织、被撤销的行政机关或者两个或两个以上行政机关以共同名义作出的具体行政行为不服的，申请人也可以向具体行政行为发生地的县级人民政府提出行政复议申请。接受申请的县级人民政府在接到行政复议申请之日内，转送有管辖权的行政机关。

这一规定，有助于行政相对人在不了解有关行政复议管辖法律规定的情况下，根据自己所在地区的便利，及时行使申请行政复议的权利，避免行政机关在行使行政复议管辖权时相互推诿。

表 8-1　　　　　　　　　　　　　行政复议管辖(复议机关)

类型	被申请人	复议机关	说　明
条块管辖	县级以上政府部门	同级政府或上一级主管部门	国安机关虽是政府组成部门，但此处除外
条条管辖	省级以下政府	上一级人民政府	如上级无地级市政府，则地区行署也可复议
	垂直领导机关	上一级主管部门	海关、国税、金融、外汇管理、国安
自我管辖	省部级单位	原机关自己，审理机构有变化	对复议决定不服可起诉或申请国务院裁决

161

续表

类型	被申请人	复议机关	说　明
特殊情形	政府派出机关	设立该派出机关的政府	包括行政公署、区公所、街道办事处三类
	部门派出机构	该机构所在的主管部门或该主管部门的同级政府	如是垂直领导部门的派出机构作为被申请人,则复议机关仅包括其所在主管部门
	被授权组织	直接管理该组织的机关	但被授权的国务院直属事业单位以部委论
	多个行政机关	其共同上一级机关	复议机关是同级政府或共同上级主管部门
	被撤销的机关	其职权继承机关的上一级机关	视继续行使职权的机关被申请人处理即可

注意:最后五种特殊情形,可以由县级人民政府接受后转交复议机关。

三、行政复议机构

(一)行政复议机构的概念

行政复议机构,是指行政复议机关内部设置的,专门负责处理行政复议,并对其进行受理、审查和裁决等工作的办事机构。根据行使不同行政职权的需要,在行政复议机关内部,一般会设置不同的工作机构,分别处理不同的行政管理事务。在行政机关内部,各个工作机构之间要保持相对的独立性,尤其是行政复议机构,由于它是采取准司法的方式处理行政机关与相对人之间的争议,更加需要保持中立,以利于公正作出行政复议决定。

(二)行政复议机构的设置

我国的行政复议机关有两种:各级人民政府和各级人民政府的工作部门。相应的,复议机构的设置也有两种情况:

1. 地方各级人民政府的复议机构

地方各级人民政府的复议机构设在政府的法制工作机构内或者与政府法制工作机构合署办公。政府法制工作机构是各级人民政府的办事机构,其主要职责是为本级政府提供法律咨询、起草规范性文件和监督政府工作部门的执法情况,等等。它行使职权的性质决定了它适合于处理行政复议事项。

2. 各级政府工作部门的复议机构

作为复议机关的各级政府工作部门，其复议工作具体由哪些部门承担情况各异。如果设置法制工作机构的，法制工作机构就是复议机构，没有设置法制工作机构的，则由其他部门具体承担复议工作。

(三)复议机构的职责

根据《行政复议法》第3条的规定，行政复议机关负责法制工作的机构具体办理行政复议事项，履行下列职责：

(1)受理行政复议申请；

(2)向有关组织和人员调查取证，查阅文件和资料；

(3)审查申请行政复议的具体行政行为是否合法与适当，拟定行政复议决定；

(4)处理或者转送有关抽象行政行为的审查申请；

(5)对行政机关违反《行政复议法》规定的行为依照规定的权限和程序提出处理建议；

(6)办理因不服行政复议决定提起行政诉讼的应诉事项；

(7)法律、法规规定的其他职责。

第四节　行政复议当事人

行政复议当事人，是指由于与引起行政争议的具体行政行为有利害关系而参加到行政复议过程中的人，包括行政复议申请人、被申请人和第三人。

一、行政复议申请人

(一)行政复议申请人的概念和特征

行政复议申请人，是指认为行政主体作出的具体行政行为侵犯了其合法权益，以自己的名义提起行政复议，并受行政复议决定约束的公民、法人或者其他组织。行政复议申请人是行政复议程序的发起者，他的行为直接引起行政复议程序的发生、发展、中止和结束。

行政复议申请人具有以下特征：

(1)行政复议申请人一般是具体行政行为的相对人，包括公民、法人或者其他组织以及外国人、无国籍人。行政复议是依法赋予行政相对人的权利救济措施，因此，行政复议申请人是特定的，即在具体行政行为中处于行政相对人地位人；而作出具体行政行为的行政主体可以凭借国家意志强制实施行政决定，不能提出行政复议申请。行政相对人包括具体行政行为的直接相对人以及受到具体行政行为不利影响的间接相对人。比如，在行政处罚决定中受到被处罚人违法行为侵害的人，如果认为行政处罚畸轻或畸重，也可以申请行政复议。

(2)行政复议申请人是认为具体行政行为侵犯其合法权益的人。在行政相对人提起行政复议之时，具体行政行为是否违法或者不当，还只是相对人主观上的认识，必须要等到行政复议机关作出行政复议决定之后才能最后认定。但是，为了保护行政相对人的申请权、监督行政，只要行政相对人认为具体行政行为侵犯其合法权益，相对人对之不服，就可以申请复议。

(二)行政复议申请人的资格

一般情况下，具体行政行为人的相对人本人就是行政复议申请人，但是在特定情况下，行政复议申请人的资格会发生转移。根据《行政复议法》第10条的规定，行政复议申请人除了具体行政行为的相对人本人以外，还包括以下几种：

(1)有权申请行政复议的公民死亡的，其近亲属可以申请行政复议。近亲包括配偶、父母、子女、兄弟姐妹、祖父母、外祖父母、孙子女、外孙子女。

(2)有权申请行政复议的法人或者其他组织终止的，承受其权利的法人或者其他组织可以申请行政复议。法人或者其他组织终止主要是指法人或者其他组织发生消灭、合并、分立等情况。

另外，有权申请行政复议的公民为无民事行为能力人或者限制民事行为能力人的，其法定代理人可以代为申请行政复议。《民法典》规定，不满8周岁的未成年人和不能完全辨认或控制自己行为的精神病人是限制行为能力人。这种情况下，并非发生行政复议申请人资格的转移，而是因为未成年人和精神病人受身体条件的限制，不能很好地行使复议权利，法律为了保护这一部分行政相对人的权益，允许其法定代理人代为申请。

二、行政复议被申请人

行政复议被申请人，是指具体行政行为引起行政相对人不服，被依法提起行政复议而由行政复议机关通知参加行政复议的行政主体。《行政复议法》第10条第4款规定："公民、法人或者其他组织对行政机关的具体行政行为不服申请行政复议的，作出具体行政行为的行政机关是被申请人。"具体来说，有以下几种情况：

(1)公民、法人或者其他组织对行政机关的具体行政行为不服申请复议的，作出具体行政行为的行政机关是行政复议的被申请人。

(2)对县级以下地方人民政府依法设立的派出机关的具体行政行为不服申请复议的，该派出机关是行政复议被申请人。

(3)对政府工作部门依法设立的派出机关依据法律、法规或者规章的规定，以自己的名义作出的具体行政行为不服申请复议的，该派出机构是行政复议被申请人。

(4)对两个或者两个以上行政机关以共同名义作出具体行政行为不服申请复议的,共同作出具体行政行为的行政机关是共同被申请人。

(5)对法律、法规授权的组织作出的具体行政行为不服申请复议的,该组织是行政复议被申请人。

(6)对行政机关委托的组织作出的具体行政行为不服申请复议的,委托的行政机关是行政复议被申请人。

(7)对行政机关作出的具体行政行为不服,该机关被撤销而申请行政复议的,继续行使其职权的行政机关是行政复议被申请人。

三、行政复议第三人

(一)行政复议第三人的概念和特征

行政复议第三人,是指与被申请复议的具体行政行为有利害关系,为了维护自己的合法权益,经申请或者由行政复议机关通知参加到行政复议程序中去的公民、法人或者其他组织。行政复议第三人具有如下法律特征:

(1)行政复议第三人与被申请复议的具体行政行为有法律上的利害关系,也就是说,该具体行政行为涉及第三人的权利和义务,行政复议决定会影响第三人利益。如果不让其参与行政复议程序,听取第三人意见,将会产生不公平的结果。

(2)行政复议第三人是以自己的名义参加到行政复议程序中。行政复议第三人是为了维护自己的利益参与行政复议,在行政复议中具有独立的法律地位,不依附于申请人或者被申请人,享有独立的程序权利,同样要受行政复议决定的约束。

(3)行政复议第三人参加行政复议的时间,一定是在行政复议程序开始之后、终止之前。在行政复议之前提出申请,有可能成为行政复议申请人。第三人参加行政复议是为了在复议过程中维护自己利益,如果行政复议已经结束,第三人的参与也没有任何意义。

(二)可能出现行政复议第三人的几种情况

在行政复议实践当中,可能出现第三人的几种情况有:

(1)行政处罚案件中,违法行为实施者和受害人任何一方不服行政处罚决定,申请行政复议,另外一方可以作为第三人参加行政复议;如果存在多个被处罚人,部分被处罚人不服处罚决定,申请行政复议,其他被处罚人可以作为第三人参加行政复议。

(2)行政裁决案件中,被裁决的民事纠纷中一方当事人不服裁决决定,提起行政复议,另一方当事人可以作为第三人参加行政复议。

(3)其他与被申请的具体行政行为有利害关系的行政相对人。

第五节　行政复议程序

一、行政复议的申请

行政复议申请，是指行政相对人不服行政主体作出的具体行政行为，向行政复议机关提出变更或者撤销该具体行政行为的请求。行政复议是一种依申请的行政行为，行政相对人的申请是启动行政复议程序的关键，行政相对人提出的请求即是行政复议审查的对象。

(一) 申请行政复议的条件

为了避免启动不必要的行政复议程序，节约社会资源，行政相对人申请行政复议必须满足一定的条件。

1. 有合格的申请人

申请人必须是认为具体行政行为侵犯其合法权益的行政相对人，也就是说，申请人应当与被申请复议的具体行政行为有利害关系。特殊情况下，如果有权申请行政复议的公民死亡的，其近亲属可以申请行政复议；有权申请行政复议的法人或者其他组织终止的，承受其权利的法人或者其他组织可以申请行政复议。

2. 有明确的被申请人

行政相对人申请行政复议必须指明被申请人，即作出具体行政行为的行政机关，否则，行政复议机关可以不予受理。如果属于法定的被申请人和作出具体行政行为的行政机关不一致的情形，相对人又不了解，复议机关应当告知相对人予以更换。

3. 有具体的复议请求和事实根据

在不同的行政争议当中，行政复议申请人可能提出不同的请求，或者是要求撤销违法的具体行政行为，或者是要求变更不当的具体行政行为，或者要求责令行政机关履行法定职责，或者要求确认具体行政行为违法以及赔偿违法行为给行政相对人带来的损失，等等。无论是何种复议请求，都必须要以一定的事实依据为基础，否则就得不到行政复议机关的受理。

4. 符合法定的复议管辖规则

行政相对人必须按照《行政复议法》规定的管辖规则选择合适的复议机关，复议机关对不属于自己管辖的复议申请，应当告知行政相对人向有管辖权的复议机关提出申请。公民、法人或者其他组织向人民法院提起行政诉讼，人民法院已经依法受理的，不得申请行政复议。

(二) 申请行政复议的期限

行政复议申请人必须在法定的复议期限之内提出复议申请，否则就会丧失了申请权。

《行政复议法》第 9 条第 1 款规定:"公民、法人或者其他组织认为具体行政行为侵犯其合法权益的,可以自知道该具体行政行为之日起六十日内提出行政复议申请;但是法律规定的申请期限超过六十日的除外。"因此,申请行政复议的一般期限是 60 日,如果法律、法规规定了比 60 日短的复议期限,应当以 60 日为准;反之,如果规定了比 60 日长的复议期限,则适用该特别规定,以便更好地保护当事人的权利。但是应当指出的是,法律规定复议期限的是为了督促行政相对人及时行政使复议权,以保护行政机关的效率,所以,复议期限不可规定得太长。

此外,《行政复议法》还规定,因不可抗力或者其他正当理由耽误法定申请期限的,申请期限自障碍消除之日起继续计算。

(三)申请行政复议的形式

《行政复议法》规定,申请人申请行政复议,可以书面申请,也可以口头申请。

行政复议申请人书面申请的,应当向复议机关递交复议申请书。复议申请书可以载明以下内容:

(1)申请人的姓名、性别、年龄、职业和住所,法人或者其他组织的名称、住所、法定代表人或者主要负责人的姓名、职务;

(2)被申请人的名称和地址;

(3)申请复议的要求和理由;

(4)提出复议申请的日期。

在有些情况下,行政复议申请人由于文化水平或者其他条件的限制,无法递交书面申请书,可以允许进行口头申请。口头申请的,行政复议应当记录申请人的基本情况、行政复议请求、申请行政复议的主要事实、理由和时间。

二、行政复议申请的受理

行政复议机关收到复议申请后,应当在 5 日内进行审查,决定是否受理。经过审查,行政复议机关可以作出如下处理决定:

(1)对于符合申请复议条件,依法应予受理。在这种情况下,自行政复议机关负责复议工作的机构收到行政复议申请之日起即为受理。

(2)对于不符合行政复议条件的,依法作出不予受理的决定,并将决定及理由书面告知申请人。公民、法人或者其他组织依法提出行政复议申请,行政复议机关无正当理由不予受理的,上级行政机关应当责令其受理;必要时,上级行政机关也可以直接受理。

(3)对于内容有欠缺的复议申请,发还并告知申请人欠缺事项,限期补正。

(4)对于复议申请符合法定条件但不属于该机关管辖的,应当告知申请人向有管辖权的机关申请行政复议。

三、行政复议的审理

(一) 审理前的准备

行政复议审理前的准备工作，主要是指有关复议文书的发送和有关证据材料的收集。根据《行政复议法》第 23 条的规定，行政复议机关负责法制工作的机构应当自行政复议申请受理之日起 7 日内，将行政复议申请书副本或者行政复议申请笔录复印件发送给被申请人。行政复议被申请人应当自收到复议申请书副本或者行政复议申请笔录复印件之日起 10 日内，提出书面答复，并提交当初作出具体行政行为的全部证据、依据和其他有关资料。

行政复议申请人、第三人可以查阅被申请人提交的书面答复、作出具体行政行为的证据、依据和其他有关材料，除了涉及国家秘密、商业秘密或者个人隐私外，行政复议机关不得拒绝。

(二) 审理方式

根据《行政复议法》第 22 条的规定，行政复议原则上采取书面审查的办法，但申请人提出要求或者行政复议机关负责法制工作的机构认为有必要时，可以向有关组织和人员调查情况，听取申请人、被申请人和第三人的意见。这一规定，确立了行政复议以书面审理为主，其他方式为辅的原则。

书面审理是指行政复议机关仅仅就复议双方提供的书面证据材料进行审理即作出决定的审理方式。行政复议不同于行政诉讼，需要较多地考虑到行政效率的要求，而且行政复议机关和作出原具体行政行为的机关同属行政系统，对行政管理事项比较熟悉，提供了书面审查的可能性。

同时，为了准确查明事实，为当事人提供陈述意见的机会，也允许行政复议机关根据申请人的要求或者依职权主动调查取证，或者采取听证等方式，多方听取意见，再结合书面材料作出复议决定。尤其是在一些比较复杂的复议案件当中更应当将两种审理方式结合起来进行。

(三) 审理依据

行政复议机关审理复议案件，以法律、行政法规、地方性法规、规章以及上级行政机关依法制定和发布的具有普遍约束力的决定、命令为依据。

(四) 行政复议申请的撤回

根据《行政复议法》第 25 条的规定，行政复议申请被复议机关机受理后，在复议决定作出之前，申请人可以要求撤回行政复议申请。经说明理由，行政复议机关同意申请人撤回复议申请的，行政复议终止。

提出行政复议申请是申请人的权利，撤回申请实际上是对申请权的处分，也是复议申请人的权利，应当予以保护。实践当中，申请人撤回复议申请有两种情况：一种是自愿撤回。申请人在事实和法律面前认识到自己的错误，认为行政机关的具体行政行为合法、适当，自愿接受和服从，或者被申请人在复议过程中改变了原具体行政行为，申请人接受。另一种情况是被迫撤回。行政机关凭借行政权力，以不正当手段向复议申请人施加压力，迫使其撤回复议申请。行政复议机关要特别注意在后一种情况下，不应允许申请人撤回复议申请。而在行政机关改变具体行政行为导致申请人撤回申请的情况下，行政复议机关也要审查是不是因为被申请人为了免于承担行政责任，以牺牲公共利益为代价，放纵违法行为，不恰当地改变原来的具体行政行为，此时也不应允许申请人撤回复议申请。

（五）行政复议过程中具体行政行为的执行

行政管理的效率性决定了行政行为的效力先定性，行政行为一旦作出就有执行力，行政复议期间不停止具体行政行为的执行是一般原则。但是在有些情况下，比如，行政决定有重大瑕疵，若不停止执行会给相对人带来无法弥补的损失，就应当停止具体行政行为的执行。

按照《行政复议法》第21条的规定，有下列情形之一的，可以停止具体行政行为的执行：（1）被申请人认为需要停止执行的；（2）行政复议机关认为需要停止执行的；（3）申请人申请停止执行，行政复议机关认为其要求合理，决定停止执行的；（4）法律规定停止执行的。

四、行政复议决定

（一）对抽象行政行为的处理决定

行政复议申请人在申请行政复议时，一并提出对属于《行政复议法》规定范围之内的抽象行政行为的审查申请的，行政复议机关有权对该抽象行政行为有权处理的，应当在30日内依法作出处理决定；无权处理的，应当在7日内按照法定程序转送有权处理的行政机关作出处理决定，有权处理的机关也应是在60日内依法作出处理决定。

行政复议机关在对被申请人作出具体行政行为进行审查时，认为具体行政行为的依据不合法，复议机关有权处理的，应在30日内依法作出处理；无权处理的，应当在7日内按照法定程序转送有权处理的行政机关作出处理决定。在处理期间，行政复议机关中止具体行政行为的审查。

（二）对具体行政行为的处理决定

行政复议机关负责法制工作的机构应当对被申请人作出的具体行政行为进行审查，提出意见，经行政复议机关的负责人同意或者集体讨论通过后，根据不同情况分别作出不同的行政复议决定。

行政复议机关应当自受理行政复议申请之日起 60 日内作出行政复议决定，但是法律规定的行政复议期限少于 60 日的除外。情况复杂，不能在规定期限内作出行政复议决定的，经行政复议机关的负责人批准，可以适当延长，并告知申请人和被申请人，但是延长期限最多不超过 30 日。复议机关逾期不作决定的，申请人可以在复议期满之日起 15 日内向人民法院提起行政诉讼。

根据《行政复议法》第 28 条的规定，行政复议机关可以作出的行政复议决定包括有：

1. 维持决定

对被申请复议的具体行政行为，复议机关认为事实清楚，证据确凿，适用法律、法规、规章和具有普遍约束力的决定、命令正确，符合法定程序，并且内容适当的，应当依法作出维持该具体行政行为的复议决定。

2. 履行决定

经过审查，行政复议机关认为被申请人存在拒不履行法定职责或者拖延履行法定职责两种情形之一的，应当责令被申请的行政主体在一定期限内履行法定职责。

3. 撤销、变更和确认违法决定

如果被申请复议的具体行政行为存在下列情形之一的，行政复议机关可以决定撤销、变更或者确认该具体行政行为违法；决定撤销或者确认该具体行政行为违法的，可以责令被申请人在一定期限内重新作出具体行政行为：(1)主要事实不清、证据不足的；(2)适用依据错误的；(3)违反法定程序的；(4)超越职权或者滥用职权的；(5)具体行政行为明显不当的。

被申请人没有按照《行政复议法》的规定提出书面答复、提交当初作出具体行政行为的全部证据、依据和其他有关材料的，视为该具体行政行为没有证据、依据，复议机关可以作出撤销该具体行政行为的决定。

行政复议机关在决定撤销或者确认具体行政行为违法时，可以附带责令被申请人在一定期限内重新作出具体行政行为。此时，被申请人不得以同一的事实和理由作出与原具体行政行为相同或者基本相同的具体行政行为。

4. 行政赔偿决定

行政复议申请人在申请行政复议时一并提出行政赔偿请求的，行政复议机关经过审查，如果认为符合《国家赔偿法》的有关规定应予赔偿的，应当在作出撤销、变更具体行政行为或者确认具体行政行为违法的决定同时，作出责成被申请人依法给予申请人赔偿的决定。

行政复议申请人在申请行政复议时，如果没有提出行政赔偿请求，行政复议机关在依法决定撤销或者变更罚款、撤销违法集资、没收财物、征收财物、摊派费用以及对财产的查封、扣押、冻结等具体行政行为时，应当同时作出责令被申请人返还申请人财产，解除对申请人财产的查封、扣押、冻结措施，或者赔偿相应价款的决定。

五、行政复议决定的执行

行政复议机关作出行政复议决定，应当制作行政复议决定书并加盖行政复议机关的印章，送达当事人。法律规定行政复议为终局决定的，行政复议决定书一经送达，立即发生法律效力。对于不是终局决定的行政复议决定，当事人不服行政复议决定，可以在收到行政复议决定书之日起 15 日内向人民法院提起行政诉讼。当事人在法定起诉期限内没有起诉，期限届满，复议决定书也即发生法律效力。

生效的行政复议决定具有执行力，对不履行行政复议决定的义务人，行政机关有权采取强制措施，迫使其履行复议决定规定的义务。这里的"义务人"，包括作为被申请人的行政主体和作为申请人的公民、法人和其他组织。

（1）被申请人应当履行行政复议决定。被申请人不履行或者无正当理由拖延履行行政复议决定的，行政复议机关或者有关上级行政机关应当责令其限期履行。

（2）申请人应当履行行政复议决定。申请人逾期不起诉又不履行行政复议决定的，或者不履行终局的行政复议决定的，对于维持具体行政行为的行政复议决定，由作出具体行政行为的行政机关依法强制执行，或者申请人民法院强制执行；对于变更具体行政行为的行政复议决定，由行政复议机关依法强制执行，或者申请人民法院强制执行。

第九章　行政诉讼法律制度

第一节　行政诉讼概述

一、行政诉讼的概念与特征

由于各国法律制度不同，对行政诉讼概念的认识也不同。在我国，行政诉讼是指公民、法人或者其他组织认为行政机关和法律、法规授权的组织的具体行政行为侵犯其合法权益，依法向人民法院起诉，人民法院在当事人和其他诉讼参与人的参加下，对具体行政行为进行审理并作出裁决的活动。我国的行政诉讼具有以下特征：

(1)行政诉讼是解决行政管理纠纷的一种诉讼活动。公民、法人或者其他组织认为行政机关和行政机关工作人员的具体行政行为侵犯其合法权益，可以寻求司法保护。

(2)行政诉讼的原告是认为行政机关及法律、法规授权的组织作出的具体行政行为侵犯其合法权益的公民、法人或者其他组织。

(3)行政诉讼的被告是行使国家行政管理权的行政机关及法律、法规授权的组织。首先，行政机关或经法律法规授权的组织在实施具体行政行为的过程中，处于主导地位，行政相对人必须服从，它不需要以原告身份提起诉讼的方式来实现具体行政行为，其次，作出具体行政行为的虽是行政机关工作人员，但因其职务行为是代表行政机关作出的，也不能成为行政诉讼的被告。

二、行政诉讼的基本原则

(一)行政诉讼基本原则的概念

行政诉讼基本原则，是指由行政诉讼法所规定的、用以指导整个行政诉讼活动或者行政诉讼主要阶段的活动的基本准则。行政诉讼基本原则反映了行政诉讼程序的基本特点，对行政诉讼活动具有普遍的指导意义。

(二)行政诉讼基本原则的分类

根据基本原则的适用范围，把基本原则分为诉讼上的一般原则行政诉讼的特有原则。

一般原则是指适用于三大诉讼或只适用于民事、行政诉讼的基本原则。特有原则是指只适用于行政诉讼的，与民事、刑事诉讼相区别的基本原则。

1. 一般原则

行政诉讼作为法院主持下的三大诉讼制度之一，与民事诉讼、刑事诉讼有一些共同的诉讼原则。这些诉讼原则属于人民法院进行诉讼活动的时候必须严格遵循的，我国在《行政诉讼法》第一章总则里采用列举的方式规定了这些基本原则。主要有：

(1)人民法院依法独立行使审判权原则。人民法院依法对行政案件独立行使审判权，不受行政机关、社会团体和个人的干涉。

(2)以事实为根据，以法律为准绳原则。人民法院审理行政案件，以事实为根据，以法律为准绳。这里的"法律"，是广义上的法律。在《行政诉讼法》中，凡单指全国人大及其常务委员会制定的法律规范，一律单称"法律"。凡是泛指法律和行政法规、地方性法规和自治条例、单行条例的，一律用"法律、法规"。只有此处所用"法律"一词，是泛指法律法规。

(3)合议制原则。合议制是指由若干名审判人员组成合议庭对行政案件进行审理的制度。实行合议制，是为了发挥集体的智慧，弥补个人能力上的不足，以保证案件的审判质量。合议庭由审判员组成，或者由审判员、陪审员组成。合议庭的成员，应当是 3 人以上的单数。

(4)回避原则。回避，是指同案件有某种利害关系或者其他关系的审判人员及其他人员，不得参与本案的审理等诉讼活动。当事人认为审判人员与本案有利害关系或者有其他关系可能影响公正审判，有权申请审判人员回避。审判人员认为自己与本案有利害关系或者有其他关系，应当申请回避。申请回避适用的对象不仅适用于审判人员，还适用于书记员、翻译人员、鉴定人、勘验人。院长担任审判长时的回避，由审判委员会决定；审判人员的回避，由院长决定；其他人员的回避，由审判长决定。当事人对决定不服的，可以申请复议。

(5)公开审判原则。公开审判是指人民法院审理行政案件，除法律规定的情况外，审判过程及结果应当向群众、社会公开。所谓向群众公开，是指允许群众旁听案件审判过程(主要是庭审过程和宣判过程)；所谓向社会公开，是指允许新闻记者对庭审过程作采访，允许其对案件审理过程作报道，将案件向社会披露。

(6)两审终审原则。两审终审是指一个行政案件经过两级人民法院审理后即告终结的制度。当事人不服一审判决或裁定(允许上诉的)，可以向上一级人民法院提出上诉，二审作出的判决或裁定就是终审的判决或裁定，不能再行上诉。

(7)当事人法律地位平等原则。当事人在行政诉讼中的法律地位平等。双方当事人都享有诉讼权利，都要履行诉讼义务，但这并不意味着原、被告双方诉讼权利和义务完全对等，如原告有起诉权，被告没有起诉权和反诉权；被告负有法定的举证责任。

(8)使用本民族语言文字进行诉讼原则。各民族公民都有用本民族语言、文字进行行政诉讼的权利。在少数民族聚居或者多民族共同居住的地区，人民法院应当用当地民族通用的语言、文字进行审理和发布法律文书。人民法院应当为不通晓当地民族通用的语言、文字诉讼参与人提供翻译。

(9)辩论原则。当事人在行政诉讼中有权进行辩论。行政诉讼中的辩论，是在人民法院的主持下进行的，参加者是当事人双方及依法享有辩论权的诉讼代理人。辩论的内容是案件的事实及其适用的法律等问题。辩论有书面和口头两种形式。辩论权的行使，贯穿于诉讼全过程，而不仅仅是限于法庭辩论阶段。人民法院应当重视辩论的作用，未经法庭辩论和质证的证据不能作为人民法院裁判的根据。

(10)人民检察院实行法律监督原则。人民检察院有权对行政诉讼实行法律监督。法律监督的主要方式是，人民检察院对人民法院已经发生法律效力的判决、裁定，发现违反法律、法规规定的，有权按照审判监督程序提出抗诉。

2. 特有原则

行政诉讼以行政纠纷为处理对象，这种特殊性也就决定了行政诉讼具有不同于其他诉讼活动的特有原则。主要有：

(1)审查具体行政行为的合法性原则。人民法院审理行政案件，对具体行政行为是否合法进行审查。行政诉讼法考虑到司法权与行政权的关系，对具体行政行为的合理性问题，法院一般不予审查。被诉具体行政行为合法但存在合理性问题的，法院判决驳回原告诉讼请求。

(2)具体行政行为不因诉讼而停止执行原则。除有特殊情形，诉讼期间，不停止具体行政行为的执行。具体行政行为是行政机关代表国家作出的，如果当事人认为具体行政行为违法并向法院起诉，在法院作出生效判决前，具体行政行为被推定为合法有效，应当得到执行。实行这一原则，有利于保障国家行政管理活动的正常进行。

(3)被告负举证责任原则。被告对作出的具体行政行为负有举证责任，应当提供作出该具体行政行为的证据和所依据的规范性文件。与原告相比，被告行政机关是对某一领域的专门管理，对其作出的具体行政行为的根据更为了解，被告的举证能力比原告强。这一原则不排除原告对某些事项承担举证责任。

(4)不适用调解原则。人民法院审理行政案件，不适用调解。行政机关作出具体行政行为，是其行政法定职权的表现，法院审理行政案件是对具体行政行为的合法性进行审查，当事人对争议的内容没有处分的权利。但是，行政赔偿诉讼可以适用调解，因为行政赔偿问题不涉及行政机关的法定职权。

(5)司法有限变更原则。为了使行政诉讼最大限度地保护公民、法人或者其他组织的合法权益，又不至于使司法权过多地干预行政权，行政诉讼法规定法院的司法变更权仅限于在行政处罚显失公正的情况下才能行使。

(6)选择复议原则。对属于人民法院受案范围的行政案件，公民、法人或者其他组织可以先向上一级行政机关或者法律、法规规定的行政机关申请复议，对复议不服的，再向人民法院起诉；也可以直接向人民法院提起诉讼。在我国，只要法律、法规没有明确规定必须经过复议的情况下，复议不是进行行政诉讼的必经程序。

第二节 行政诉讼的受案范围

行政诉讼受案范围，是指人民法院受理行政诉讼案件的范围。从世界各国行政诉讼制度的基本情况来看，不是行政机关的全部行政行为都可以被起诉，也不是所有的行政案件都通过行政诉讼来处理解决。我国的行政诉讼法对人民法院受理行政案件的范围作出了规定。

一、人民法院受理案件的范围

(一)侵犯人身权或财产权的行政案件

(1)对行政拘留、暂扣或者吊销许可证和执照、责令停产停业、没收违法所得、没收非法财物、罚款、警告等行政处罚不服的；

(2)对限制人身自由或者对财产的查封、扣押、冻结等行政强制措施和行政强制执行不服的；

(3)申请行政许可，行政机关拒绝或者在法定期限内不予答复，或者对行政机关作出的有关行政许可的其他决定不服的；

(4)对行政机关作出的关于确认土地、矿藏、水流、森林、山岭、草原、荒地、滩涂、海域等自然资源的所有权或者使用权的决定不服的；

(5)对征收、征用决定及其补偿决定不服的；

(6)申请行政机关履行保护人身权、财产权等合法权益的法定职责，行政机关拒绝履行或者不予答复的；

(7)认为行政机关侵犯其经营自主权或者农村土地承包经营权、农村土地经营权的；

(8)认为行政机关滥用行政权力排除或者限制竞争的；

(9)认为行政机关违法集资、摊派费用或者违法要求履行其他义务的；

(10)认为行政机关没有依法支付抚恤金、最低生活保障待遇或者社会保险待遇的；

(11)认为行政机关不依法履行、未按照约定履行或者违法变更、解除政府特许经营协议、土地房屋征收补偿协议等协议的；

(12)认为行政机关侵犯其他人身权、财产权等合法权益的。除前款规定外，人民法院受理法律、法规规定可以提起诉讼的其他行政案件。这里是指除了上述 1—11 项规定以外，只要是属于行政机关侵犯公民、法人或者其他组织的人身权、财产权的，都在人民法院受案范围之内。所以，这个第 12 项内容是对其他可诉范围的一种补充。

(二)侵犯除人身权或财产权以外的其他权利的行政案件

《行政诉讼法》明确列举的 12 项案件，均是侵犯公民、法人或其他组织人身权、财产权的行政案件，然而，公民、法人或其他组织不仅享有人身权、财产权，还享有其他许多权利，如宪法规定的政治、经济、社会和文化权利，等等。《行政诉讼法》规定，人民法院受理法律、法规规定可以提起诉讼的其他行政案件，这说明，行政机关侵犯公民、法人或者其他组织人身权、财产权以外其他合法权益时，只要是法律、法规有明确规定可以提起行政诉讼的，就属于人民法院的受案范围。

二、人民法院不受理事项的范围

(一)国防、外交等国家行为

人民法院不受理公民、法人或者其他组织对国防、外交等国家行为提起的诉讼。行政诉讼法规定的国家行为，是指国务院、中央军事委员会、国防部、外交部等根据宪法和法律的授权，以国家的名义实施的有关国防和外交事务的行使，以及经宪法和法律授权的国家机关宣布紧急状态、实施戒严和总动员等行为。

(二)抽象行政行为

人民法院不受理公民、法人或者其他组织对行政法规、规章或者行政机关制定、发布的具有普遍约束力的决定、命令提起的诉讼。"具有普遍约束力的决定、命令"，是指行政机关针对不特定对象发布的能反复适用的行政规范性文件。这就是抽象行政行为不属于行政诉讼受案范围的法律依据。

(三)内部行政行为

人民法院不受理公民、法人或者其他组织就行政机关对行政机关工作人员的奖惩、任免等决定提起的诉讼。"对行政机关工作人员的奖惩、任免等决定"，是指行政机关作出的涉及该行政机关公务员权利、义务的决定。行政机关对其工作人员的奖惩、任免等决定，是行政机关的内部人事管理决定，属于内部行政行为。

(四)法院规定由行政机关作出最终裁决的行政行为

人民法院不受理公民、法人或者其他组织对法律规定由行政机关最终裁决的具体行政行为中的"法律"，是指全国人民代表大会及其常务委员会制定、通过的规范性文件。如果是法规或者规章规定行政机关可以对某些事项"作最终裁决"，而公民、法人或者其他组织不服行政机关依据这些法规或规章作出的裁决，依法向人民法院起诉的，人民法院应予受理。我国法律有关终局行政行为，有两种类型：一类是可以申请复议也可以直接向法院起诉，但如果申请复议，则复议决定为最终裁决，不能再向法院起诉。另一类是当事人不服行政决定，不能向法院起诉。

(五) 刑事司法行为

人民法院不受理公民、法人或者其他组织对公安、国家安全等机关依照刑事诉讼法的明确授权实施的行为提起的诉讼。刑事司法行为是指公安、国家安全等机关在刑事案件的立案侦查工作中所采取的强制措施。比如，公安机关具有行政管理和刑事侦查两类职能，公安机关在治安管理中所采取的行政强制措施具有可诉性，在刑事侦查过程中所采取的刑事强制措施不属于行政诉讼的受理范围。

(六) 调解行为及法律规定的仲裁行为

人民法院不受理公民、法人或者其他组织对调解行为以及时效性法律规定的仲裁行为提起的诉讼。行政机关的调解不是严格意义上的具体行政行为，因为它不是行政机关对公民、法人或者其他组织的单方意志和行为，而是当事人双方一致的意思表示，这种调解行为对行政机关本身和当事人并不具有必然的拘束力。当事人事后对调解协议不满意的，仍可以将民事争议交人民法院裁判。因此，不能以行政机关为被告提起行政诉讼。

仲裁是法律规定的机构以中立者的身份对当事人之间的民事纠纷，依据一定的程序作出具有法律拘束力的判定的法律制度。将"仲裁"限定为"法律规定的"，这里的"法律"仅指由全国人民代表大会及其常务委员会制定、通过的规范性文件。因此，只要不是"法律"所规定的行政仲裁行为，不能排除公民、法人或者其他组织对该"仲裁行为"提起行政诉讼。选择仲裁这种纠纷解决方式，意味着双方自愿接受"一裁终局"的结果，放弃向人民法院起诉的权利。

(七) 行政指导行为

人民法院不受理公民法人或者其他组织对不具有强制力的行政指导行为提起的诉讼。行政指导行为的一个最重要的特征是对公民、法人或者其他组织不具有法律约束力，公民、法人和其他组织之间不产生法定的权利义务关系。

(八) 重复处理行为

人民法院不受理公民、法人或者其他组织对驳回当事人对行政行为提起申诉的重复处理行为提起的诉讼。重复处理行为，也称为重复处置行为，是指接受申诉的行政机关，经审查对申诉人给予维持原决定的答复行为。

(九) 对公民、法人或者其他组织权利义务不产生实际影响的行为

人民法院不受理公民、法人或者其他组织对其权利、义务不产生实际影响的行为提起

的诉讼。这一项规定，是将行政行为对公民、法人或者其他组织的权利、义务产生实际影响作为可诉行政行为的条件。这是由行政诉讼的性质决定的。公民、法人或者其他组织的合法权益未受到侵害，不能提起行政诉讼。

表 9-1　　　　　　　　　行政诉讼受案范围与行政复议受案范围对照

		行政诉讼	行政复议
受案标准	职权标准：具有行政职权的机关和组织及其工作人员的行为		同行政诉讼
	行为标准：①具体行为。②违法行为		①可附带审查规章以下的抽象行为 ②违法或不当的行为
	结果标准：损害合法权益		同行政诉讼
受理	法律：①行政处罚案件。②强制措施案件。③侵犯经营自主权案件。④行政许可案件。⑤不履行法定职责案件。⑥行政给付案件。⑦违法要求履行义务案件 学理：①行政裁决案件。②部分行政确认。③行政检查案件。④部分行政合同 司法解释：①公平竞争权案件。②国际贸易案件。③反倾销案件。④反补贴案件。⑤最高人民法院就个案进行答复、批复中明确的几类案件		同行政诉讼
排除	①国家行为案件。②抽象行政行为。③内部行政行为。④法定行政终局裁决。⑤刑事侦查行为。⑥调解仲裁行为。⑦行政指导行为。⑧重复处理行为。⑨对权利义务不产生实际影响的行为。⑩劳动监察指令书		①非具体行政行为不得直接审查 ②规章以上（含规章）的抽象行为不得附带审查

表 9-2　　　　　　　　　　　　诉讼与复议关系

复诉自由选择	可在收到复议决定或复议期满后 15 日内起诉，有例外则从例外
复议前置不终局	①纳税争议。②侵犯已经取得的自然资源权利
复议选择但终局	①出入境处罚。②省部级单位对自身行为的复议决定
复议前置且终局	省级政府在特定条件下做出的自然资源权属复议决定

第三节　行政诉讼管辖

一、行政诉讼管辖概述

(一)行政诉讼管辖的概念与特征

行政诉讼管辖是指人民法院内部之间受理第一审行政案件的职权分工。行政诉讼管辖与行政诉讼受案范围不同的。行政诉讼受案范围是解决人民法院与其他国家机关之间处理行政案件的权限划分问题，解决的是外部分工问题；而行政诉讼管辖则是划分人民法院系统内部各级人民法院之间和人民法院之间处理行政案件权限划分问题，解决的是内部分工的问题。从一定意义上说，行政受案范围从宏观上确定了整个人民法院审理行政案件的范围，而行政诉讼管辖则是从微观上确定了单个人民法院审理行政案件的范围。

行政诉讼管辖有如下特征：

(1)它是人民法院内部之间受理行政案件的职权分工。人民法院内部之间有如下分工：第一，各级人民法院行政审判庭审理行政案件和审查行政机关申请执行其具有行政行为的案件。第二，专门人民法院、人民法庭不审理行政案件，也不审理和执行政机关申请执行其具体行政行为的案件。

(2)它是上下级法院之间受理行政案件的职权分工。《行政诉讼法》规定了我国法院中的四级法院，即基层人民法院、中级人民法院、高级人民法院和最高人民法院各自管辖第一审行政案件的权限分工。这是从"纵"的方面对管辖作的划分。

(3)它是同级法院之间受理行政案件的职权分工。同级但不同区域的法院之间也有一个权限分工问题。《行政诉讼法》以区域标准作为同级法院受理第一审行政案件的权限分工。这是从"横"的方面对管辖作的划分。

(4)它是人民法院受理第一审行政案件的职权分工。我国的人民法院虽然分为四级，但我国的诉讼制度实行的是两审终审制，终审法院(上诉审法院)是初审(第一审)法院的上一级法院。因此，确定了第一审法院，上诉审法院也就随之明确。

(二)行政诉讼管辖的种类

根据不同的标准，行政诉讼的管辖可分成不同的种类。以是否由法律直接规定为标准，行政诉讼的管辖可分为法定管辖和裁定管辖。法定管辖是指法律明确规定第一审行政案件由哪一级别法院行使管辖权。在法院管辖中，依据法院对行政案件的纵横管辖关系不同，又可分为级别管辖和地域管辖。裁定管辖是由享有相应权限的法院作出裁定或决定，以确定具体管辖的法院。依据管辖的决定方式不同，裁定管辖又可以分为指定管辖、移送管辖和管辖权的转移。

二、级别管辖

级别管辖是指按照人民法院的组织系统来划分上下级人民法院管辖第一审行政案件的分工和权限。我国人民法院的设置分为四级，即基层人民法院、中级人民法院、高级人民法院和最高级人民法院。各级人民法院都设立了行政审判庭。级别管辖是从纵向上解决哪些第一审行政案件应由哪一级人民法院受理的问题。

(一)基层人民法院管辖的第一审行政案件

基层人民法院管辖第一审行政案件。除法院特别规定应由中级人民法院、高级人民法院、最高人民法院管辖的案件外，其余所有第一审行政案件都由基层人民法院管辖。

(二)中级人民法院管辖的第一审行政案件

中级人民法院管辖下列第一审行政案件：
(1)海关处理的案件。
(2)对国务院各部门或者县级以上地方人民政府所作的行政行为提起诉讼的案件。
(3)本辖区内重大、复杂的案件。有下列情形之一的，属于"本辖区内重大、复杂的案件"：①被告为县级以上人民政府，且基层人民法院不适宜审理的案件；②社会影响重大的共同诉讼、集团诉讼案件；③重大涉外或者涉及香港特别行政区、澳门特别行政区、台湾地区的案件；④其他重大、复杂案件。
(4)其他法律规定由中级人民法院管辖的案件。

(三)高级人民法院管辖的第一审行政案件

高级人民法院管辖本辖区内重大、复杂的第一审行政案件。

(四)最高人民法院管辖的第一审行政案件

最高人民法院管辖全国范围内重大、复杂的第一审行政案件。

表 9-3 　　　　　　　　　　　　**级 别 管 辖**

基层法院	原则上由基层法院管辖一审行政诉讼
中级人民法院	①被告高级：县级以上政府(不动产登记除外)。②被告特殊：中央专利部门、中央商标部门、各级海关、证交所(含第三人)。③人数众多：重大共同诉讼、重大集团诉讼。④涉外因素：重大涉港澳台外案件(含国际贸易案件、部分反倾销案件、部分反补贴案件)
高级人民法院	①本辖区内重大复杂的案件。②部分反倾销案件。③部分反补贴案件
最高人民法院	全国范围内重大复杂案件

三、地域管辖

地域管辖又称区域管辖，是指同级人民法院之间受理第一审行政案件的分工和权限。地域管辖是从横向上解决哪些第一审行政案件应由同级的哪一个区域的人民法院受理的问题。级别管辖是地域管辖的前提，只有在明确某一行政案件由哪一级人民法院审理之后，才能通过地域管辖确定由哪一个人民法院审理，从而最终解决案件的管辖问题。我国行政诉讼法所确定的地域管辖，分为一般地域管辖和特殊地域管辖。

（一）一般地域管辖

一般地域管辖，是指按照最初作出具体行政行为的行政机关所在地为标准确定的管辖。一般地域管辖包括以下两种情况：

1. 凡是未经复议机关复议而直接向人民法院起诉的行政案件，由最初作出行政行为的行政机关所在地人民法院管辖。

2. 经复议的案件，也可以由复议机关所在地人民法院管辖。

（二）特殊地域管辖

特殊地域管辖是针对一般地域管理的例外规定。特殊地域管辖是行政诉讼法针对特别案件用列举的方式规定的案件管辖，在适用具体案件的时候，它优于一般地域管辖。特殊地域管辖分为共同管辖和专属管辖。

1. 共同管辖

共同管辖是指两个或者两个以上的人民法院对同一行政案件都有管辖权。共同管辖有以下两种情况：（1）经复议的案件，复议机关改变原具体行政行为的，可以由最初作出具体行政行为的行政机关所在地人民法院管辖，也可以由复议机关所在地人民法院管辖。（2）对限制人身自由的行政强制措施不服提起的诉讼，由被告所在地或者原告所在地人民法院管辖。"原告所在地"，包括原告户籍所在地、经常居住和被限制人身自由地。

行政机关基于同一事实，既对人身又对财产实施行政处罚或者采取行政强制措施的，被限制人身自由的公民，被扣押或者没收财产的公民、法人或者其他组织对上述行为均不服的，既可以向被告所在地人民法院提起诉讼，也可以向原告所在地人民法院提起诉讼，受诉人民法院可一并管辖。这是针对行政机关基于同一事实既对人身又对财产实施行政处罚或者采取行政强制措施可一并管辖的规定。

两个以上人民法院都有管辖权的案件，原告可以选择其中一个人民法院提起诉讼。原告向两个以上有管辖权的人民法院提起诉讼的，由最先收到起诉状人民法院管辖。

2. 专属管辖

专属管辖是指法律明确规定某些行政案件只能由某个人民法院管辖。行政诉讼中的专属管辖实际上是以诉讼标的所在地为标准，强制规定特定的诉讼只能由特定的法院进行管辖。

因不动产提起的行政诉讼，由不动产所在地人民法院管辖。这类案件规定由不动产所在地人民法院专属管辖，主要是为了便于人民法院对案件进行调查取证和及时审理案件，也为了有利于执行案件的判决。

表 9-4　　　　　　　　　　　　地域管辖(四横)

被告所在地管辖	①一般案件。②复议维持案件
复议机关与原机关所在地管辖	复议改变案件(改变行为结果、改变事实证据、改变规范依据并影响其定性)
原被告所在地管辖	限制人身自由案件(原告所在地包括户籍地、经常居住地、被限制人身自由地)
不动产所在地专属管辖	不动产纠纷案件

四、裁定管辖

裁定管辖是指人民法院依法以裁定的方式确定行政案件的管辖法院。裁定管辖是法定管辖的补充。我国《行政诉讼法》所确定的裁定管辖分为移送管辖、指定管辖和管辖权的转移三种类型。

(一)移送管辖

移送管辖，是指人民法院受理行政案件后，经审查发现不属于本法院管辖，将案件移送给有管辖权的人民法院管辖。人民法院发现受理的案件不属于自己管辖时，应当移送有管辖权的人民法院。受移送的人民法院不得再自行移送。

移送管辖一般都发生在同级异地法院之间，属于地域管辖的一种例外情况，但法律也没有禁止不同级别法院之间的移送。一般认为，移送管辖必须具备以下三个条件：第一，移送的法院对移送的案件已经受理；第二，移送的法院对移送的案件没有管辖权；第三，接受移送的法院对移送的案件有管辖权。如果接受移送的法院认为自己也无管辖权时，不能再自行移送，应说明理由，报请上级人民法院指定管辖。

(二)指定管辖

指定管辖，是指上级人民法院以裁定的方式指定某一下级人民法院对某一行政案件进行管辖。有管辖权的人民法院由于特殊原因不能行使管辖权的，由上一级人民法院指定管辖。人民法院对管辖权发生争议，由争议双方协商解决。协商不成的，报它们共同上级人民法院指定管辖。指定管辖有以下两种情况：

1. 有不能行使管辖权的特殊原因

人民法院对某一案件的管辖权的归属并没有争议，而是由于特殊原因不能行使管辖权。特殊原因包括：(1)事实原因，如自然灾害、战争、意外事故等不可抗拒的客观事实，使本来有管辖权的法院无法行使管辖权；（2）法律原因，如当事人申请回避、本院的工作人员是当事人的案件等，使本来有管辖权的法院不宜行使管辖权。

2. 管辖权争议

管辖权争议，是指人民法院之间就某一具体案件的管辖达不成一致意见。这种争议与当事人对案件提出的管辖权异议有区别。人民法院之间就管辖权发生争议主要有两种情况：一种是消极争议，即两个以上法院都认为自己无管辖权。出现上述管辖权争议时，应当先由争议各方协商解决，如果协商不成，才由它们的共同上级法院指定管辖。

（三）管辖权的转移

管辖权的转移，是指经上级人民法院决定或者同意，把行政案件的管辖权由下级人民法院移交给上级人民法院，或者由上级人民法院移交给下级人民法院的情况。

上级人民法院有权审判下级人民法院管辖的第一审行政案件，也可以把自己管辖的第一审行政案件移交下级人民法院审判。下级人民法院对其管辖的第一审行政案件，认为需要由上级人民法院审判的，可以报请上级人民法院决定。根据这一规定，管辖权的转移可以分为以下三种情况：

（1）上级人民法院对下级人民法院管辖的第一审行政案件，有权提审。

（2）上级人民法院可以把属于自己管辖的第一审行政案件，指令下级人民法院审判。

（3）下级人民法院对管辖的第一审行政案件，认为需要由上级人民法院审判的，不能自行移交，需报请上级人民法院决定是否同意移交。

五、管辖权异议与处理

管辖权异议，是指在人民法院受理行政案件后，当事人认为受诉人民法院无管辖权，并提出应由其他有管辖权的法院受理该案的请求，由受诉人民法院依法作出裁定的诉讼活动。《行政诉讼法》对管辖权异议没有作相应规定，而由司法解释作了补充规定。《若干问题解释》规定：人民法院受理案件后，被告提出管辖异议的，应当在收到起诉状副本之日起十五日内提出。对当事人提出的管辖异议，人民法院应当进行审查。异议成立的，裁定将案件移送有管辖权的人民法院；异议不成立的，裁定驳回。

第四节　行政诉讼参加人

一、行政诉讼参加人概述

（一）行政诉讼参加人

行政诉讼参加人，是指参加行政诉讼的当事人和诉讼代理人。当事人包括原告、被告、共同诉讼人、第三人。行政诉讼参加人不同于行政诉讼参与人，行政诉讼参与人是指除审判人员、书记员、执行人员以外的参与行政诉讼的人。也就是说，行政诉讼参加人以外，还包括证人、鉴定人和翻译人员等。

(二)行政诉讼当事人

行政诉讼中的当事人，是指因具体行政行为发生纠纷，以自己名义进行诉讼，案件审理结果与其有法律上的利害关系，并受人民法院裁判约束力的人。行政诉讼当事人有以下特征：

(1)行政权利义务发生纠纷。这是当事人最基本的特征。

(2)以自己名义进行诉讼。这是区别于诉讼代理人的一个重要特征。

(3)与案件审理结果有直接或者法律上的利害关系。虽以自己的名义参加诉讼，但与被诉具体行政行为没有利害关系的人，如证人、鉴定人、翻译人员等不是行政诉讼当事人。

(4)受人民法院裁判的约束。人民法院对当事人之间的纠纷作出裁判生效后，当事人不得拒绝履行。这一特征是当事人与其诉讼参与人的重要区别，对当事人以外的其他诉讼参与人，人民法院的裁判不发生拘束力。

二、行政诉讼原告

(一)行政诉讼原告的概念

行政诉讼中的原告，是认为行政主体及其工作人员的具体行政行为侵犯其合法权益，而向人民法院提起诉讼的个人或组织。行政诉讼程序启动，必须有原告向人民法院提起诉讼。没有向人民法院起诉，人民法院不能进行审判。有原告起诉，人民法院对原告的起诉经过审查，决定予以立案，诉讼程序即开始。《行政诉讼法》第25条规定："行政行为的相对人以及其他与行政行为有利害关系的公民、法人或者其他组织，有权提起诉讼。"

(二)行政诉讼原告资格

具体到某一案件时，不是任何公民、法人或其他组织都可以成为原告。原告的资格的构成要件有两个：

(1)原告是认为行政行为侵犯其合法权益的公民、法人或者其他组织。作为原告必须是自己的合法权益受到侵害，不能以国家利益、他人利益或公共利益受到损害为由提起行政诉讼。

(2)原告是与行政行为有法律上利害关系的公民、法人或者其他组织。只与具体行政行为有法律上利害关系的公民、法人或者其他组织对该行为不服的，可以依法提起行政诉讼。"与行政行为有法律上利害关系"，是指公民、法人或者其他组织的权利、义务受到被诉行政行为的实际影响，不论法律后果是直接的还是间接的，该提起诉讼的人就具有了原告资格。具体来说，"与行政行为有法律上的利害关系"包括以下几种情况：

①被诉的具体行政行为涉及其相邻权或者公平竞争权的。民事主体侵犯他人相邻权的行为，有时与行政机关的具体行政行为有密切的关系。例如，甲、乙为邻居，甲向当地规划部门申请建房，获得许可，但乙认为甲建房后将影响乙的房屋采光权，规划部门的批准行为将对乙的权利产生实际影响，规划部门的批准行为可能侵犯乙的建筑的相邻权。乙可以向法院提起行政诉讼。

②与被诉的行政复议决定有法律上利害关系或者在复议程序中被追加为第三者的。"在复议程序中被追加为第三人的"与"与被诉的行政复议决定有法律上利害关系"是一种从属关系，前者为后者的情形之一。

③要求主管行政机关依法追究加害人法律责任的。当事人要求行政机关惩罚违法行为人是一种权利。要求主管行政机关依法追究加害人法律责任的受害方作为原告的情形大致有两种：一是受害人要求主管行政机关依法追究加害人的法律责任，而主管行政机关不作为；二是认为主管行政机关或复议机关对加害人的处罚过轻或者不服撤销处罚的复议决定。

④与撤销或者变更具体行政行为有法律上利害关系的。行政机关对一个已经成立、生效的具体行政行为，在认为违法或不正当的时候，都可以主动或依申请撤销或变更。但是撤销或变更行为往往会侵犯一些人的利益。例如，某工商局对某商场处以责令停业整顿的行政处罚，后发现错误，决定撤销该处罚，而且该案中权益受到侵害的消费者对此不服，可以提起行政诉讼。

(三)行政诉讼原告资格的其他情形

(1)合伙或其他非法人组织的原告资格。合伙企业向人民法院提起诉讼的，应当以核准登记的字号为原告，由执行合伙企业事务的合伙人作诉讼代表人；其他合伙组织提起诉讼的，合伙人为共同原告。

不具备法人资格的其他组织向人民法院提起诉讼的，由该组织的主要负责人作诉讼代表人；没有主要负责人的，可以由推选的负责人作诉讼代表人。

同案原告为 5 人以上，应当推选 1~5 名诉讼代表人参加诉讼；在指定期限内未选定的，人民法院可以依职权指定。

(2)联营、合资、合作方的原告资格。联营企业、中外合资或者合作企业的联营、合资、合作各方，认为联营、合资、合作企业权益或者自己一方合法权益受具体行政行为侵害的，均可以自己的名义提起诉讼。

(3)农村集体土地使用权人的原告资格。农村土地承包人等土地用权人对行政机关处分其使用的农村集体所有土地行为不服，可以自己的名义提起诉讼。

(4)非国有企业的原告资格。非国有企业被行政机关注销、撤销、合并、强令兼并、出售、分立或者改变企业隶属关系的，该企业或者其法定代表人可以提起诉讼。

（5）股份制企业的原告资格。股份制企业的股东大会、股东代表大会、董事会等认为行政机关作出具体行政行为侵犯企业经营自主权的，可以企业名义提起诉讼。

（四）行政诉讼原告资格的转移

行政诉讼原告资格的转移，是指在法定条件下，起诉的资格转移给本来没有起诉资格的特定主体。行政诉讼原告资格的转移主要有以下几种情形。

（1）有权提起诉讼的公民死亡，其近亲属可以提起诉讼。在这种情况下，已死亡的公民不能列为原告，提起诉讼的近亲属是以原告的身份而不是以诉讼代理人的身份提起诉讼。这里的"近亲属"，包括配偶、父母、子女、兄弟姐妹、祖父母、外祖父母、孙子女、外孙子女和其他具有扶养、赡养关系的亲属。

还有一种例外情形，即公民因被限制人身自由而不能提起诉讼的，其近亲属可以依其口头或者书面委托以该公民的名义提起诉讼。这是基于实践中，有的公民被限制人身自由而无法提起诉讼这种情形所作的规定。这种情形不发生原告资格的转移，近亲属只是代表该公民行使起诉权而已。

（2）有权提起诉讼的法人或者其他组织终止，承受其权利的法人或者其他组织可以提起诉讼。比如，企业分立或合并后，原企业的原告资格由分立、合并后新产生的组织享有。

（3）人民检察院在履行职责中发现生态环境和资源保护、食品药品安全、国有财产保护、国有土地使用权出让等领域负有监督管理职责的行政机关违法行使职权或者不作为，致使国家利益或者社会公共利益受到侵害的，应当向行政机关提出检察建议，督促其依法履行职责。行政机关不依法履行职责的，人民检察院依法向人民法院提起诉讼。

表 9-5　　　　　　　　　　　　　　　　**行政诉讼原告的确认**

相邻权案件	侵害采光、排水、通风、通行等权利皆可起诉
公平竞争权案件	当事人公平竞争权受到具体行政行为侵犯的皆可起诉
经复议案件	复议的申请人、第三人、利害关系人均可起诉
有受害人的案件	加害人与受害人同时起诉的均是原告，但不是共同原告
信赖保护案件	被撤销或变更的原行为的利害关系人均可作原告
合伙人案件	合伙企业以字号为原告，其他合伙以合伙人为共同原告
投资人案件	联营、合资、合作企业的投资人均可以自己的名义起诉
农地承包案件	土地使用权人可以自己的名义起诉
股份制企业案件	股东大会、股东代表大会、董事会等可以企业的名义起诉
非国有企业案件	被行政机关注销、撤销、合并、强令兼并等，企业或其法定代表人可以起诉

三、行政诉讼被告

(一)行政诉讼被告的概念

行政诉讼中的被告,是指其实施的具体行政行为被作为原告的个人或者组织指控侵犯其行政法上的合法权益,而由人民法院通知应诉的行政主体。行政诉讼被告参加诉讼,是由于原告起诉称其具体行政行为侵犯了自己的合法权益。行政诉讼的被告一般由原告提出,由法院确定。确定行政诉讼的被告需要考虑多方面的因素,涉及行政法关系、授权委托、行政复议、实施行政行为的名义、行政行为的表现形式等相关的法律问题。人民法院传唤被告应诉,被告的诉讼地位即确定。

(二)行政诉讼被告的具体情形

行政诉讼中被告适格解决的是在具体案件中谁当被告的问题。在具体案件中,符合法定的被告主体资格的,即为适格;不符合法定的被告主体资格的,即为不适格。因为具体行政行为是多样的,行政主体的情形也是多样的,所以需要对被告予以正确的认定。被告主要有如下几种情形:

(1)直接起诉的被告确定。公民、法人或者其他组织直接向人民法院提起诉讼的,作出具体行政行为的行政机关是被告。除法律、法规规定的必须经复议的外,当事人可以不经过复议而依法直接向人民法院提起诉讼。

(2)经过复议程序的被告确定。法律、法规规定必须先经行政复议才能提起诉讼或者原告选择了先申请复议的,对复议裁决不服而起诉的,被告确定分为三种情形:

①复议机关维持原具体行政行为的被告确定。经复议的案件,复议机关决定维持原行政行为的,作出原行政行为的行政机关和复议机关是共同被告。

②复议机关改变原具体行政行为的被告确定。复议机关改变原具体行政行为的,复议机关是被告。

③复议机关不予复议的被告确定。复议机关在法定期间内不作复议决定,当事人对原具体行政行为不服提起诉讼的,应当以作出原具体行政行为的行政机关为被告;当事人对复议机关不作为不服提起诉讼的,应当以复议机关为被告。

(3)共同被告的确定。两个以上行政机关作出同一具体行政行为的,共同作出具体行政行为的行政机关是共同被告。

(4)被授权组织作出行为的被告确定。用法律、法规授权的组织所作的具体行政行为,该组织是被告。

(5)受委托组织作为行为的被告确定。由行政机关委托的组织所作的具体行政行为,委托的行政机关是被告。

(6)被撤销机关作出行为的被告的确定。由行政机关委托的组织作的具体行政行为,委托的行政机关是被告。

（7）经批准具体行政行为被告确定。当事人不服经上级行政机关批准的具体行政行为，向人民法院提起诉讼的，应当以对外发生法律效力的文书上署名的机关为被告。

（8）行政机关组建并赋予行政管理职能但不具有独立承担法律责任能力的机构，以自己的名义作出具体行政行为，当事人不服提起诉讼的，应当以组建该机构的行政机关为被告。

（9）内设机构和派出机构的被告确定。行政机关的内设机构或者派出机构在没有法律、法规或者规章授权的情况下，以自己的名义作出具体行政行为，当事人不服提起诉讼的，应当以该行政机关为被告。

法律、法规或者规章授权行使行政职权的行政机关内设机构、派出机构或者其他组织，超出法定授权范围实施行政行为，当事人不服提起诉讼的，应当以实施该行为的机构或者组织为被告。

行政机关在没有法律、法规或者规章规定的情况下，授权其内设机构、派出机构或者其他组织行使行政职权的，应当视为委托。当事人不服提起诉讼的，应当以该行政机关为被告。

（三）行政诉讼被告的变更与追加

行政诉讼原告所起诉的被告不适格，人民法院应当告知原告变更被告；原告不同意变更的，裁定驳回起诉。

应当追加被告而原告不同意追加，人民法院应当通知其以第三人的身份参加诉讼。

表 9-6　　　　　　　　　　　**行政诉讼被告与复议被申请人**

	行为者	被告	被申请人
一般情况	一般机关	该机关	该机关
	派出机关	派出机关	派出机关
	授权行政	被授权组织	被授权组织
	委托行政	委托机关	委托机关
	不作为案件	有作为义务的机关	有作为义务的机关
	原主体被撤销	继受职权的主体，或撤销它的主体	继受职权的主体，或撤销它的主体
特殊情况	被授权机构	不越权时是自己；幅度越权仍是自己；种类越权变上级	改为与行政诉讼被告的确定相同
	共同行为	共同被告（原告不同意追加的转列为第三人）	作为共同被申请人
	假共同行为	其中的行政主体是被告，非行政主体是第三人	与行政诉讼相同
	经批准的行为	签名盖章的机关（形式标准）	批准的机关（实质标准）
	经复议后起诉	复议维持原机关与复议机关为共同被告；复议改变复议机关为被告；复议不作为原告对谁不服谁就是被告。	

四、行政诉讼共同诉讼人

(一)行政诉讼共同诉讼人的概念

行政诉讼共同诉讼人是当事人的一种,属广义的当事人。行政诉讼原告一方为二人以上的,称为共同原告。行政诉讼被告一方为二人以上的,称为共同被告。一同在人民法院共同起诉的共同原告,或一同在人民法院应诉的共同被告,称为共诉人。《行政诉讼法》第27条规定:"当事人一方或者双方为二人以上,因同一具体行政行为发生的行政案件,或者因同样的具体行政行为发生的行政案件、人民法院认为可以合并审理的,为共同诉讼。"共同诉讼人的前提是有共同诉讼的存在。

(二)行政诉讼共同诉讼的种类

根据行政诉讼的特点,行政诉讼的共同诉讼可以分为以下两种:

1. 必要的共同诉讼

当事人一方或者双方均为二人以上,因同一具体行政行为发生的行政案件,为必要的共同诉讼。例如,甲乙二人共有一间私房,城建规划部门认定该私房为违章建筑,决定依法拆除,甲乙二人不服而提起诉讼。对于必要的共同诉讼,人民法院应当合并审理。

2. 普通的共同诉讼

当事人一方或者双方均为二人以上,因同样的具体行政行为发生的行政案件,人民法院认为可以合并审理的,为普通的共同诉讼。例如,甲乙二人分别拥有相邻的两间个体商店。因违反门前"三包"的规定而被环卫部门处罚,甲乙不服处罚而提起的诉讼。对于普通的共同诉讼,只有人民法院认为可以合并审理的,才能合并审理。

五、行政诉讼第三人

(一)行政诉讼第三人的概念

行政诉讼第三人,是指与提起诉讼的具体行政行为有利害关系而参加到原告、被告已经开始的诉讼中进行诉讼的人。《行政诉讼法》第29条规定:"公民、法人或者其他组织同被诉行政行为有利害关系但没有提起诉讼,或者同案件处理结果有利害关系的,可以作为第三人申请参加诉讼,或者由人民法院通知参加诉讼。"

需要注意的是,不能把利害关系仅理解为直接利害关系,与被诉具体行政行为有间接的利害关系时,同样可以作为第三人参加诉讼。例如,行政机关与甲签订了修建一公路桥的行政合同,甲为了履约又与乙签订了水泥购销合同。后行政机关以提高公路桥质量为由要求甲只能使用丙提供的水泥,甲不同意,行政机关单方面解除合同。甲对解除合同行为不满,诉至人民法院。乙可以第三人的身份参加诉讼。

(二)行政诉讼第三人参加诉讼的方式

1. 主动提出申请

如果公民、法人或者其他组织认为自己与被诉具体行政行为有利害关系,可以向人民法院提出参加诉讼的申请,是否准许由人民法院决定。

2. 法院通知

如果法院认为某公民、法人或者其他组织与被诉具体行政行为有利害关系,应当通知其以第三人的身份参加诉讼。它包括两种情形:

(1)行政机关的同一具体行政行为涉及两个以上的利害关系人,其中一部分利害关系人对具体行政行为不服提起诉讼,人民法院应当通知没有起诉的其他利害关系人作为第三人参加诉讼。

(2)应当追加被告而原告不同意追加的,人民法院应当通知其以第三人的身份参加诉讼。这表明人民法院认为原告遗漏了被告而告知原告追加、原告不同意的,人民法院应该通知被遗漏的被告以第三人身份参加诉讼。因为被诉具体行政行为实际上是第三人与被告的共同行为,该第三人本应与被告一起作为共同被告,只是因无人起诉。

(三)行政诉讼第三人的具体情形

在行政诉讼的实践中,常见的行政诉讼第三人有以下几种情形:

(1)共同被处罚人中未提起诉讼的人。

(2)行政处罚案件中的被处罚人或者受害人。在行政处罚案件中,如果被处罚人不服处罚,作为原告起诉,另一方受害人则可以作为第三人参加诉讼;如果受害人对处罚不服而以原告名义起诉的,被处罚人也可以作为第三人参加诉讼。

(3)在房地产、矿产、森林等行政确权案件中主张权利人。如果一方当事人对行政机关的确权行为不服而起诉的,则另一方与被诉具体行政行为有利害关系,未起诉的当事人可以作为第三人参加诉讼。

(4)两个作出相互矛盾具体行政行为的行政机关,一个被诉,另一个可以第三人的身份参加诉讼。例如,一行政机关准许当事人从事某种活动,而另一行政机关则认为其从事的活动是违法行为而予以处罚的,当事人对处罚机关的处罚行为不服而起诉的,则批准机关可以作为第三人。

(四)行政诉讼第三人的法律地位

行政诉讼第三人有权提出与本案有关的诉讼主张,对人民法院的一审判决不服,有权提起上诉。行政诉讼第三人经合法传唤无正当理由拒不到庭,或者未经法庭许可中途退庭的，不影响案件的审理。

六、行政诉讼代理人

(一)行政诉讼代理人的概念

行政诉讼代理人，是指根据法律规定，或由人民法院指定，或受当事人委托，以当事人的名义，在代理权限范围内为当事人进行诉讼活动，其诉讼法律后果由当事人承受的人。行政诉讼法规定了诉讼代理人制度，这里的当事人指的是原告、被告和第三人。

(二)行政诉讼代理人的种类

根据行政诉讼代理产生的方式不同，可将行政诉讼代理人分为法定代理人、指定代理人和委托代理人。

1. 法定代理人

法定代理人是指法律根据一定的社会关系的存在而设立的代理。法定代理最突出的特点在于，代理权直接根据法律的规定而产生，代理的权限范围也由法律直接规定。法定代理主要是为无行为能力人和限制行为能力人所设立的代理方式，这两种人(未成年人和精神病人)是没有诉讼行为能力的公民。《行政诉讼法》第30条规定："没有诉讼行为能力的公民，由其法定代理人代为诉讼。"一般而言，法定代理人为被代理人的监护人。法定代理人的权限与被代理人相同，其法律地位相当于当事人，可以行使被代理人享有的全部权利。

2. 指定代理人

指定代理是指根据人民法院的指定而产生的代理。《行政诉讼法》规定：法定代理人相互推诿代理责任的，由人民法院指定其中一人代为诉讼。实际上，法院所指定的诉讼代理人依旧是法定代理人，法院的指定只是法定诉讼代理制度的补充，因而指定诉讼代理人的法律地位与法定诉讼代理人一致。

3. 委托代理人

委托代理人是代表人根据被代理人委托的意思表示，将代理权授予代理人。理解委托代理人时，需注意以下几点：

(1)委托人的范围。委托人既可以是当事人，也可以是相当于当事人地位的法定代理人。

(2)委托代理人的范围。当事人、法定代理人，可以委托一至二人代为诉讼。律师、社会团体、提起诉讼的公民的近亲属或者所在单位推荐的人，以及经人民法院许可的其他公民，可以受委托为诉讼代理人。

(3)委托的形式。第一，书面形式。当事人委托诉讼代理人，应当向人民法院提交有签名或者盖章的授权委托书。委托书应当载明委托事项和具体权限。第二，口头形式。公民在特殊情况下无法书面委托的，也可以口头委托。口头委托的，人民法院应当核实并记录在卷；被诉机关或者其他有义务协助的机关拒绝人民法院向被限制人身自由的公民核实的，视为委托成立。

(4)委托代理人的代理权限。第一，律师。代理诉讼的律师，可以依照规定查阅本案的相关材料，可以向有关组织和公民调查、搜集证据。对涉及国家秘密和个人隐私的材料，应当依照法律规定保密。第二，当事人和其他诉讼代理人。经人民法院许可，当事人和其他诉讼代理人可以查阅本案庭审材料，但涉及国家秘密和个人隐私的除外。

(5)解除或变更委托的方式。当事人解除或者变更委托的，应当书面报告人民法院，由人民法院通知其他当事人。

第五节　行政诉讼证据

一、行政诉讼证据的概念和种类

(一)行政诉讼证据的概念

行政诉讼证据是行政诉讼主体用于证明被诉的具体行政行为是否合法的所有证据材料。行政诉讼证据具有与其他诉讼证据相同的特征：第一，客观性。行政诉讼证据必须是客观存在的事实，任何虚假材料和主观臆断都不能成为诉讼的证据。第二，关联性。行政诉讼证据必须与特定的案件存在内在的必然联系，与该案件没有关联的事实不能成为诉讼的证据。第三，合法性。作为行政诉讼的证据必须符合法律要求的形式，并按照法定程序收集、提供和核实。不符合法定形式要求或者违反法定程序取得的材料，不得作为诉讼的证据。

行政诉讼证据具有一般诉讼证据所具有的特征，但是，行政诉讼的证据又不同于刑事诉讼和民事诉讼的证据。它主要表现在以下两个方面：首先，在证明内容上，行政诉讼的证据是要证明原告所诉的具体行政行为的合法性，被告应当提供作出该具体行政行为所依据的事实依据和法律依据。民事诉讼证据所要证明的是双方当事人在所争议的民事法律关系中涉及的事实，刑事诉讼证据所要证明的是被告犯罪事实是否存在。其次，在证据的来源上，行政诉讼的证据基本上是被告在作出被诉讼的具体行政行为时所得到的证据材料，这些证据在行政诉讼一开始就被凝固在行政程序中，被告不得增减。刑事诉讼和民事诉讼的双方当事人在诉讼过程中都有权收集证据，以证明自己所提供的诉讼主张。

(二)行政诉讼证据的种类

我国的行政诉讼法是根据证据的表现形式来对证据进行分类的。《行政许可法》规定，我国行政诉讼证据的具体种类主要有以下几类：

1. 书证

书证是指以文字、符号、图画等所承载的内容来证明案件真实情况的材料。书证最大的特点是它以所承载的内容来证明案件的真实情况。

2. 物证

物证是指以物体的形态、质量、规格、位置、特征等证明案件真实情况的一切物品和物质痕迹。物证具有独立于人的主观意志以外而客观存在的特性，并占据一定的空间，因而它具有自然属性。在行政诉讼中，收集物证的主体只能是人民法院，当事人可以提供和补充物证，而不能收集物证。

3. 视听资料

视听资料是指利用现代化技术手段，通过录音、录像反映出来的音响和图像，或者以电子计算机所储存的资料来证明案件事实的证据。

4. 电子数据

电子数据指以数字化的信息编码的形式出现的，能准确地储存并反映有关案件的情况，是对案件具有较强证明力的独立的证据。

5. 证人证言

证人证言是指证人将自己所知道的有关案件的情况以口头或书面的形式向司法机关所作的陈述。

6. 当事人陈述

当事人陈述是指诉讼当事人就案件的事实真相向法院所作的陈述和辩解。

7. 鉴定意见

鉴定意见是指经司法机关的指定或聘请，具有专门知识和技能的人对行政诉讼中所涉及的某些专门性问题进行鉴定后得出的意见。例如，法医鉴定、司法精神病鉴定等。

8. 勘验笔录、现场笔录

勘验笔录是指行政主体或法院对案发现场、有关物证进行勘查，并将情况和结果如实地记录下来所形成的书面记录。现场笔录是指行政主体对案发现场的证据或有关处理情况所制成的文字材料。

二、行政诉讼的举证责任分配和举证期限

举证责任，是指诉讼当事人对自己提出的诉讼主张有提交证据加以证实的法定责任，如果当事人不履行法定的举证责任，其诉讼主张将得不到满足，即承担败诉的后果。从广义角度而言，行政诉讼的各方当事人都有一定的举证责任。由于在诉讼中所处的地位不同，各自追求的利益不同，所以，各自的具体举证责任和举证期限有所不同。

(一) 被告的举证责任和举证期限

在行政诉讼中，原、被告的地位是恒定的，被告肯定是作出具体行政行为的行政主

体。从狭义的角度而言，行政诉讼的举证责任实际上就是被告行政机关的举证责任，这是由行政诉讼的本质，即审查具体行政行为的合法性所决定的。根据行政诉讼法和有关司法解释的规定，行政诉讼中被告的举证责任和举证期限的规则如下：

（1）被告对作出的具体行政行为负有举证责任，应当在收到起诉状副本之日起 10 日内，提供作出被诉行政行为的全部证据和所依据的规范性文件。

被告的举证责任，是被告在行政诉讼中向法院提供证据证明其具体行政行为合法的法律上的责任，法院在被告提供的证据不足以证明其具体行政行为合法的情况下，有权责成其进一步提供证据，如被告不能提供或拒绝提供，即要承担败诉的结果。

如果被告行政机关不提供或者无正当理由逾期提供证据的，则视为被诉具体行政行为没有相应的证据，要承担败诉的后果。当然，如果被告因不可抗力或者客观上不能控制的其他正当事由，不能在法律规定的期限内提供证据的，被告应当在收到起诉状副本之日起 10 日内向人民法院提出延期提供证据的书面申请。人民法院准许延期提供的，被告应当在正当事由消除后 10 日内提供证据。另外，原告或者第三人提出在行政程序中没有提出的反驳理由或者证据的，经人民法院准许，被告可以在第一审程序中补充相应的证据。除此之外，被告逾期提供证据的，视为被诉具体行政行为没有相应的证据。

（2）在起诉被告不作为的案件中，被告应当依职权主动履行法定职责而不履行的，被告应当提供行政不作为的依据；当原告因被告受理申请的登记制度不完备等正当事由不能提供相关证据材料，并能够作出合理说明的，被告应当提供此项登记制度合乎法律的依据；被告认为原告起诉超过法律期限的，由被告承担举证责任。

（二）原告的举证责任和举证期限

在行政诉讼中，原告是指认为被告的具体行政行为侵犯其合法权利而主动向人民法院提起诉讼的公民、法人或组织。由于诉讼利益的存在，从广义的角度而言，原告也有一定的举证责任及相应的举证期限。

（1）原告在向人民法院起诉时，应当提供其符合起诉条件的相应的证据材料。例如，有明确的被告、明确的诉讼请求及简单的被侵害事实等。

（2）原告在起诉被告不作为的案件中，原告应当提供其在行政程序中曾经提出申请的证据材料。但被告认为原告起诉超过法定期限的，原告不承担举证责任。

（3）在行政赔偿诉讼中，原告应当对被诉具体行政行为造成损害的事实提供证据。行政赔偿诉讼既有行政诉讼的特点，也有民事诉讼的特点，符合民事举证责任"谁主张，谁举证"一般原理。

在举证期限上，最高人民法院 2002 年 6 月 14 日通过了《关于行政诉讼证据若干问题的规定》（以下简称《证据规定》），该《证据规定》第 7 条中明确规定："原告或者第三人应当在开庭审理前或者人民法院指定的交换证据之日提供证据。"原告或者第三人因正当事由不能提供证据，申请延期的，经人民法院准许，可以在法庭调查中提供。逾期提供证据的，视为放弃举证权利。原告或者第三人在第一审程序中无正当事由未提供而在第二审程序中提供的证据，人民法院不予接纳。当然，必须明确，行政诉讼主要是审查被告行政机关具体行政行为的合法性，原告可以提供证明被诉具体行政行为违法的证据，原告提供的证据不成立的，并不免除被告对被诉具体行政行为合法性的举证责任。

表 9-7 　　　　　　　　　　　行政诉讼的举证

原告举证责任(原则上是被告举证，原告的举证责任为)

初步证明责任	证明自己符合起诉条件
申请证明责任	在依申请行为中应证明自己提出过申请，但有例外
损害证明责任	证明自己遭受损害的事实
新事实证明责任	如提出被告并未作为行为依据，但与行为结果有密切联系的事实，原告也应证明

举证时限

	原告或第三人	被　　告
一般期限	开庭前或交换证据之日前举证，否则视为放弃举证权利，未必导致败诉	收到起诉书副本后 10 日内举证，否则视为行政行为没有相应证据，直接导致败诉
一审补充	①因正当事由申请延期提供证据的，经法院准许可在法庭调查中提供 ②提出在行政程序中未提出的证据或理由经法院准许可以补充，但提出在行政程序中应被告合法要求应提出而不提出的证据，一般不予采纳	①因正当事由需延期举证的应在收到起诉状副本 10 日内向法院书面提出，经准许在该事由消除后 10 日内举证 ②被告及其代理人作出具体行政行为之后收集的证据不能用于认定行为合法，但一审中原告或第三人提出行政程序中未提出的理由或证据，被告经法院准许可补充
二审补充	①提出一审无正当事由未提供的证据，不予接纳 ②提出在举证期限届满后发现的，或在一审中应获延期但未被准许的，或一审中申请调取而未获准许或未取得的证据，经质证可以作为定案根据	①提交在一审中未提交的证据，不能作为撤销或变更一审裁判的根据 ②提出一审中应获延期但未被准许的证据，经过质证可以作为定案根据

三、行政诉讼证据的调取规则

行政诉讼证据的调取规则，是指人民法院根据案情需要，有权从掌握证据的诉讼当事人、参与人或者其他人处获取证据的规则。这些规则可归纳如下：

(一)行政诉讼过程中，人民法院有权要求当事人提供或补充证据

我国行政诉讼证据规则没有实行绝对的案卷，但却不限于行政程序案卷。《行政诉讼法》第 39 条和《证据规定》第 9 条第 1 款中都规定："人民法院有权要求当事人提供或者补充证据。"

(二)行政诉讼过程中，人民法院有权向有关行政机关以及其他组织、公民调取证据

人民法院在行政诉讼中不仅有权要求当事人提供或者补充证据，而且可以依职权向有关行政机关以及其他组织、公民调取证据。

人民法院对当事人调取证据的申请，经审查，符合调取证据条件的，应当及时决定调取；不符合调取证据条件的，应当向当事人或者其诉讼代理人可以在收到通知书之日起 3 日内向受理申请的人民法院书面申请复议一次。人民法院应当在收到复议申请之日起 5 日内作出答复。人民法院根据当事人申请，经调取、未能取得相应证据的，应当告知申请人并说明原因。

如人民法院需要调取的证据在异地的，可以书面委托证据所在地人民法院调取。受托人民法院应当在收到委托书后，按照委托要求及时完成调取证据工作，送交委托人民法院。受托人民法院不能完成委托内容的，应当告知委托的人民法院并说明原因。

(三)被告及其诉讼代理人在诉讼过程中不得自行向原告和证人收集证据

这一规定是对前两条的补充。《行政诉讼法》第 33 条："在诉讼过程中，被告及其诉讼代理人不得自行向原告和证人、第三人收集证据。"确定这一证据规则的主要理由是：

具体行政行为合法的前提条件是"先取证，再作出具体行政行为"。如果被告在没有取得证据的条件下作出具体行政行为的，其具体行政行为已构成违法。法律不能允许被告及其诉讼代理人以事后收集证据来证明原主要证据不足的具体行政行为的合法，以规避对其违法行为承担法律责任。

体现行政相对人在诉讼中的权利，以平衡其在具体行政行为时的弱势地位。在行政管理中被告享有特权，能采取各种强制手段，如允许被告在行政诉讼过程中自行向原告和证人收集证据，其有可能利用其行政权力和强制手段，对原告和证人进行威逼利诱，制造假证据，或诱使原告和证人提供假证词，以此掩盖行政诉讼中其具体行政行为的违法情形。

如果被告在作出具体行政行为时考虑使用过的某种子证据不存在于被告处，被告在应诉时无法提供，可以请求人民法院收集，被告及其诉讼代理人没有必要自行收集。

四、行政诉讼证据的保全规则

行政诉讼证据的保全规则，是指在行政诉讼过程中，在证据可能灭失或以后难以取得的情况下，人民法院应诉讼参加人的申请，或者主动采取某种措施保护证据的规则。根据行政诉讼法和有关司法解释的规定，行政诉讼证据的保全规则主要包括以下内容：

(一) 在证据可能灭失或者以后难以取得的情况下，诉讼参加人有权向人民法院申请保全证据

诉讼参加人向人民法院申请保全证据，必须符合下列条件：

1. 前提条件

证据可能灭失或以后难以取得。所谓"可能灭失"，指证据可能变质、腐坏、毁灭、消失，证人可能会死亡，案件现场可能发生变化等情形。所谓"以后难以取得"，指证据以后虽不致灭失，但如不及时取得，以后取得将发生严重困难，甚至成为不可能，如证据将被人带出国；将使用于某种生产工艺中；将为新建筑物所覆盖；将被人转移、隐藏等情形。

2. 主体条件

提起保全证据的主体是诉讼参加人，包括原告、被告、第三人和诉讼代理人。

3. 实质条件

具备申请条件的诉讼参加人必须在举证期限届满前以书面形式提出申请，说明所申请保全的证据的内容及理由，并向人民法院提供因申请保全证据的相应担保，最后人民法院作出准许保全证据申请的决定。

(二) 在证据可能灭失或者以后难以取得的情况下，人民法院可主动采取保全措施

人民法院主动采取保全措施的前提条件基本同于诉讼参加人申请证据保全的条件，即必须是在证据可能灭失或以后难以取得的情况下才能采取，但人民法院主动采取保全措施应持更慎重的态度。在一般情况下，诉讼参加人不申请，人民法院不宜立刻主动采取保全措施。只有在较紧急的情况下，人民法院认为某种证据是行政诉讼的主要证据，且时间上不允许等待诉讼参加人提出申请，否则，该证据将会立即灭失或以后难以取得，人民法院才应主动采取保全措施。人民法院主动采取保全证据的主要措施有：查封、扣押、拍照、录音、录像、复制、鉴定、勘验、制作询问笔录等。人民法院保全证据时，可以要求当事人或者其诉讼代理人到场。

五、行政诉讼证据的审核、认定规则

行政诉讼证据的审核、认定规则，指人民法院通过对各种证据进行审查，确定其证明力的有无和大小，在相应案件的行政裁判中加以采用，并作为定案证据规则。根据行政诉讼和有关司法解释的规定，行政诉讼证据的审核、认定规则主要包含以下内容：

(一) 人民法院应按照法定程序，全面、客观和公正地审查核实各种证据，确定证据材料与案件事实之间的证明关系，准确认定案件事实

人民法院无论对于当事人提供的证据、证人提供的证言证物，还是自己主动调取和收集的证据，都不能直接加以采用作为定案证据，而应该全面、客观地加以审查核实、辨别真伪，确定证据的证明力。

人民法院主要审查证据的合法性、关联性和真实性。具体而言，通常包括四个方面：

1. 审查证据来源

不同来源的证据其可靠性和证明力不同，审查证据的来源主要包括：(1)证据形成原因；(2)发现证据时的客观环境。

2. 审查证据的内容

对证据内容的审查主要包括对证据真实性、关联性、证明力的审查，这是证据审查的重点。审查证据的内容包括：(1)证据是否为原件、原物、复制件、复制品与原件、原物是否相符；(2)提供证据的人或者证人与当事人是否具有利害关系；(3)证据是否符合法定形式；(4)是否有影响证据效力的其他违法情形；(5)影响证据真实性的其他因素。

3. 审查取得证据的方法

根据法治的一般原则，并不是所有的证据都能为法院采用作为定案的证据，非法获取的证据法院应拒绝接受、采用，不能作为定案证据。为此，法院必须审查证据的取得是否符合法律、法规、司法解释和规章的要求(参见《证据规定》第55条)。例如，《证据规定》第58条明确规定："以违反法律禁止性规定或者侵犯他人合法权益的方法取得的证据，不能作为认定案件事实的依据。"实际上，法院对证据取得方法的审查，有助于法院对证据真实性的审查，虽然非法或不适当的方法所取得的证据不一定是不真实的，但是，许多不真实的证据确定是以非法或不适当的方法获取的，这些证据均不能作为定案证据，因为法律不能保护、支持任何个人、组织从违法行为中获益。

4. 审查各种证据之间的关联性

任何一个案件都会有很多证据，而作为定案证据的各种证据，它们之间必须具有关联性，证据之间应该相互联系、相互协调一致，组成环环相扣的链条。为此，法院必须对各种证据之间的关系加以审查，如果发现相互矛盾或相互冲突，就应该进一步查明问题的症结所在，如果发现其中存在虚假证据，就应该加以剔除，以保证整个证据的真实性和协调性一致。

(二)证据应在法庭上出示，并由当事人互相质证。非经庭审质证的证据，不得作为定案证据

《证据规定》第35条明确规定："证据应当在法庭上出示，未经庭审质证的证据，不能作为定案的依据。"当事人双方必须在法庭上出示事关案件的各种事实材料(包括法院自己收集调取的证据)，并经双方当事人辩论质证，法院才能确定其真伪，决定是否采用和作为定案证据。《证据规定》第38条规定："当事人申请人民法院调取的证据，由申请调取证据的当事人在庭审中出示，并由当事人质证。人民法院依职权调取的证据，由法庭出示，并可就调取该证据的情况进行说明，听取当事人意见。"否则，法院可能会片面接受和采用一方当事人提供的证据，或对自己收集调取的证据不向双方当事人出示，不将其自己从各种来源所取得的证据交双方当事人辩论、质证、法院就不能保证证据的真实性、合法性和关联性，从而不可能最大限度地保证其所作裁判的正确性、公正性。因此，证据必须经法庭出示和当事人质证的规则是非常重要的。

(三)法院对涉及国家秘密、商业秘密和个人隐私或者法律规定的其他应当保密的证据，不得在公开开庭时质证

这一规则是法律除外规则的体现，也是现代各民主和法治国家的惯例。法院对涉及国家秘密的证据保密是出于国家利益的需要，否则，将可能危及国家安全或损害国家声誉或国家的其他重大利益；法院对涉及商业秘密的证据保密是保障公民和有关经济组织的经济权利，保障社会经济秩序和社会生产、交换活动正常进行的需要；法院对涉及个人隐私的证据保密是保障公民基本人权，尊重公民人格的需要。当然，为了准确地查明事实、辨明是非，对危害国家、社会和当事人个人利益的有些案件的保密证据，法院可以在不公开开庭时出示相应证据，让当事人对之加以辩论质证。但是，无论如何，法院不应在公开开庭时出示涉及国家秘密、商业秘密和个人隐私的证据。

(四)人民法院通过组织当事人辩论质证，通过审查证据来源、证据的内容、取得证据的方法和各种证据之间的关联性后，以各种证据作出审核和认定，确定证据的证明力

1. 下列证据材料不能作为定案依据

(1)严重违反法定程序收集的证据材料；

(2)以偷拍、偷录、窃听等手段获取侵害他人合法权益的证据材料；

(3)以利诱、欺诈、胁迫、暴力等不正当手段获取的证据材料；

(4)当事人无正当事由超出举证期限提供的证据材料；

(5)在中华人民共和国领域以外或者在中华人民共和国香港特别行政区、澳门特别行政区和台湾地区形成的未办理法定证明手续的证据材料；

(6)当事人无正当理由拒不提供原件、原物，又无其他证据印证，且对方当事人不予认可的证据的复制件或者复制品；

(7)被当事人或者他人进行技术处理而无法辨明真伪的证据材料；

(8)不能正确表达意志的证人提供的证言；

(9)不具备合法性和真实性的其他证据材料。

2. 下列事实法庭可以直接认定

(1)众所周知的事实；

(2)自然规律规定推定的事实；

(3)按照法律规定推定的事实

(4)已经依法证明的事实；

（5）根据日常生活经验法则推定的事实。

上述（1）（3）（4）（5）项，当事人有相反证据足以推翻的除外。

3. 下列证据不能单独作为定案依据

（1）未成年人所作的与其年龄和智力状况不相适应的证言；

（2）与一方当事人有亲属关系或者其他密切关系的证人所作的对该当事人不利的证言；

（3）应当出庭作证而无正当理由不出庭作证的证人证言；

（4）难以识别是否经过修改的视听资料；

（5）无法与原件、原物核对的复制件或者复制品；

（6）经一方当事人或者他人改动，对方当事人不予认可的证据材料；

（7）其他不能单独作为定案依据的证据材料。

4. 证明同一事实的数个证据，其证明效力按照下列情形分别认定

（1）国家机关以及其他职能部门依职权制作的公文书优于其他书证；

（2）鉴定结论、现场笔录、勘验笔录、档案材料以及经过公证或者登记的书证优于其他书证、视听资料和证人证言；

（3）原件、原物优于复制件、复制品；

（4）法定鉴定部门的鉴定结论优于其他鉴定部门的鉴定结论；

（5）法庭主持勘验所制作的勘验笔录优于其他部门主持勘验所制作的勘验笔录；

（6）原始证据优于传来证据；

（7）其他证人证言优于与当事人有亲属关系或者其他密切关系的证人提供的对该当事人有利的证言；

（8）出庭作证的证人证言优于未出庭作证的证人证言；

（9）数个种类不同、内容一致的证据优于一个孤立的证据。

第六节　行政诉讼的起诉与审理程序

一、起诉与受理

(一)起诉

行政诉讼中的起诉，是指公民、法人或者其他组织认为自己的合法权益受到行政机关具体行政行为的侵害，依法请求人民法院行使国家审判权，保护自己合法权益的诉讼行为。起诉是当事人依法向人民法院提出诉讼请求的诉讼行为。是人民法院对相应案件行使审判权的前提。

1. 行政诉讼起诉的一般条件

为了保证人民法院正确、及时地审理行政案件，保障当事人的诉讼权利得以充分行

使，原告提起行政审理行政案件，保障当事人的诉讼权利得以充分行使，原告提起行政诉讼时必须符合法定条件。《行政诉讼法》第49条规定了提起诉讼的一般条件，即(1)原告是认为行政行为侵犯其合法权益的公民、法人或者其他组织；(2)有明确的被告；(3)有具体的诉讼请求和事实根据；(4)属于人民法院受案范围和受诉人民法院管辖。

2. 行政诉讼起诉的时间条件

起诉必须在法律规定的期限内提出，超过法定期限，当事人将因起诉时效届满而丧失诉权，人民法院对超过起诉期限的起诉可以不予受理。

(1)起诉期限。原告向人民法院起诉的期限有以下几种情形：第一，直接提起诉讼的起诉期限。公民、法人或者其他组织直接向人民法院提起诉讼的，应当在知道作出具体行政行为之日起3个月内提出。法律另有规定的除外。第二，经复议的行政案件的起诉期限。申请人不服复议决定的，可以在收到复议决定书之日起15日内向人民法院提起诉讼。复议机关逾期不作决定的，申请人可以在复议期满之日起15日内向人民法院提起诉讼，法律另有规定除外。复议机关逾期不作决定是指复议机关在收到申请书之日起2个月内没有作出决定，但是法律、法规另有规定的除外。

(2)起诉期限延误的处理

第一，起诉期限的延长。起诉期限的延长，是指因不可抗力或者其他特殊情况，当事人不能按起诉期限行使诉权，人民法院可以适当延长起诉期限。《行政诉讼法》规定，公民、法人或者其他组织因不可抗力或者其他特殊情况耽误法定期限的，在障碍消除后的10日内，可以申请延长期限，由人民法院决定。

第二，起诉期限的中止。起诉期限的中止，是指因特殊原因致使当事人超过起诉期限的，被耽误的时间不计算在起诉期间内。由于不属于起诉人自身的原因超过起诉期限的，被耽误的时间不计算在起诉期间内。因人身自由受到限制而不能提起诉讼的，被限制人身自由的时间不计算在起诉期间内。

(二)受理

行政诉讼的受理，是指人民法院对公民、法人或者其他组织的起诉进行审查，对符合起诉条件的案件决定立案审理的诉讼行为。受理是人民法院接受原告起诉，并启动诉讼程序的行为。审判实践中称受理为立案。

1. 对起诉的审查

法院受理行政案件有一些具体程序：

(1)审查的方式。人民法院接到起诉状，应当组成合议庭对原告的起诉进行审查。

(2)审查的内容。审查的内容为是否符合起诉条件。

(3)审查的结果。第一，对于符合起诉条件的，受诉人民法院应当在收到起诉状之日起7日内裁定不予受理。原告对裁定不服的，可以提起上诉。第二，受诉人民法院在收到起诉状之日起7日内不能决定是否受理的，应当先予受理；受理后经审查不符合起诉条件的，裁定驳回起诉。原告对裁定不服的，可以提起上诉。第三，受诉人民法院在收到起诉状之日起7日内既不立案，又不作出裁定的，起诉人可以向上一级人民法院申诉或者起诉。上一级人民法院认为符合受理条件的，应予受理；受理后可以移交或者指定下一级人民法院审理，也可以自行审理。上述规定的期限，如果因起诉内容欠缺而责令原告补正的，从人民法院收到补正材料之日计算。

2. 应当受理的特殊情形

下列情形属于应当受理的特殊情形：

(1)法律、法规规定应当先申请复议，但是复议机关不受理复议或者在法律期限内不作出复议决定，公民、法人或者其他组织不服，依法向人民法院提起诉讼的，人民法院应当依法受理。

(2)法律、法规未规定行政复议为提起行政诉讼必经程序，公民、法人或者其他组织既提起诉讼又申请行政复议的，由先受理的机关管辖；同时受理的，由公民、法人或者其他组织选择。

(3)法律、法规未规定行政复议为提起行政诉讼必经程序，公民、法人或者其他组织向复议机关申请行政复议后，又经复议机关同意撤回复议申请，在法定起诉期限内对原具体行政行为提起诉讼的。人民法院应当依法受理。

(4)原告未按规定的期限预交案件受理费，又不提出缓交、减交、免交申请，或者提出申请未获批准的，按自动撤诉处理。在按撤诉处理后，原告在法定期限内再次起诉，并依法解决诉讼费预交问题的，人民法院应予受理。

(5)人民法院判决撤销行政机关的行政行为后，公民、法人或者其他组织对行政机关重新作出的具体行政行为不服向人民法院起诉的，人民法院应当依法受理。

(6)行政机关作出行政行为时，没有制作或者没有送达法律文书，公民、法人或者其他组织不服向人民法院起诉的，只要能证明行政行为存在，人民法院应当依法受理。

3. 不予受理的情形

有下列情形之一的，应当裁定不予受理；已经受理的，裁定驳回起诉：

(1)请求事项不属于行政审判权限范围的。

(2)起诉人无原告诉讼主体资格的。

(3)起诉人错列被告且拒绝变更的。

(4)法律规定必须由法定或者指定代理人、代表人为诉讼行为，未由法定或者指定代理人、代表人为诉讼行为的。

(5)由诉讼代理人代为起诉，其代理不符合法定要求的。

(6)起诉超过法定期限且无正当理由的。

(7)法律、法规规定行政复议为提起诉讼必经程序而未申请复议的。法律、法规规定应当先申请复议，公民、法人或者其他组织未申请复议直接提起诉讼的，人民法院不予受理。

（8）起诉人重复起诉的。起诉人已经向法院提起行政诉讼，法院受理后，该起诉人再次向人民法院起诉。法院应当裁定不予行政受理或者驳回起诉。

（9）已撤回起诉，无正当理由再行起诉的。人民法院裁定准许原告撤诉后，原告以同一事实和理由重新起诉的，人民法院不予受理。

（10）诉讼标的为生效判决的效力所羁束的。在行政诉讼中，诉讼标的就是具体行政行为的合法性。如果被诉讼的行政行为合法与否在其他生效的行政判决中已被确认，公民、法人或者其他组织就不能再提起行政诉讼。因为这会出现不一致的判决而导致无法执行的情况。

（11）起诉不具备其他法定要件的。比如，法律、法规未规定行政复议为提起行政诉讼必经程序，公民、法人或者其他组织已经申请行政复议，在法定复议期间内又向人民法院提起诉讼的，人民法院不予受理。

上述所列11种情形可以补正或者更正的，人民法院应当指定期间责令补正或者更正；在指定期间已经补正或者更正的，应当依法受理。

二、行政诉讼第一审程序

人民法院对行政案件进行初次审理时，必须遵循法律规定的时限、步骤、方式，这是一个连续的过程，从而引发第一审程序。第一审程序是从人民法院立案到作出第一审裁决的诉讼程序。

（一）审理前的准备

审理前的准备，是人民法院受理起诉以后为开庭审理所作的准备工作。主要包括：

1. 组成合议庭

人民法院审理行政案件，由审判员组成合议庭，或者由审判员、陪审员组成合议庭。合议庭的成员，应当是3人以上的单数。

2. 通知被告应诉并交换诉状

人民法院应当在立案之日起5日内，将起诉状副本发送被告。起诉状副本送达被告后，原告提出新的诉讼请求的，人民法院不予准许，但有正当理由的除外。

被告应当在收到起诉副本之日起15日内提交答辩状，并提供作出具体行政行为时的证据、依据；被告不提供或者无正当理由逾期提供的，应当认定该具体行政行为没有证据、依据。被告不提出答辩的，不影响人民法院审理。

人民法院应当在收到答辩状之日起5日内，将答辩状副本发送原告。

（二）开庭审理方式

开庭审理是指在当事人和其他诉讼参与人共同参加下，合议庭在审判法庭上按照一定程序主持审理行政案件的整个过程。开庭审理有两种方式：

1. 公开审理

人民法院审理行政案件，以公开审理为原则，除涉及国家秘密、个人隐私和法律另有规定的以外一律公开审理。

2. 不公开审理

涉及国家秘密、个人隐私和法律另有规定的案件不公开审理。只允许当事人和人民法院通知到庭的其他诉讼参与人参加，不允许群众旁听，不准记者采访报道。

人民法院审理行政案件，不适用调解。但是，行政赔偿诉讼是特殊的形式，可以适用调解。

(三) 开庭审理程序

开庭审理程序是指人民法院在法庭上依法对案件进行审理的诉讼活动。包括以下四个阶段：

1. 开庭准备

人民法院审理行政案件，与民事诉讼程序一样，应当在开庭 3 日以前送达出庭通知，公开审理的，应当予以公告。开庭前，要查明当事人和其他诉讼参与人是否到庭，宣布法庭纪律，开庭时还要核对当事人，宣布案由，宣布审判人员、书记员名单，告知当事人的诉讼权利和义务。

2. 法庭调查

法庭调查围绕诉讼请求和答辩意见进行。先由原告及其诉讼代理人发言，再由被告及其代理人答辩，然后双方互相辩论。法庭辩论终结，由审判长按原告、被告的先后顺序征询双方的最后意见。

3. 评议与宣判

法庭辩论结束后，审判长宣布休庭，由合议庭全体成员对本案进行评议，对案件作出处理决定。然后，当庭或定期宣告判决，宣告判决一律公开进行。在一审判决书中，应当明确告知当事人上诉权，并明确说明上诉权行使的期限和方式。

(四) 审理期限

人民法院应当在立案之日起 6 个月内作出第一审判决。有特殊情况需要延长的，由高级人民法院批准，基层人民法院申请延长审理期限，应当直接报请高级人民法院批准，同时报中级人民法院备案。高级人民法院审理第一审案件需要延长的，由最高人民法院批准。行政诉讼法规定的审限，是指从立案之日起至裁判宣告之日止的期间。鉴定、处理管辖争议或者异议以及中止诉讼的时间不计算在内。

(五) 撤回起诉

撤回起诉，是指在人民法院受理行政案件以后，作出判决之前，原告撤回自己诉讼请求的行为。

1. 撤回起诉的种类

根据法律规定，行政诉讼撤诉分为以下类型：

(1)原告申请撤诉。原告申请撤诉，分为两种情况：第一，人民法院对行政案件宣告判决或者裁定前，原告申请撤诉的，是否准许，由人民法院裁定。第二，人民法院对行政案件宣告判决或者裁定前，被告改变其所作的具体行政行为，原告同意并申请撤诉的，是否准许，由人民法院裁定。

(2)视为申请撤诉。在行政诉讼中，原告并没有明确表示撤诉的意思，但由于其在诉讼中消极的诉讼行为，法院可推定其意图撤销诉讼，这种撤诉即是"视为申请撤诉"。视为申请撤诉主要有以下两种情况：第一，原告经合法传唤，无正当理由拒不到庭或者未经法庭许可中途退庭的，可以按撤诉处理。第二，原告未按规定的期限预交案件受理费，又不提出缓交、减交、免交申请，或者提出申请未获批准的，按自动撤诉处理。

2. 撤回起诉的法律后果

人民法院裁定准许原告撤诉后，原告以同一事实和理由重新起诉的，人民法院不予受理。但有两种例外情况：

(1)准予撤诉的裁定确有错误，原告申请再审的，人民法院应当通过审判监督程序撤销原准予撤诉的裁定，重新对案件进行审理。(2)因未预交诉讼费，在按撤诉处理后原告在法定期限内再次起诉，并依法解决诉讼费预交问题，人民法院应予受理。

(六)缺席判决

原告申请撤诉，人民法院裁定不予准许的，原告经合法传唤无正当理由拒不到庭，或者未经法庭许可而中途退庭的，人民法院可以缺席判决。

被告无正当理由拒不到庭的，可以缺席判决。

第三人经合法传唤无正当理由拒不到庭，或者未经法庭许可中途退庭的，不影响案件的审理。

三、行政诉讼第二审程序

第二审程序，是指人民法院审理上诉案件所适用的程序。我国实行两审终审制，第一审人民法院作出判决、裁定后，当事人在法定上诉期内不上诉，不会引起第二审程序；当事人在法定期限内上诉的，则引起第二审程序。

(一)上诉的提起

当事人不服人民法院第一审判决的，有权在判决书送达之日起 15 日内向上一级人民法院提起上诉。当事人不服人民法院第一审裁定的，有权在裁定书送达之日起 10 日内向上一级人民法院提起上诉。逾期不提起上诉的，人民法院的第一审判决或者裁定发生法律效力。

公民、法人或者其他组织因不可抗力或者其他特殊情况耽误法定上诉期限的，在障碍消除后 10 日内，可以申请延长期限，由人民法院决定。

当事人提出上诉，应当按照其他当事人或者诉讼代表人的人数提出上诉状副本。

(二) 上诉的受理

原审人民法院收到上诉状，应当在 5 日内将上诉状副本送达其他当事人，对方当事人应当在收到上诉状副本之日起 15 日内提出答辩状。

原审人民法院应当在收到答辩状之日起 5 日内将答辩状副本送达当事人。原审人民法院收到上诉状、答辩状，应当在 5 日内连同全部案卷和证据，报送第二审人民法院。已经预收诉讼费用的，一并报送。

第一审人民法院作出判决和裁定后，当事人均提起上诉的，上诉各方均为上诉人。

诉讼当事人中的一部分人提出上诉，没有提出上诉的对方当事人为被上诉人，其他当事人依原审诉讼地位列明。

(三) 上诉的审理

第二审人民法院审理上诉案件，与第一审适用的审判程序基本相同，但第二审有自己的特点：

1. 审理方式

第二审人民法院审理上诉案件，有两种审理方式：(1) 书面审理。人民法院对上诉案件，认为事实清楚的，可以实行书面审理。(2) 开庭审理。当事人对原审人民法院认定的事实有争议的，或者第二审人民法院认为原审人民法院认定事实不清楚的，第二审人民法院应当开庭审理。

2. 审理原则

第二审人民法院审理上诉案件，应当对原审人民法院的裁判和被诉具体行政行为是否合法进行全面审查。第二审人民法院审理上诉案件的范围不受上诉人上诉范围的限制。

3. 审理期限

人民法院审理上诉案件，应当在收到上诉状之日起 3 个月内作出终审判决。有特殊情况需要延长的，由高级人民法院批准，基层人民法院申请延长审理期限，应当直接报请高级人民法院批准，同时报中级人民法院备案。高级人民法院审理上诉案件需要延长的，由最高人民法院批准。行政诉讼法规定的审限，是指从立案之日起至裁判宣告之日止的期间。鉴定、处理管辖争议或者异议以及中止诉讼的时间不计算在内。

(四) 撤回上诉

撤回上诉，是指上诉人在第二审人民法院受理后，作出二审裁判前，撤回自己的上诉请求的行为。

1. 撤回上诉的种类

撤回上诉分为上诉人申请撤诉和视为申请撤诉两种。

(1)上诉人申请撤诉。人民法院对第二审行政案件宣告判决或者裁定前,上诉人申请撤诉的,是否准许,由人民法院裁定。

(2)视为申请撤诉的。第一,上诉人经合法传唤,无正当理由拒不到庭或者未经法庭许可中途退庭的,可以按撤诉处理。第二,上诉人未按规定的期限预交案件受理费,又不提出缓交、减交、免交申请,或者提出申请未获批准的,按自动撤诉处理。但是,在按撤诉处理后,上诉人在法定期限内再次上诉,并依法解决诉讼费预交问题的,人民法院应予受理。

2. 撤回上诉的法律后果

上诉人撤回上诉,不影响对方当事人依法提出上诉。上诉人撤回上诉,如果一审裁判生效,则受一审裁判的约束。

(五)缺席判决

上诉人申请撤诉,人民法院裁定不予准许的,上诉人经合法传唤无正当理由拒不到庭,或者未经法庭许可中途退庭的,人民法院可以缺席判决。

第三人经合法传唤无正当理由拒不到庭,或者未经法庭许可中途退庭的,不影响案件的审理。

四、行政诉讼审判监督程序

审判监督程序,也称再审程序,是指人民法院根据当事人的申请、检察机关的抗诉或法院自己发现发生法律效力的判决、裁定确有错误,依法对案件进行再审的程序。审判监督程序不是案件审理的必经程序,而是第一审、第二审程序以外为保证人民法院审判工作的公正设置的一种监督程序。

(一)审判监督程序的提起

能够提起审判监督程序的主体,是有审判监督权的机关或专职人员,当事人的申请可能但不是必然引发再审程序。

1. 当事人的申诉及其处理

当事人对已经发生法律效力的判决、裁定,认为确有错误的,可以和原审人民法院或者上一级人民法院提出申诉,但判决、裁定不停止执行。当事人申请再审,应当在判决、裁定发生法律效力后2年内提出。

当事人对已经发生法律效力的行政赔偿调解书,提出证据证明调解违反自愿原则或者调解协议的内容违反法律规定的,可以在2年内申请再审。

人民法院接到当事人的再审申请后,经审查,符合再审条件的,应当立案及时通知各方当事人；不符合再审条件的，予以驳回。

2. 人民法院的审查及其处理

人民法院院长对本院已经发生法律效力的判决、裁定，发现违反法律、法规规定认为需要再审的，应当提交审判委员会决定是否再审。

上级人民法院对下级人民法院已经发生法律效力的判决、裁定，发现违反法律、法规规定的，有权提审或者指令下级人民法院再审。有下列情形之一的，属于上述规定的"违反法律、法规规定"：（1）原判决、裁定认定的事实主要证据不足；（2）原判决、裁定适用法律、法规确有错误；（3）违反法律程序，可能影响案件正确裁判；（4）其他违反法律、法规的情形。

3. 人民检察院的审查及其处理

人民检察院对人民法院已经发生法律效力的判决、裁定，发现违反法律、法规规定的，有权按照审判监督程序提出抗诉。对人民检察院按照审判监督程序提出抗诉的案件，人民法院应当再审。人民法院开庭审理抗诉案件时，应当通知人民检察院派员出庭。

（二）再审的决定和方式

按照审判监督程序决定再审的案件，应当裁定中止原判决的执行；裁定由院长署名，加盖人民法院印章。

上级人民法院决定提审或者指令下级人民法院再审的，应当作出裁定，裁定应当写明中止原判决的执行；情况紧急的，可以将中止执行的裁定口头通知其负责执行的人民法院或者作出生效判决、裁定的人民法院，但应当在口头通知后 10 日内发出裁定书。

人民法院审理再审案件，应当另行组织合议庭。不允许原来审理该案的审判人员参加再审案件的审理，有利于对错误案件的发现、纠正。

（三）再审的程序及判决、裁定的效力

1. 裁定中止原裁判的执行

依照审判监督程序再审的案件，应当裁定中止原判决的执行。上级人民法院决定提审或者指令下级人民法院再审，应当作出裁定，情况紧急的，可以口头通知负责执行的法院或原审法院中止执行，并在口头通知后 10 日内发送裁定书。

2. 分别适用一审、二审程序

人民法院按照审判监督程序再审的案件，发生法律效力的判决是由第一审人民法院作出的，按照第一审程序审理，所作的判决、裁定，当事人可以上诉。人民法院按照审判监督程序再审的案件，发生法律效力的判决、裁定是由第二审人民法院作出的，按照第二审程序审理，所作的判决、裁定是发生法律效力的判决、裁定；上级人民法院按照审判监督程序提审的，按照第二审程序审理，所作的判决、裁定是发生法律效力的判决、裁定。

（四）再审裁定的内容

撤销原生效判决或者裁定，对生效判决、裁定的内容作出相应裁决。人民法院审理再审案件，认为原生效判决、裁定确有错误，在撤销原生效判决或者裁定的同时，可以对生效判决、裁定的内容作出相应裁判。对原审法院不予受理或者驳回起诉错误的，应当分别情况作如下处理：

（1）第二审人民法院维持第一审人民法院不予受理裁定错误的，再审法律应当撤销第一审、第二审人民法院裁定，指令第一审人民法院受理；

（2）第二审人民法院维持第一审人民法院不予受理裁定错误的，再审法院应当撤销第一审、第二审人民法院裁定，指令第一审人民法院受理。

撤销生效判决或者裁定，发回重审。人民法院审理再审案件，认为原生效判决、裁定确有错误，可以裁定撤销生效判决或者裁定，发回作出生效判决、裁定的人民法院重新审判。

根据法律规定，发现生效裁判有下列情形之一的，应当裁定发回作出生效判决、裁定的人民法院重新审理：（1）审理本案的审判人员、书记员应当回避而未回避的；（2）依法应当开庭审理而未经开庭即作出判决的；（3）未经合法传唤当事人而缺席判决的；（4）遗漏必须参加诉讼的当事人的；（5）对与本案有关的诉讼请求未予裁判的；（6）其他违反法定程序可能影响案件正确裁判的。

（五）审理期限

再审案件按照第一审程序审理的，适用《行政诉讼法》第81条规定的关于第一审案件的审理期限，即立案之日起6个月作出判决。

再审案件按照第二审程序审理的，适用《行政诉讼法》第88条规定的关于第二审案件的审理期限，即收到上诉状之日起3个月内作出终审判决。

表 9-8　　　　　　　　　　　　　　　一般审理过程

	一审	二审	再审
提起人	具备原告资格的人	一审当事人及其代理人	法院、检察院、当事人
对象	行政行为	①未生效的一审判决 ②驳回起诉、不予受理、管辖异议裁定	①生效判决或裁定 ②特定情况下的行政赔偿调解书
提出期限	参见上表起诉时限	判决15日内，裁定10日内	当事人申请应在裁判生效后2年内，其他方式无期限要求

续表

	一审	二审	再审
审理方式	开庭审理，原则上应公开	事实清楚的可以书面审理	按原审方式进行
审理期限	6个月；需延长报高院批准，高院报最高院批准	3个月；需延长报高院批准，高院报最高院批准	一审再审6个月，二审再审3个月；延长方式与原审相同
判决效力	当事人可上诉 未上诉则生效	是生效判决 但可通过再审推翻	①一审重审仍可上诉。②上级提审的一审再审、二审重审最后生效

第七节　行政诉讼的判决、裁定和决定

一、审理行政案件的依据

人民法院审理行政案件，以法律、法规(包括自治条例和单行条例)为审判依据，参照规章，对于合法有效的规章及其他规范性文件可以在裁判文书中引用。

(一)法律、法规

人民法院审理行政案件，以法律和行政法规、地方性法规为依据。地方性法规适用于本行政区域内发生的行政案件。

(二)自治条例和单行条例

人民法院审理民族自治地方的行政案件，并以该民族自治地方的自治条例和单行条例为依据。自治条例和单行条例与地方性法规是处于同一级别的法律规范，人民法院在审理民族自治地方的行政案件时，应以其为依据。

(三)规章

人民法院审理行政案件，参照国务院部、委根据法律和国务院的行政法规、决定、命令制定、发布的规章以及省、自治区、直辖市和省、自治区的人民政府所在地的市和经国务院批准的较大的市的人民政府根据法律和国务院的行政法规制定、发布的规章。参照是指人民法院审理行政案件，对规章进行审查后，对符合法律、行政法规规定的规章予以适用，作为审查具体行政行为合法性的根据；对不符合或不完全符合法律、行政法规原则精神的规章，人民法院有灵活处理的余地，可以不予适用。因此，人民法院审理行政案件，可以在裁判文书中引用合法有效的规章。

人民法院认为地方人民政府制定、发布的规章与国务院部、委制定、发布的规章不一致的，以及国务院部、委制定、发布的规章之间不一致的，由最高人民法院送请国务院作出解释或者裁决。

(四)其他规范性文件

《行政诉讼法》对规章以下的其他规范性文件在行政诉讼中的法律效力没有作出规定。但是，这些规范性文件是大量存在的，对解决行政管理中出现的具体问题起到很大作用。人民法院审理行政案件，可以在裁判文书中引用合法有效的规章及其他规范性文件。

(五)司法解释

人民法院审理行政案件，适用最高人民法院司法解释的，应当在裁判文书中援引。最高人民法院的司法解释大致可以分为两类：一类：一是对某一法律的具体适用所作的系统而全面的解释，这类解释在形式上与法律没有区别，法院在以这类司法解释作为判案时可以直接援引。另一类司法解释是最高人民法院就审判工作中具体应用法律而针对下级人民法院的请示、来函所作的各种答复，这是一种针对个案的具体解释。但这类解释的效力不仅及于该案，而且对其他法院审理类似案件同样具有约束力。法院在以这类司法解释作为判案根据时应当在裁判文书中援引。

表 9-9 行政诉讼的法律适用

依据	参照	参考	援引	转化
法律、行政法规、地方性法规等	部门规章、地方性规章	其他行政规范性文件	司法解释	WTO 规则

二、行政诉讼判决

行政诉讼判决，是指人民法院审理行政案件终结时，根据事实和法律，对受理的行政案件的实体问题，作出的具有法律约束力的处理决定。根据作出判决的人民法院的审级为标准，行政诉讼判决分为一审判决和二审判决。原判决、裁定认定事实清楚，适用法律、法规正确的，判决或者裁定驳回上诉，维持原判决、裁定。

(一)一审判决

人民法院经过审理，根据不同情况，分别作出以下判决：

1. 驳回判决

行政行为证据确凿，适用法律、法规正确，符合法定程序的，或者原告申请被告履行法定给付义务理由不成立的，人民法院判决驳回原告的诉讼请求。

2. 撤销判决

行政行为有下列情形之一的，判决撤销或者部分撤销，并可以判决被告重新作出行政行为：第一，主要证据不足的；第二，适用法律、法规错误的；第三，违反法定程序的；第四，超越职权的；第五，滥用职权的；第六，明显不当的。

根据行政诉讼法的规定判决撤销违法的被诉行政行为，会给国家利益、公共利益或者他人合法权益造成损失的，人民法院在判决撤销的同时，可以分别采取以下方式处理：第一，判决被告重新作出行政行为。人民法院判决被告重新作出行政行为，如不及时重新作出行政行为，将会给国家利益、公共利益或者当事人利益造成损失的，可以限定重新作出行政行为的期限。第二，责令被诉行政机关采取相应的补救措施。第三，向被告和有关机关提出司法建议。第四，发现违法犯罪行为的，建议有权机关依法处理。人民法院在审理行政案件中，认为行政机关的主管人员、直接责任人员违反政纪的，应当将有关材料移送该行政机关或者其上一级行政机关或者监察、人事机关；认为有犯罪行为的，应当将有关材料移送公安、检察机关。

(1)撤销判决与行政复议决定之间的关系问题。复议决定维持原行政行为的，人民法院应当对复议决定和原行政行为一并作出裁判。复议决定改变原行政行为错误，人民法院判决撤销复议决定时，可以一并责令复议机关重新作出复议决定或者判决恢复原行政行为的法律效力。

(2)人民法院判决被告重新作出行政行为的，被告不得以同一的事实和理由作出与原行政行为基本相同的行政行为。但有三种情况必须注意：第一，人民法院判决被告重新作出行政行为，被告重新作的行政行为与原行政行为的结果相同，但主要事实或者主要理由有改变的，不属于上述规定的情形。第二，人民法院以违反法定程序为由，判决撤销被诉行政行为的，行政机关重新作出行政行为也不受上述规定的限制。第三，行政机关以同一事实和理由重新作出与原行政行为基本相同的行政行为，人民法院应当判决撤销或者部分撤销该行政行为，并向监察机关和该行政机关的上一级行政机关提出司法建议。

3. 履行判决

被告不履行法定职责的，判决其在一定期限内履行。人民法院判决被告履行法定职责，应当指定履行的期限，因情况特殊难以确定期限的除外。尚需被告调查或者裁量的，应当判决被告针对原告的请求重新作出处理。

4. 给付判决

查明被告依法负有给付义务的，判决被告履行给付的义务。但需注意：(1)原告申请被告依法履行支付抚恤金、最低生活保障待遇或者社会保险待遇等给付义务的理由成立，被告依法负有给付义务而拒绝或者拖延履行义务的，人民法院可以根据行政诉讼法第七十三条的规定，判决被告在一定期限内履行相应的给付义务。(2)原告请求被告履行法定职责或者依法履行支付抚恤金、最低生活保障待遇或者社会保险待遇等给付义务，原告未先向行政机关提出申请的，人民法院裁定驳回起诉。(3)人民法院经审理认为原告所请求履行的法定职责或者给付义务明显不属于行政机关权限范围的，可以裁定驳回起诉。

5. 确认判决

确认判决是对被诉行为是否合法的判定，它通常是其他判决的先决条件。有下列情形之一的，人民法院应当作出确认被诉行政行为违法或者无效的判决：第一，行政行为有下列情形之一的，人民法院判决确认违法，但不撤销行政行为：(1)行政行为依法应当撤销，但撤销会给国家利益、社会公共利益造成重大损害的；(2)行政行为程序轻微违法，但对原告权利不产生实际影响的。第二，行政行为有下列情形之一，不需要撤销或者判决履行的，人民法院判决确认违法：(1)行政行为违法，但不具有可撤销内容的；(2)被告改变原违法行政行为，原告仍要求确认原行政行为违法的；(3)被告不履行或者拖延履行法定职责，判决履行没有意义的。第三，行政行为有实施主体不具有行政主体资格或者没有依据等重大且明显违法情形，原告申请确认行政行为无效的，人民法院判决确认无效。人民法院判决确认违法或者无效的，可以同时判决责令被告采取补救措施；给原告造成损失的，依法判决被告承担赔偿责任。

其中，程序轻微违法包括对原告依法享有的听证、陈述、申辩等重要程序性权利不产生实质损害的，处理期限轻微违法，通知、送达等程序轻微违法及其他程序轻微违法的情形。

重大且明显违法包括以下情形：(1)行政行为实施主体不具有行政主体资格；(2)减损权利或者增加义务的行政行为没有法律规范依据；(3)行政行为的内容客观上不可能实施；(4)其他重大且明显违法的情形。

6. 变更判决

行政处罚明显不当，或者其他行政行为涉及对款额的确定、认定确有错误的，人民法院可以判决变更。人民法院判决变更，不得加重原告的义务或者减损原告的权益。但利害关系人同为原告，且诉讼请求相反的除外。行政处罚显失公正的，可以判决变更。分以下两种情况：

(1)人民法院审理行政案件不得加重对原告的处罚，但利害关系人不同为原告的除外。

(2)人民法院审理行政案件不得对行政机关未予处罚的给予行政处罚。

7. 行政协议

被告不依法履行、未按照约定履行或者违法变更、解除政府特许经营协议、土地房屋征收补偿协议等协议的，人民法院判决被告承担继续履行、采取补救措施或者赔偿损失等责任。被告变更、解除本法上述协议合法，但未依法给予补偿的，人民法院判决给予补偿。

(二)二审判决

1. 二审判决的种类

人民法院审理上诉案件，按照下列情形，分别处理：

(1)维持原判。原判决认定事实清楚，适用法律、法规正确的，判决驳回上诉，维持原判。

(2)依法改判。第二审人民法院审理上诉案件，需要改变原审判决的，应当同时对被诉行政行为作出判决。依法改判适用于以下两种情形：第一，原判决认定事实清楚，但适用法律、法规错误的，依法改判、撤销或者变更；第二，原判决认定事实不清，证据不足，或者由于违法缺席判决等违反法定程序可能影响案件正确判决的，可以查清事实后改判。以上述这种情形，还可以裁定撤销原判，发回原审人民法院重审。第二审人民法院裁定发回原审人民法院重新审理的行政区案件，原审人民法院应当另行组成合议庭进行审理。当事人对重审案件的判决、裁定，可以上诉。

2. 二审对原审判决遗漏当事人的处理

原审判决遗漏了必须参加诉讼的当事人或者诉讼请求的，第二审人民法院应当裁定撤销原审判决、发回重审。

3. 二审对行政赔偿请求的处理

原审判决遗漏行政赔偿请求，第二审人民法院经审查认为依法不应当予以赔偿的，应当判决驳回行政赔偿请求。原审判决遗漏行政赔偿请求，第二审人民法院审理认为依法应当予以赔偿的，在确认被诉行政行为违法的同时，可以就行政赔偿问题进行调解；调解不成的，应当就行政赔偿部分发回重审。

当事人在第二审期间提出行政赔偿请求的，第二审人民法院可以进行调解；调解不成的，应当告知当事人另行起诉。

(三)被告在一审期间改变被诉行政行为的处理

被告在一审期间改变被诉行政行为的，应当书面告知人民法院。

原告或者第三人对改变后的行为不服提起诉讼的，人民法院应当就改变后的行政行为进行审理。

被告改变原行政行为，原告不撤诉，人民法院经审查认为原行政行为违法的，应当作出确认其违法的判决；认为原行政行为合法的，应当判决驳回原告的诉讼请求。

原告起诉被告不作为，在诉讼中被告作出行政行为，原告不撤诉的，参照上述规定处理。

(四)行政诉讼附带民事诉讼

被告对平等主体之间民事争议所作的裁决违法，民事争议当事人要求人民法院一并解决相关民事争议的，人民法院可以一并审理。

(五)行政判决的效力

当事人对一审判决在上诉期内不上诉，自上诉期限届满之次日起发生法律效力。

我国实行两审终审制，第二审判决为终审判决，判决书一经送达双方当事人即发生法律效力。

当事人不履行生效判决，人民法院有权依法强制执行。

三、行政诉讼裁定

行政诉讼裁定，是指人民法院在行政诉讼中就解决案件所涉及的程序问题作出的具有法律效力的处理决定。

（一）行政诉讼裁定的适用范围

根据法律的规定，行政诉讼裁定的适用范围是：裁定适用于下列范围：（1）不予立案；（2）驳回起诉；（3）管辖异议；（4）终结诉讼；（5）中止诉讼；（6）移送或者指定管辖；（7）诉讼期间停止行政行为的执行或者驳回停止执行的申请；（8）财产保全；（9）先予执行；（10）准许或者不准许撤诉；（11）补正裁判文书中的笔误；（12）中止或者终结执行；（13）提审、指令再审或者发回重审；（14）准许或者不准许执行行政机关的行政行为；（15）其他需要裁定的事项。对第一、二、三项裁定，当事人可以上诉。裁定书应当写明裁定结果和作出该裁定的理由。裁定书由审判人员、书记员署名，加盖人民法院印章。口头裁定的，记入笔录。

（二）行政裁定的法律效力

1. 可以上诉

对于不予立案、驳回起诉、管辖异议的裁定，当事人可以上诉。当事人不服人民法院第一审裁定的，有权在裁定书送达之日起 10 日内向上一级人民法院提起上诉。

（1）第二审人民法院经审理认为原审人民法院不予立案或者驳回起诉的裁定确有错误，且起诉符合法定条件的，应当裁定撤销原审人民法院的裁定，指令原审人民法院依法立案受理或者继续审理。

（2）人民法院审理二审案件，对原审理法院受理错误的，应当作如下处理：第一审人民法院作出实体判决后，第二审人民法院认为不应当受理的，在撤销第一审人民法院判决的同时，可以发回重审，也可以迳行驳回起诉。

2. 不能上诉

对于除不予立案、驳回起诉、管辖异议裁定之外的其他所有裁定，当事人无权上诉，裁定一经送达，即发生法律效力。

四、行政诉讼决定

行政诉讼决定，是人民法院为了保证行政诉讼的顺利进行，对诉讼中发生的某些特殊事项作出的处理。

(一)行政诉讼决定的适用范围

行政诉讼决定主要有以下几种：(1)有关回避事项的决定；(2)对妨害行政诉讼行为采取强制措施的决定；(3)有关诉讼期限事项的决定；(4)审判委员会对已生效的行政裁判认为应当再审的决定；(5)有关执行程序事项的决定。

此外，还有一些事项可以适用决定，如诉讼费用的减免，等等。

(二)行政诉讼决定的法律效力

行政诉讼决定一经送达即发生法律效力。当事人对人民法院的决定一律不准上诉。法律规定被决定人可以申请复议的，复议期间不停止案件的审理和决定的执行。

第八节 行政诉讼的执行程序

行政诉讼的执行，是指行政案件当事人逾期拒不履行人民法院生效的法律文书，人民法院和有关行政机关运用国家强制力量，依法采取强制措施，促使当事人履行义务，从而使生效法律文书的内容得以实现的活动。当事人必须履行人民法院发生法律效力的判决、裁定。对发生法律效力的行政判决书、行政裁定书、行政赔偿判决书和行政赔偿调解书，负有义务的一方当事人拒绝履行的，对方当事人可以依法申请人民法院强制执行。

一、执行主体

我国行政案件的执行机关包括人民法院和行政机关。

1. 人民法院

发生法律效力的行政判决书、行政裁定书、行政赔偿判决书和行政赔偿调解书，由第一审人民法院执行。第一审人民法院认为情况特殊，需要由第二审人民法院执行的，可以报请第二审人民法院执行；第二审人民法院可以决定由其执行，也可以决定由第一审人民法院执行。申请人民法院强制执行应区分两种情况：第一，公民、法人或者其他组织拒绝履行判决、裁定的，行政机关可以向第一审人民法院申请强制执行；第二，行政机关拒绝履行判决、裁定的，第一审人民法院可以采取强制措施。

2. 行政机关

公民、法人或者其他组织拒绝履行判决、裁定的，法律、法规赋予强制执行权的行政机关，可以依法强制执行。

3. 执行当事人

执行当事人是执行申请人(执行人)和被申请人(被执行人)。享有权利的一方当事人是执行申请人或执行人，负有履行义务的一方是被申请人或被执行人。

当执行机关是人民法院时，执行当事人是执行申请人和被申请人。执行申请人可以是作为原告的公民、法人或者其他组织，那么被申请人是被告行政机关；执行申请人也可以是作为被告的行政机关，那么被申请人是作为原告的公民、法人或者其他组织。

当执行机关是行政机关本身时，没有申请人与被申请人，而只有执行人与被执行人。作为一方当事人的行政执法机关，同时又成了执行机关，具有了双重身份。执行人是作为被告的行政机关，被执行人是作为原告的公民、法人或者其他组织。

二、执行依据

行政诉讼执行的依据包括行政判决书、行政裁定书、行政赔偿判决书和行政赔偿调解书。上述法律文书必须同时具备两个条件：第一，必须是已经发生法律效力的法律文书；第二，据以执行的法律文书必须具有可供执行的内容。

三、执行措施

1. 人民法院对行政机关的执行措施

行政机关拒绝履行生效判决、裁定、调解书的，第一审人民法院可以采取下列执行措施：(1)对应当归还的罚款或者应当给付的款额，通知银行从该行政机关的账户内划拨；(2)在规定期限内不履行的，从期满之日起，对该行政机关负责人按日处五十元至一百元的罚款；(3)将行政机关拒绝履行的情况予以公告；(4)向监察机关或者该行政机关的上一级行政机关提出司法建议。接受司法建议的机关，根据有关规定进行处理，并将处理情况告知人民法院；(5)拒不履行判决、裁定、调解书，社会影响恶劣的，可以对该行政机关直接负责的主管人员和其他直接责任人员予以拘留；情节严重，构成犯罪的，依法追究刑事责任。

2. 对公民、法人或者其他组织的执行措施

《行政诉讼法》未对公民、法人或者其他组织的执行措施作出具体规定。在实际操作中，一般参照《民事诉讼法》的有关规定。

四、执行期限

申请执行的期限为2年，从法律文书规定的履行期间最后一日起计算；法律文书中没有规定履行期限的，从该法律文书送达当事人之日起计算。逾期申请的，除有正当理由外，人民法院不予受理。

《最高人民法院关于适用行政诉讼法的解释》第156条规定，没有强制执行权的行政机关申请人民法院强制执行其行政行为，应当自被执行人的法定起诉期限届满之日起三个月内提出。逾期申请的，除有正当理由外，人民法院不予受理。第158条规定，行政机关根据法律的授权对平等主体之间民事争议作出裁决后，当事人在法定期限内不起诉又不履行，作出裁决的行政机关在申请执行的期限内未申请人民法院强制执行的，生效行政裁决确定的权利人或者其继承人、权利承受人在六个月内可以申请人民法院强制执行。

第九节　涉外行政诉讼

一、涉外行政诉讼概述

(一)涉外行政诉讼的概念

涉外行政诉讼，就是具有涉外因素的行政诉讼。涉外因素是指行政案件的原告或者第三人是外国公民、无国籍人、外国组织。

(二)涉外诉讼的原则

1. 同等原则

外国人、无国籍人、外国组织在中华人民共和国进行行政诉讼，同中华人民共和国公民、组织有同等的诉讼权利和义务。

2. 对等原则

外国法院对中华人民共和国公民、组织的行政诉讼权利加以限制的，人民法院对该国公民、组织的行政诉讼权利，实行对等原则。

3. 委托中国律师代理诉讼原则

外国人、无国籍人、外国组织在中华人民共和国进行行政诉讼，委托律师代理诉讼的，应当委托中华人民共和国律师机构的律师。

二、涉外行政诉讼法律适用

(一)适用行政诉讼法

外国人、无国籍人、外国组织在中华人民共和国进行行政诉讼，适用我国的行政诉讼法。法律另有规定的除外。

(二)适用国际条约

中华人民共和国缔结或者参加的国际条约同我国的行政诉讼法有不同规定的，适用该国际条约的规定。中华人民共和国声明保留的条款除外。

(三)适用民事诉讼法

人民法院审理行政案件，除依照行政诉讼和最高人民法院执行《行政诉讼法》的司法解释外，可以参照民事诉讼的有关规定。

第十章　行政赔偿法律制度

法国是世界上最早创立国家赔偿制度的国家。中国法律制度历史悠久，但古代法律制度中没有国家赔偿的内容。1954年《宪法》规定：由于国家机关工作人员侵犯公民权利而受到损害的，有取得赔偿的权利。但是实际生活中本未落实。长期以来，我国对于因政府违法或不当行为侵害，造成其人身或财产损害的公民，一直实行一种称为"落实政策"的制度。1982年《宪法》保留1954年《宪法》关于损害赔偿的规定，并进一步规定公民有依照法律规定取得赔偿的权利。现行《民法典》《治安管理处罚法》《行政诉讼法》等法规均对国家赔偿做出了规定。

1994年第八届全国人大常委会第七次会议通过了《国家赔偿法》，正式标志着国家赔偿法律制度的确立（后经2010年4月29日、2012年10月26日两次修正）。《国家赔偿法》规定，公民不仅可对司法机关及其工作人员在行使侦查、检察、审判、监狱管理职权时实施的侵权行为所造成的损害请求国家赔偿，而且行政机关及其工作人员违法行使行政职权侵犯人身权和财产权的，受害人有获得赔偿的权利，并对行政赔偿请求人和行政赔偿义务机关、赔偿程序、赔偿方式和计算标准等作了规定。国家赔偿制度的建立是我国在人权保障方面的一个重大进步，体现了现代法治的精神。

行政赔偿是本教材的重点内容之一。建立行政赔偿制度，是落实我国宪法相关规定的体现，是保护行政相对人的合法权益的重要保障制度，有助于行政机关依法行政。本章分为六节。要了解行政赔偿的概念、特征、与相关概念的区别，理解行政赔偿的归责原则和构成条件，牢记行政赔偿的范围和特有的程序。

第一节　行政赔偿概述

一、行政赔偿的概念

行政赔偿是国家行政机关和行政机关工作人员在行使职权时，违法侵犯公民、法人或者其他组织的合法权益造成损害的，由国家向受害人承担赔偿的制度。行政赔偿是国家赔偿的重要组成部分。

行政赔偿的概念具有以下内容：

1. 主体要素

损害必须是行政机关和行政机关工作人员的行为造成的。经国家法律、法规授权的组织或行政机关受托的组织违法行使职权造成的损害，国家也必须承担赔偿责任。

2. 职权要素

国家负责赔偿的损害必须是行政机关或行政机关的工作人员行政职权时造成的。所谓"行使职权"，是指行政机关或工作人员行使职务上的权利进行的活动。如卫生局的工作人员检查卫生、警察值勤巡逻、税务人员征收税、公安人员制止违反治安管理处罚条例的行为等均属于行使职权的活动。凡从事与职权有关的活动，因违法造成他人损害的，均应由国家负责赔偿。国家行政机关及其工作人员从事与职权无关的民事活动，因个人行为造成的损害，国家不承担赔偿责任；因国有企业、事业单位的生产经营行为造成损害的，国家也不负责赔偿；因道路、桥梁等公有公共设施致害的，国家也不负责任。

3. 行为要素

损害必须是违法行为造成的。违法行为是指违反了法律规定，不符合法律实体性规范或程序性规范的行为。《行政诉讼法》将违法行政行为归纳为：(1)确认事实的主要证据不足；(2)适用法律、法规错误；(3)违反法定程序；(4)超越职权；(5)滥用职权；(6)依法应当作为而不作为等。行政机关或行政机关的工作人员违法实施的行为(包括事实行为和法律行为)，造成公民、法人和其他组织损害的，由国家承担赔偿责任。

4. 法定要素

只有当法律有明确规定时，国家才予以赔偿。受害人提出赔偿请求，应当在法定范围和期限内依照法定程序提出，对于不符合法定条件，或不属于赔偿范围的赔偿请求，受害人虽然有损失，国家也不予赔偿。

二、行政赔偿的特征

行政赔偿是国家对行政机关及其工作人员违法行使职权造成的损害承担的赔偿责任。行政赔偿与其他形式的赔偿责任相比较，具有以下特征：

(一)赔偿主体特定

赔偿义务机关是行政机关或法律法规授权的组织。行政赔偿是行政机关及工作人员的违法行为引起的，因此，法律规定原则上由实施违法行为的机关承担具体赔偿义务。如果是法律、法规授权的组织在行使授予的行政权力时侵犯公民、法人和其他组织的合法权益造成损害的，被授权的组织为赔偿义务机关；受行政机关委托的组织或个人在行使委托的行政权力时侵犯他人合法权益造成损害的，委托的行政机关为赔偿义务机关。

(二)赔偿范围特定

根据《国家赔偿法》和《行政诉讼法》的具体规定，行政赔偿的范围分为两类：一是行政机关及其工作人员在行使行政职权时侵犯人身权的，受害人有取得赔偿的权利；二是行政机关及其工作人员在行使行政职权时有下列侵犯财产权情形之一的，受害人有取得赔偿的权利。

(三)赔偿途径多种

根据《国家赔偿法》《行政复议法》和《行政诉讼法》的规定，受害人可以通过向行政赔偿义务机关提出，以及行政复议、行政诉讼、行政赔偿诉讼等多种渠道实现行政赔偿。《行政诉讼法》《行政复议法》《国家赔偿法》分别规定了受害人请求赔偿的具体步骤、方式、方法、顺序、期限和条件等。

(四)属于国家赔偿

行政赔偿是一种国家赔偿，它与司法赔偿共同构建了我国的国家赔偿责任制度。行政赔偿的国家性还表现在，行政赔偿的经费不源于国库，赔偿费用由国家财政列支。也就是说，行政赔偿中根本的赔偿义务是由国家承担。

三、行政赔偿与其他近似概念的区别

(一)行政赔偿与国家赔偿

行政赔偿是国家赔偿的一种形式。从立法内容上看，国家赔偿包括行政赔偿和刑事赔偿两部分，所以，国家赔偿与行政赔偿是种属关系。从本质上看，无论是行政赔偿，还是刑事赔偿，都由国家承担最终的赔偿责任，赔偿费用由国家支付。

(二)行政赔偿与行政补偿

行政赔偿是国家对行政机关及工作人员违法行使职权造成损害承担的赔偿责任。而行政补偿是国家对行政机关及工作人员的合法行为造成的损失给予的补偿。两者的区别表现在：(1)产生的原因不同。行政赔偿是违法行为引起的，而行政补偿是合法行为(如行政征用等)引起的。(2)性质不同。行政赔偿是普通的违法行政行为引起的法律责任，属于一种行政责任，而行政补偿是例外的特定民事责任，根本上属于民事责任，并不具有对国家行政行为的责难。此外，行政赔偿与行政补偿在适用范围、标准、方式等方面也有不同。

(三)行政赔偿与民事赔偿

行政赔偿是因为行政机关及工作人员行使职权行为引起的国家责任，而民事赔偿是由发生在平等民事法律主体之间的侵犯行为引起的民事责任。两者的责任主体、责任性质等均不相同，且适用的赔偿原则、标准和程序也有所不同。当然，并非行政机关及工作人员的所有行为引起的赔偿责任都是行政赔偿。行政机关及工作人员以民事主体身份实施的侵权行为仍属于民事侵权，行政机关对此承担的责任亦是民事赔偿责任。例如，行政机关建房，侵占他人用地的行为是民事侵权行为，行政机关须和其他民事主体一样承担民事赔偿责任。区别和界定行政机关的行为是否属于民事行为，关键是看行政机关在其中是否行使和体现了行政权。

(四)行政赔偿与司法赔偿

行政赔偿与司法赔偿同属于国家赔偿的一部分，都是行使职权行为引起的国家责任。其责任性质、赔偿方式和标准是相同的。两者的区别在于：(1)两者的侵权主体不同。行政赔偿是行使行政职权引起的赔偿责任，侵权的主体是国家行政机关及其工作人员，还包括法律、法规授权的组织及其工作人员和受委托的组织及其公务员；而司法赔偿是行使审判、检察、侦查、监狱管理职权引起的赔偿责任，侵权的主体是行使司法职能的国家公安机关(国家安全机关)以及军队的保卫部门、国家检察机关、国家审判机关、监狱管理机关及其上述机关的工作人员。(2)两者发生的基础不同。行政赔偿发生在行政管理过程中，而司法赔偿发生在司法活动中。(3)两者的归责原则不尽相同。行政赔偿采用违法归责原则，以行政机关及其工作人员的致害行为违法为前提。而司法赔偿则在适用违法归责原则的同时，兼采用结果责任原则。司法赔偿中的违法原则体现是有限的，对有罪的人来说，即使轻罪重判或羁押超期，国家也不予赔偿。当然，两者在赔偿义务机关、赔偿范围、赔偿程序等方面还有所区别。

(五)行政赔偿与公有公共设施致害赔偿

公有公共设施致害赔偿，是指因公有公共设施的设置、管理、使用有欠缺和瑕疵，造成公民生命、健康、财产损害的，国家为此负责赔偿的制度。在有些国家，这类赔偿属于国家赔偿的一部分，受国家赔偿法规范。我国国家赔偿法不包括公有公共设施的致害赔偿。在我国，公有公共设施致害的，由该设施的经营管理单位或通过保险渠道赔偿。例如，道路、桥梁致害，由负责管理的单位赔偿。行政赔偿与公有公共设施致害赔偿的最大区别是：(1)两者产生的原因不同。前者是行使行政权力引起的国家责任，后者者是非权力行为引起的民事责任。(2)两种赔偿的归责原则也不同。行政赔偿的归责原则是违法原则，国家承担赔偿责任的前提是行政机关及其工作人员的违法行为，而公有公共设施致害赔偿则不一定以违法为前提。(3)两者的赔偿义务机关也不同。

第二节　行政赔偿的归责原则及构成要件

一、行政赔偿的归责原则

行政赔偿的归责原则，是指国家承担行政赔偿责任的依据和标准。行政赔偿为国家赔偿的组成部分，因而完全适用国家赔偿的归责原则。需要指出的是，由于行政管理中大量事实行为的存在，以及我国目前行政法治的程度不高，对违法归责原则应当从广义上进行理解，即违法不仅指行政机关及其工作人员的行政行为或事实行为违反法律、法规的明确规定，还包括违反合法的规章及合法的其他规范性文件的规定。

二、行政赔偿责任的构成要件

行政赔偿责任的构成要件，是指国家承担行政赔偿责任所应具备的条件，即国家只有在符合一定条件的前提下才承担行政侵权赔偿责任。行政赔偿作为国家赔偿的一部分，其责任构成要件当然与国家赔偿的责任构成要件一致，但具有特定的内涵。

（一）损害事实

损害事实是构成行政赔偿责任的首要条件，任何赔偿制度都是针对损害而设定的，行政赔偿也不例外。作为行政赔偿责任构成要件的损害事实必须是现实的、确定的、已经发生的损害，而不是主观臆想的或将来不确定的损害；必须是对相对人合法利益的损害，违法的利益不受法律保护，不发生赔偿责任。此外，损害事实必须发生在行政管理过程中，或与行政机关及其工作人员执行职务有关，凡是发生在国家立法领域、司法过程或者军事活动中的损害都不引起行政赔偿。

（二）侵权行为主体

我国《国家赔偿法》规定，侵权行为主体分两类，即国家机关和国家机关工作人员，具体在行政赔偿中，侵权行为主体为以下几类：

（1）行政机关及其工作人员。这里的行政机关，是指各级人民政府及其设立的机关。

（2）法律、法规授权的组织及其工作人员。

（3）行政机关委托的组织及其工作人员。

在行政赔偿中，行政侵权行为主体与行政赔偿义务机关是两个不同的概念，但也有一定程度的联系，关于行政赔偿义务机关的内容，请参见本章的第四节。

（三）执行职务的行为违法

这里包括了两项内容：第一，致害行为必须是执行职务的行为；第二，执行职务的行为违法。

（四）因果关系

作为行政赔偿责任构成要件之一因果关系，是指可引起行政赔偿的损害确系行政机关及其工作人员违法执行职务的行为所造成，即行政侵权行为与损害结果之间存在内在必然联系。这种直接因果关系是责任主体对损害承担法律责任的基础和前提。如果没有这种直接的因果关系，行为人从根本上就没有义务对损害承担责任。

第三节　行政赔偿的范围

行政赔偿的范围，是指国家对哪些行政行为造成的损害予以赔偿，对哪些损害不予以赔偿，即国家承担赔偿责任的领域。根据《国家赔偿法》第3条、第4条的规定，国家对侵犯人身权、财产权造成的损害予以赔偿，对与行政职权无关的个人行为造成的损害，因受害人自己的行为导致损害发生以及法律规定的其他情形不予赔偿。

行政机关的违法侵权行为分为两类。一是行政机关及其工作人员在行使行政职权时有下列侵犯人身权情形之一的，受害人有取得赔偿的权利：(1)违法拘留或者违法采取限制公民人身自由的行政强制措施的；(2)非法拘禁或者以其他方法非法剥夺公民人身自由的；(3)以殴打、虐待等行为或者唆使、放纵他人以殴打、虐待等行为造成公民身体伤害或者死亡的；(4)违法使用武器、警械造成公民身体伤害或者死亡的；(5)造成公民身体伤害或者死亡的其他违法行为。二是行政机关及其工作人员在行使行政职权时有下列侵犯财产权情形之一的，受害人有取得赔偿的权利：(1)违法实施罚款、吊销许可证和执照、责令停产停业、没收财物等行政处罚的；(2)违法对财产采取查封、扣押、冻结等行政强制措施的；(3)违法征收、征用财产的；(4)造成财产损害的其他违法行为。

一、侵犯人身权的行政赔偿

人身权包括人身自由权、人格权和身份权。人格权指生命健康权、姓名权、肖像权、名誉权等；身份权指荣誉权和婚姻自主权等。《国家赔偿法》规定行政机关有侵犯下列人身权的行为，受害人有权要求赔偿，国家承担赔偿责任。

(一)违法拘留或违法采取限制人身自由的行政强制措施的行为

1. 违法拘留

行政拘留是公安机关、安全机关对违反治安管理和安全管理的公民，短期剥夺或限制其人身自由的一种行政处罚。行政机关违反法律规定的权限、程序，或在证据不足、事实不清的情况下拘留公民的，属于违法拘留。

2. 违法采取限制人身自由的行政强制措施

凡行政机关作出限制人身自由的行政强制措施，如果存在事实不清，适用法律错误或未遵守法定程序等问题，均属于违法的行政强制措施。行政机关违法实施以上限制公民人身自由的行政强制措施造成损害的，国家应当依法予以赔偿。

(二)非法拘禁或者以其他方法非法剥夺公民人身自由的行为

这类行为是指行政机关及其工作人员在执行职务中，在不具有行政拘留或限制人身自由的行政强制措施的权限时，或者虽具有上述权限但违法作出的情况下，非法剥夺公民的人身自由。其方法一般表现为：非法拘禁、非法扣留、强制监禁等。

(三) 以殴打等暴力行为或者唆使他人以殴打等暴力行为造成公民身体伤害或者死亡的行为

行政机关的工作人员，法律、法规授权组织的工作人员，受行政机关委托行使职权的组织(如联防大队)的人员在行使职权时，如有殴打公民，致其遭受身体伤害的，或采用其他方式，如捆绑、示众、罚跪、罚站以及种种酷刑造成公民身体伤害或者死亡的，国家应当承担赔偿责任。行政机关工作人员唆使他人相互殴打或施暴，造成公民伤害或者死亡的，国家应承担赔偿责任。可见，此类行为是行政机关工作人员在行使职权时，本人实施或者唆使他人实施的违法行为，其本身并不是职务行为，但与职务行为密切相关，所以，国家应当承担赔偿责任。

(四) 违法使用武器、警械造成公民身体伤害或死亡的违法行为

武器、警械是指枪支、警棍、警绳、手铐、催泪弹和其他警械。行政机关工作人员违反法律规定使用武器、警械，故意或失误造成他人身体伤害或死亡的，国家应当赔偿。这类行为一般是行政机关在执行职务时发生的，法律规定这类违法行为必须是已经造成一定损害后果的行为。

(五) 造成公民身体伤害或者死亡的其他违法行为

除上述四类行为外，行政机关及其工作人员行使职权时的其他行为，造成公民身体伤害或者死亡的，如刑讯逼供、打骂体罚等造成公民人身自由或生命、健康权遭受损害的，国家也应当承担赔偿责任。例如，公安机关的工作人员在执行职务中，违反交通规则将某公民撞死，公安机关应承担赔偿责任。

二、侵犯财产权的行政赔偿

财产权包括公民个人财产所有权、继承权、土地使用权和承包经营权、采矿权、宅基地使用权、租赁权、专利权和著作权等。对法人而言，财产权包括企业经营自主权、不动产和动产所有权、土地使用权、采矿权、专利权、商标权、租赁权等。行政机关或者工作人员违法行使职权，给公民、法人或者其他组织的合法权益造成损失的，国家应当予以赔偿。属于此类违法行为的情形有：

1. 违法实施罚款、吊销许可证或执照、责令停产停业、没收财物等行政处罚行为侵犯相对人财产权的，受害人有权取得行政赔偿。

根据国家赔偿法的要求，行政处罚必须符合两个条件，国家才能赔偿。一是上述行政处罚本身违法，其合法性已被有权行政机关或司法行政机关裁决否定；二是客观上上述行

政处罚已经执行，并造成了侵害相对人财产权的结果。例如，罚款上缴国库，这部分款项的所有权已经从相对人转移到国家。

2. 违法对财产采取查封、扣押、冻结等行政强制措施的，受害人有权取得国家赔偿。

涉及财产的行政强制措施有查封、扣押、冻结、扣缴、变价出售等。如果行政机关违法实施查封、扣押、冻结等强制措施，造成公民、法人或者其他组织财产损害的，国家应当给予赔偿。

3. 违反国家规定征收财物、摊派费用的，受害人有权取得赔偿。

如果行政机关违反法律规定，向公民、法人征收财物、摊派费用的，属于违法行政行为。国家对行政机关违反国家规定，征收财物、摊派费用造成的损害，应当承担赔偿责任。

4. 造成财产损害的其他违法行为。

除行政处罚、行政强制措施及行政征收行为外，其他违法行政行为造成公民、法人或其他组织损害的，国家也应当予以赔偿。如行政机关的不作为行为、行政检查行为、行政裁决行为、行政命令行为、侵犯企业经营自主权的行为等。根据《行政诉讼法》的规定，违法不作为行为有：行政机关对符合法定条件的申请人拒绝颁发许可证、执照或不予答复的；拒绝履行保护公民的人身权、财产权的法定职责或不予答复的；未发放抚恤金等。此外，行政机关违法实施许可行为，造成申请人以外的其他人财产损失的，国家均应负责赔偿。

三、行政赔偿的例外

《国家赔偿法》第 5 条规定，国家不承担赔偿责任的情形主要有：

(一) 行政机关工作人员实施的与行使职权无关的个人行为

行政机关工作人员的行为包括职务行为和个人行为。对于职务行为造成的损害，国家应当承担赔偿责任。对于那些与行使职权无关的个人行为造成的损害，国家不负责赔偿。所谓个人行为，是指行政机关人员实施的与职权无关的涉及个人感情、利益等因素的行为。对那些客观上具有行使职权特征的行为，一般均应认定为职务行为，具体包括以下几类行为：(1) 行使职权的行为，如罚款；(2) 与行使职权密不可分的行为，如刑讯逼供、随意扣留物品；(3) 工作时间外行使职权的行为，如警察休息期间追捕违法犯罪分子的行为；(4) 管辖区域以外行使职权的行为，如甲地公安机关工作人员到乙地抓人、扣物；(5) 超越职权行为，如乡镇政府工作人员扣押人质解决纠纷的行为；(6) 滥用职权行为，如为泄私愤，工商管理人员吊销个体户执照的行为；等等。上述行为均属于职务行为，虽为行政机关工作人员具体实施，也不一定合法，但具有行使职权的性质，因而与行政机关工作人员为个人利益、感情因素实施的与职权无任何关系的行为不同。把上述的行为归结到行政赔偿的范围，更不利于保护行政相对人的合法权益。

(二)因公民、法人或其组织自己的行为致使损害发生的

行政机关及其工作人员在行使职权时，造成公民、法人或者其他组织损害的原因很多，如果该损害是因受害人自己的行为造成的，国家不予赔偿。国家对受害人自己的行为造成的损害不予赔偿，必须具备两个条件：一是受害人有故意，其故意行为是导致行政机关实施侵权行为的主要或全部原因。那种因行政机关工作人员的刑讯逼供或诱供，被迫作虚假陈述致使损害发生的，国家应当负责赔偿。二是损害必须完全是受害人自己的故意行为所致，国家才不予赔偿。如果部分损害是行政机关或工作人员所致，部分损害由受害人自己所致，则国家应当给予部分赔偿。

(三)法律规定的其他情形

这里的"法律"，仅指由全国人大及其常委会通过的法律，不包括法规、规章在内。例如，"不可抗力"造成的损害，国家不予赔偿。类似的情况还有：紧急避险、意外事件、正当防卫、第三人的过错，等等。

第四节　行政赔偿请求人各赔偿义务机关

在行政赔偿事件中，存在两方基本当事人，一方为受到行政机关及其工作人员违法侵害的赔偿请求权，哪些机关应当承担赔偿义务，均有法律明文规定。明确赔偿事件的双方当事人，不仅有利于受害人行使赔偿请求权，也便于行政机关履行赔偿义务。

一、行政赔偿请求人

(一)行政赔偿请求人概念

行政赔偿请求人，是指因行政机关及其工作人员违法执行职务而遭受损害，有权请求国家予以赔偿的人。赔偿请求人既可以是公民，也可以是法人或者其他组织。《国家赔偿法》第6条第1款规定："受害的公民、法人和其他组织有权要求赔偿。"

公民是指具有中华人民共和国国籍的自然人。外国公民和无国籍人在中国境内受到行政机关及其工作人员行使职权行为侵害的，也可以成为赔偿请求人。根据国际惯例，如果外国人、外国企业和组织的所属国对中国公民、法人或者其他组织要求该国国家赔偿的权利不予保护或限制的，中国对该外国人和外国企业的所属国实行对等原则，不保护。所谓法人，是指依法成立，有必要财产和经费，有自己的名称、组织机构和场所，能独立承担民事责任的组织。它包括企业法人、机关法人、事业法人及社团法人等。其他组织是指公民、法人以外的组织，即不具备法人条件，没有取得法人资格的社会组织和经济组织。

(二)行政赔偿请求人的主要类型

行政赔偿中，结合实践中的不同情形，行政赔偿请求人主要有以下几种：

(1)受到行政侵权的公民、法人或者其他组织。《民法典》规定，未成年人及不能辨认自己行为的精神病人属于无民事行为能力或限制民事行为能力人，当他们的权益遭到行政机关或者其工作人员损害时，他们的监护人(包括父母、兄弟、姐妹、成年子女、配偶、近亲属等)为法定代理人。但赔偿请求权人仍为受到侵害的未成年人和精神病人。

(2)受害人死亡的，其继承人和其他扶养关系的亲属也可以成为赔偿请求人。例如，甲某因行政侵权死亡，其继承人为赔偿请求人。某亲属乙某在甲某死亡前一直由甲某赡养，甲某死亡后，乙某随即丧失了赡养请求权，因此，乙某也有权以与甲某有扶养关系的亲属身份请求国家赔偿。

(3)受害的法人或者其他组织终止，承受其权利的法人或其他组织有权要求赔偿。法律赋予承受法人或其他组织权利的法人或其他组织赔偿请求权，是因为他们在经济关系上有承继关系，有利于保护他们的合法权益。例如，某企业被工商行政管理机关违法罚款，后该企业被另一企业兼并，新的兼并企业有权对工商行政管理机关的处罚提出赔偿请求。

(三)不发生赔偿请求权转移的情形

行政赔偿争议中，不发生赔偿请求权转移的情形有：

(1)法人或其他组织被行政机关吊销许可证或执照，该法人或组织仍有权以自己的名义提出赔偿请求，不发生请求权转移问题。

(2)法人或者其他组织破产，也不发生赔偿请求权转移问题。破产程序尚未终结时，破产企业仍有权就此前的行政侵权损害取得国家赔偿。

(3)法人或其他组织被主管行政机关决定撤销，也不发生赔偿请求权转移问题。因《行政诉讼法》已经赋予上述情形下的法人或者其他组织以行政诉权，受害的法人或者其他组织可以通过行政诉讼一并提出行政赔偿，因此，不发生转移赔偿请求权问题。

二、行政赔偿义务机关

行政赔偿义务机关，是指依法履行赔偿义务、接受赔偿请求、支付赔偿费用、参加赔偿诉讼程序的行政机关。《国家赔偿法》第 7 条第 1 款规定："行政机关及其工作人员行使行政职权侵犯公民、法人或其组织的合法权益造成损害的，该行政机关为赔偿义务机关。"行政赔偿义务机关可以分为以下几种情形：

(一)行政机关为赔偿义务机关

行政机关和行政机关工作人员在行使职权时，侵犯公民、法人或其他组织合法权益造成损害的，该行政机关或工作人员所在的行政机关为赔偿义务机关。

(二)共同行政赔偿义务机关

两个以上的行政机关共同实施违法行政行为造成损害的，应由该两个以上行政机关为共同赔偿义务机关，承担连带赔偿责任。所谓共同行使职权，就是两个以上行政机关分别以各自名义就同一对象作出共同职务行为，或两个以上机关以共同名义作出某行为。分属于两个以上行政机关的工作人员共同行使职权、侵犯他人权益的，受害人应以这些公务员所在的行政机关为共同赔偿义务机关，提出赔偿要求。共同赔偿义务机关之间的责任是连带责任，即受害人可以向共同赔偿义务机关中的任何一方提出赔偿请求，该机关必须单独或与其赔偿义务机关共同支付赔偿费用，承担赔偿义务。一个机关履行了赔偿义务，并不免除其他赔偿义务机关的义务。

(三)法律、法规授权的组织为赔偿义务机关

法律、法规授权的组织在行使被授予的行政职权时，侵犯公民、法人或其他组织合法权益造成损害的，该法律、法规授权的组织为赔偿义务机关。

(四)委托机关为赔偿义务机关

当行政机关委托其他组织行使职权，引起赔偿责任时，应由委托的机关承担法律责任，充当赔偿义务机关。即使受托组织超越了委托权限，违法滥用该委托权力，委托的机关仍然应当承担因此引起的各项法律责任。

(五)行政赔偿义务机关被撤销后的责任承担

行政机关实施侵权行为，给他人造成损害后又被撤销的，一般由继续行使职权的行政机关为赔偿义务机关。如果没有继续行使其职权的行政机关，撤销该赔偿义务机关的行政机关为赔偿义务机关。行政赔偿义务机关被撤销，一般有两种情形：一是受害人提出赔偿请求，赔偿义务机关尚未作出最终裁决时，该赔偿义务机关被撤销。二是受害人已向法院提起行政赔偿诉讼后，赔偿义务机关被撤销。前一种情形下，由继续行使其职权的行政机关赔偿义务机关；第二种情形，则涉及变更赔偿诉讼被告问题，受害人应以赔偿义务机关被撤销后继续行使职权的行政机关为赔偿诉讼被告，如果没有继续行使职权的行政机关，则应以撤销行政赔偿义务机关的行政机关为赔偿诉讼被告。

(六)经行政复议后的赔偿义务机关

经复议的案件，由最初作出行政行为的行政机关为赔偿义务机关。但是，如果复议机关的复议决定加重损害的，复议机关对加重的部分履行赔偿义务。

第五节 行政赔偿程序

行政赔偿程序，是指受害人提起赔偿请求，赔偿义务机关履行赔偿义务的步骤、方法、顺序、形式等要求。根据《行政诉讼法》和《国家赔偿法》等法律规定，我国行政赔偿分为两种途径：一种是单独就赔偿问题向行政机关及人民法院提出；另一种是在行政复议、行政诉讼中一并提起行政赔偿请求。广义的行政赔偿程序，还包括行政赔偿义务机关有故意和重大过失的国家行政机关工作人员追偿权的程序在内。

一、行政赔偿请求的提出

(一)单独提出行政赔偿请求及执行程序

受害人单独提起行政赔偿请求的，应当遵循行政先行处理原则，即首先向行政赔偿义务机关提出，在赔偿义务机关不予赔偿或赔偿请求人对赔偿数额有异议的，赔偿请求人才可以向上级机关申请复议或直接向法院提起诉讼。先行程序要求赔偿请求人必须首先向赔偿义务机关提出。它通常适用于争议双方对行使职权合法性没有争议，但赔偿问题达不成协议；侵权行为已经被确认为违法或已经被撤销、变更，被法院判决违法而撤销；该行为为终局裁决；事实行为等情形。

(二)一并提出行政赔偿请求

一并提出行政赔偿请求，是指行政赔偿请求人在申请行政复议、提起行政诉讼中一并提出赔偿要求。其特点为：将确认行政行为违法与要求赔偿两项请求一并提出，并要求并案审理。复议机关或人民法院通常先确认行政行为的合法性，然后再决定是否赔偿。

(三)允许提出数项赔偿请求

《国家赔偿法》规定，请求人根据受到的不同损害，可以同时提出数项赔偿请求。例如，行政机关违法行使职权，造成公民身体伤害的，可以请求赔偿医疗费；赔偿误工减少的收入；造成公民身体残疾并全部丧失劳动能力的，受害人还可以申请残疾赔偿金及对其抚养的人的生活费；等等。当然，如果损害是单一的，请求人只能就该项损害提出赔偿请求，不得就该损害造成的其他间接损失提出赔偿请求，否则，得不到支持。

(四)行政赔偿申请书

行政赔偿申请书是赔偿请求人向赔偿义务机关提出赔偿请示的书面文件，也是赔偿义务机关据以审查赔偿请求、裁决赔偿内容及结果的根据。赔偿请求人提出赔偿要求，首先应当递交赔偿申请书。

申请人应包括以下内容：

(1)被害人的姓名、性别、年龄、工作单位和住所，法人或其他组织的名称、住所，法定代表人或主要负责人的姓名、职务。

(2)具体的请求、事实根据和理由。缺少事实根据和理由的，赔偿义务机关可以责令申请人补正。

(3)申请的年、月、日。因为赔偿请求必须在法定期限内提起，所以，在申请书中应当注明申请的年、月、日。

赔偿申请书是请求申请人向赔偿义务机关提出的主要书面材料，因此必须内容完整，符合法定形式，语言简明，字迹工整，便于赔偿义务机关审查处理。请求人书面申请确有困难的，可以委托他人代书，也可以口头申请，由赔偿义务机关记录。

二、行政赔偿义务机关的受案与处理

行政赔偿义务机关收到申请书之后，经审查认为赔偿申请符合条件的，应当通知请求人，并在2个月内作出处理决定。逾期不予赔偿或者赔偿请求人对赔偿数额有异议的，赔偿请求人自期间届满之日起3个月内向人民法院提起诉讼。

(一)赔偿义务机关处理赔偿申请的期限

《国家赔偿法》规定，行政赔偿义务机关应当自收到赔偿申请之日起两个月内作出赔偿与不赔偿的决定。

(二)赔偿义务机关处理赔偿的内容

赔偿义务机关应当依照《国家赔偿法》提出赔偿方案。方案包括：赔偿方式；赔偿数额；计算数额的依据和理由；履行期限等。

(三)赔偿处理不成

行政机关在法定期限内如出现下列情形，视为处理不成；

(1)赔偿义务机关对赔偿申请不予理睬或对自己提出的方案不予实施的；

(2)赔偿请求人对赔偿义务机关的方案有异议的，包括对赔偿方式、金额、履行期限有不同意见的。

三、行政赔偿诉讼

行政赔偿诉讼是特殊的诉讼形式。它是人民法院根据赔偿请求人的诉讼请求，依照行政诉讼程序和国家赔偿的基本原则裁判赔偿争议的活动。在起诉条件、审理形式、证据原则及适用程序诸方面，都有其自身的特点。首先，从起诉条件看，在单独提起赔偿诉讼时，要以行政赔偿义务机关先行处理为前提条件。在一并提起赔偿请求时，通常以行政复议或行政诉讼确认行政行为违法为赔偿先决条件。其次，从诉讼当事人看，赔偿诉讼以行政机关为诉讼被告，实行"国家责任，机关赔偿"制度。致害的公务员不是诉讼被告。再次，从审理形式看，赔偿诉讼不同于行政诉讼，赔偿可以适用调解。最后，从证据规则看，赔偿诉讼不完全采取"被告负举证责任"的原则，而参照民事诉讼，要求赔偿请求人对其诉讼请求和主张举证。行政赔偿诉讼原则上适用《行政诉讼法》规定的程序，《行政诉讼法》没有规定的(如送达等)，还可以适用民事诉讼程序。

四、行政追偿程序

追偿又称为求偿，指国家行政机关向请求人支付赔偿费用或履行赔偿义务后，依法责令有故意或重大过失的公务员或受委托的组织或个人，承担部分或者全部赔偿费用的制度。追偿制度既可以保证受害人及时得到赔偿，避免因公务员资力薄弱难以向受害人支付足额赔偿的情形，又可以监督公务人员依法行使职权，增加其责任心，免除公务人员行使职权时的后顾之忧，同时，还可以减轻国家财政负担。

追偿是国家基于行政机关与工作人员之间特别权力关系而对公务员实施的制裁形式。国家机关行政追偿权，必须满足两个条件：一是行政赔偿义务机关已经向受害人支付了赔偿金。在赔偿义务机关向受害人赔偿之前，追偿权是不存在的。赔偿义务机关必须基于人民法院的判决或调解履行赔偿后，才能向有关人员行使追偿权。二是行政机关工作人员及受委托的组织和个人对违法行为有故意或重大过失。所谓故意，是指公务人员在执行职务行使权力时，明知自己的行为会给相对人造成损害，却仍然希望或放任这种结果发生的主观态度。所谓重大过失，是公务人员行使职权时未能达到普通公民应当达到的标准，而造成公民、法人合法权益的损害。重大过失相对于一般过失而言，即有超过一般标准的欠缺。由于行政自由裁量权的广泛存在，将行为人的主观状态限制在"故意或重大过失"的范围内，是合理的。只有这样，一方面可以有效地监督行政机关及工作人员依法行政，另一方面又可以避免行政机关的工作人员因害怕出错承担责任而怠于行政。

当然，赔偿义务机关在行使追偿权时，应允许被追偿者行使抗辩权，为自己的行为辩护，在合乎规定的情形下，应尽量减免行为人的追偿责任。

第六节　行政赔偿的方式和计算标准

一、赔偿方式

国家赔偿的方式，是指国家承担责任的各种形式。我国《国家赔偿法》规定，国家赔偿的方式有四种：

（一）金钱赔偿

金钱赔偿，就是以货币形式支付赔偿金额的一种赔偿方式。这种赔偿方式，适应性强，在具体执行上也省时省力，可以使受害人的赔偿请求迅速得到满足，也便于行政机关正常开展工作。金钱赔偿方式的适用范围较广，无论是人身自由还是生命健康权、致人精神损害的，都可以通过计算或者估算进行适当的金钱赔偿。

（二）返还财产

返还财产是行政机关将违法占有或控制的受害人的财产返还给受害人的赔偿方式。这里的财产，既可以是金钱，也可以是财物。例如，返还罚款，返还没收的财物，返还扣押、查封、冻结的财产等。《国家赔偿法》规定："处罚款、罚金、追缴、没收财产或者违反国家规定征收财物、摊派费用的，返还财产。"

（三）恢复原状

恢复原状是公民、法人或者其他组织的财产因国家行政机关及工作人员的违法分割或毁损而遭到破坏后，若有可能恢复的，应当由赔偿义务机关负责修复，以恢复财产原状的一种赔偿方式。

（四）消除影响，恢复名誉，赔礼道歉

致人精神损害的，应当在侵权行为影响的范围内，为受害人消除影响，恢复名誉，赔礼道歉；但造成严重后果的，应当支付相应的精神损害抚慰金。

二、赔偿计算标准

赔偿计算标准是计算赔偿金额的尺度和准则。《国家赔偿法》对不同损害规定了不同的计算标准。

（一）侵犯人身自由损害的赔偿标准

《国家赔偿法》明确规定，行政机关及其工作人员非法剥夺或限制公民的人身自由的，应当承担行政赔偿责任。行政机关及其工作人员侵犯公民人身自由的，每日赔偿金按照国家上年度日平均工资计算。国家上年度职工日平均工资的数额，以国家统计局发布的数字为准。由于目前我国公民的实际工资水平并不高，具体的数额在不断变化，因此，按上年度职工的日平均工资计算赔偿额是科学的。

（二）侵犯生命健康权的损害赔偿标准

行政机关侵犯公民生命健康权的，赔偿金按照下列规定计算：

(1)造成身体伤害的，应当支付医疗费，以及赔偿因误工减少的收入。减少的收入，每日的赔偿金按照国家上年度职工的日平均工资计算，最高额为国家上年度职工年平均工资的5倍。

(2)造成部分或者全部丧失劳动能力的，应当支付医疗费，以及残疾赔偿金。残疾赔偿金根据丧失劳动能力的程序确定，部分丧失劳动能力的最高赔偿额为国家上年度职工年平均工资的10倍，全部丧失劳动能力的为国家上年度职工年平均工资的20倍。造成全部丧失劳动能力的人，还应当支付生活费。

(3)造成公民死亡的，应当支付死亡赔偿金、丧葬费，总额为国家上年度职工人均工资的20倍。对死者生前抚养(或扶养)的无劳动能力的人，应当支付生活费。生活费的发放标准参照当地民政部门有关生活救济的规定办理。被抚养人是未成年人的，生活费给付到18周岁为止；其他无劳动能力的被抚养(或扶养)人，生活费给付至死亡为止。

(三)侵犯财产损害的赔偿标准

《国家赔偿法》规定的对侵犯公民、法人或者其他组织的财产权的赔偿原则，是以赔偿直接损失为原则。所谓直接损失，是指由于侵权行为直接造成的已经发生的实际损失。侵犯财产权的具体赔偿标准为：

(1)处罚款、罚金、追缴、没收财产或者违反国家规定征收财物、摊派费用的，返还财产。

(2)查封、扣押、冻结财产的，解除对财产的查封、扣押、冻结；造成财产损坏或者灭失的，能够恢复原状的恢复原状，不能恢复原状的，按照损害赔偿程序给付相应的赔偿金；应当返还的财产灭失的，给付相应的赔偿金。

(3)财产已经拍卖的，给付拍卖所得的价款。

(4)吊销许可证和执照，责令停产停业期间必要的经常性费用开支。

(四)赔偿费用

国家赔偿费用是国家用以支付给赔偿请求人的金钱。国家赔偿费用以货币形式表现，由行政赔偿义务机关支付。我国国家赔偿费用列入各级财政预算，国务院专门制定了《国家赔偿费用管理办法》，规定了行政赔偿费用的具体情况。我国各级财产实行分级预算，各级政府在每年编制预算时，把国家赔偿费用作为一项固定支出列入预算计划。国务院及所属部门的赔偿费用，由中央财政支出；省级政府及所属部门的赔偿费用，由省财政支出；县级政府的赔偿费用，由县政府支出。

(五)赔偿请求时效

国家赔偿请求时效，是指国家赔偿请求人通过法定程序获得请求权的期间。如果请求权人在该法定期间内不请求赔偿，即丧失依照法定程序取得赔偿的权利。《国家赔偿法》规定，赔偿请求人请求国家赔偿的时效为 2 年，自国家机关及其工作人员行使职权的行为被依法确定为违法之日起计算，但被羁押期间不计算在内。赔偿请求人在赔偿请求时效的最后 6 个月内，因不可抗力或者其他障碍不能行使请求权的，时效中止。从中止时效的原因消除之日起，赔偿请求时效期间继续计算。

(六) 请求国家赔偿免缴费用

《国家赔偿法》规定，赔偿请求人要求国家赔偿的，赔偿义务机关、复议机关和人民法院不得向赔偿请求人收取任何费用。不论最终处理结果如何，均不得收取案件受理费用、勘验费、鉴定费等一切开支和费用。以上所有费用均由赔偿义务机关、复议机关和人民法院自行负担。

(七) 免征赔偿金税

《国家赔偿法》规定，对赔偿请求人取得的赔偿金不予征税，即赔偿请求人获得赔偿金不用缴纳任何税款。